성서 그리고 도마복음 Ⅲ

말씀 71-114

The Bible
and
The Gospel of Thomas

Vol Ⅲ

Logion 71-114

김창호

도서출판 예랑

성서 그리고 도마복음 Ⅲ *말씀 71-114*

The Bible and The Gospel of Thomas Vol Ⅲ Logion 71-114

지은이 _ 김창호
초판 1쇄 _ 2025.11.10.
발행처 _ 도서출판 예랑
발행인 _ 김창호
등록번호 _ 제 11-390 호 1994년 7월 22일
주소 _ 경기도 의왕시 왕곡로 55. 103-1102호
전화 _ 010-2211-4111
E-mail _ thailo@hanmail.net
총판 _ 하늘유통 031-947-9753
Youtube.com/@biblelogos
http://cafe.daum.net/entebiblo
종이책 ISBN 978-89-88137-31-4 03230
E-book 978-89-88137-34-5 05230 pdf
정가 _ **22,000원** ⓒ김창호 2025
본 저작물에 대한 무단 복제와 무단 전재를 금합니다.
잘못된 책은 교환해 드립니다.

여자가 남자가 되다
A woman becomes a man

들어가는 말

예수는 유대교의 유일신을 거짓말쟁이요 미워하는 자요 살인자요 마귀라고 선언한다. 그 신은 죽은 신이며, 그 신 아래 있는 유대교 지도자들을 향해 "너희는 너희 아비 마귀에게서 태어났다"라고 독설을 퍼붓는다.

독설이란 사실 여부와 무관한 비난도 포함할 수 있겠으나, 예수의 독설은 사실 판단에 기초한 것이며 유대교의 초월신은 살인의 신, 죽음의 신이라는 명확한 진단이다.

예수는 신 죽음대타자을 명시적으로 선포한 최초의 인물이며, 초월신, 곧 여기 있거나 저기, 혹은 저 너머에 있는 신을 찾는 모든 방식은 원인무효라고 선언한다. 신 존재는 네 안에 있는 거룩한 존재, 네 안의 절대정신 holy spirit 에서 찾아야 한다는 대전환을 선포했다.

그 언표는 그 시대는 물론 어느 시대에도 감당하기 어려웠기에, 예수는 십자가에서뿐 아니라 지금도 매 순간 죽임을 당한다.

예수의 독설을 회피하고 모면하기 위해, 아니 초월신을 강화하기 위해 도리어 더 교묘한 수법이 동원된다. 전통 종교는 예수를 초월신의 아들, 숭배의 대상으로 변모시키는 전략을 구사한다. 그의 언표를 이방인들이 섬기는 신을 죽여야 한다는 말로 환원해 이용한다. 예수의 입을 틀어막기 위해 예수를 초월신의 아들로 만들고, 예수의 말을 왜곡한다. 방향을 틀어 초월신의 죽음이 아닌, 나와 다른 종교가 믿는 신에 대한 질타로 호도한다. 예수는 지천에 넘쳐나지만, 그 예수는 지금 여기에 없다. 통탄할 일이다.

다른 예수가 된 작금의 예수는 십자가에 매달린 채 고통으로 찌푸린 얼굴을 하면서 동시에 자비를 상징하는 '괴물의 초월신'으로 환원되었다.

그가 척결하려 했던 살인자의 자리에 예수를 옹립해 놓고 "은총을 베푸소서, 은총을 베푸소서" 아귀다툼을 벌인다. 기가 막힌 일이 벌어지고 있다. 예수는 현실의 어떤 정상배와 같이 상징적 하나님의 아들이 되었고, 우상의 가장 높은 자리에 서 있다. 그를 따르는 자들은 마치 그 밑에서 환호하던 수많은 모리배와 다를 것 없는 형국의 종교가 되었다.

예수 이후 약 1500년 동안 예수의 신 죽음 선언은 땅속에, 저들의 교리 체계와 해석의 음모 속에 묻혀 있었다. 라틴어의 감옥 속에 덮여 있었다.

초월신을 단두대에 보낸 것은 칸트였다. 서구의 잠든 지성을 일순간 일깨웠다. 순수이성의 월권으로 도저히 사유 불가능한 신·자유의지·영혼 불멸의 도그마로 인민을 노예로 삼아온 것은 원인무효임을 논증했다. 천동설 속에서 지동설을 발견한 갈릴레오의 전환이 의식계에도 최초의 코페르니쿠스적 전회를 이루게 했는데, 칸트는 결정적이었다. 그의 인식론은 형이상학이었고, 이전의 형이상학은 원인무효였다. 숙명론에 빠진 예정론자들을 혁파한다. '선험적 종합 판단은 가능한가?'의 논증을 통해 경험론자들의 끝없는 회의에도 대처하려 했다.

그러나 두 마리 토끼를 모두 잡으려는 것이 버거웠던 탓일까. 칸트는 도덕률, 양심의 격률을 통해 단두대에 보낸 신과 자유의지, 영혼 불멸을 순수이성이 아닌 실천이성의 영역에서 되살려 놓는다. 초월신이 다시 살아난 것이다. 이것은 신의 부활이 아니라 중세의 초월신 망령의 재현이다.

죽은 신이 되살아난 것은 사실 신약성서 이후 속사도 시대와 교부 시대였다. 어거스틴과 토마스 아퀴나스의 고뇌는 초월신과의 결별이 아니라 초월신을 향한 충성 경쟁과 체계화였으니, 그들의 천재성은 신 존재 증명의 논리 개발에 헌신하는 데 쓰였을 뿐이다.

나는 그러한 방대한 신학 체계, 너무 눈부셔서 빛이 아닌 어둠으로 이끄는 시스템을 '좀비 신학'이라 명명한다.

죽은 신을 되살려 놓고, 현란한 언어와 교묘한 논리의 조합으로 여기 보잘것없는 '네 안'에서 저 '천상'으로 시선을 이끌어 가는 배반의 신학, 거짓의 신학, 미움의 신학, 살인자의 신학, 마귀의 신학이다. 니체의 표현을 빌리면, 천상의 독을 조합하는 '독극물 신학'에 불과하다.

바울 신학은 바울을 배반한다. 유대교 시스템에 반기를 든 예수의 도에 응답한 바울의 대전환을 무시한 채, 바울의 텍스트를 자신들의 초월신을 변증하는 근거로 삼아 바울 신학을 논한다. 그렇게 체계 지워진 바울 신학은, 바울 자신과 정면으로 배치된다. 기독교는 바울의 텍스트를 빌어 바울이 질타한 초월신의 독을 제조하는 원재료로 쓰고 있다. 바울의 텍스트가 달콤한 독극물 제조 창고의 원재료가 되어버린 지 오래다.

다른 한편에서는 바울을 기독교 타락의 원흉으로 질타한다. 그런 논리라면 예수도 그 원흉이 되어야 한다. 다른 예수가 판을 치고 있듯, 오해된 다른 바울의 교리 체계가 천상의 독극물을 제조하는 상인들에 의해 온 천하에 유포되고 있을 뿐이다. 좀비 신학이 천하에 유포되는 것을 견디지 못한, 약 120년 전 니체가 예수의 언표를 되살려 놓는다.

"저 신은 죽은 신이다." 니체는 한때 신을 단두대에 보냈다가, 실천이성의 도덕률로 신을 되살려 놓은 칸트를 혹독하게 비판한다. 칸트가 말하는 양심과 도덕률은 선악의 입법자에 불과하며 사람들을 모두 위선자로 만드는 최악의 속임수라는 것이다. 선악과 도덕의 코스모스 속에 진실이 있는 것이 아니라, 도리어 선악의 저편, 무질서요 카오스라 불리는 저 너머에 생명의 본질이 있기 때문이다.

그대들의 그리스도 속에는 그리스도가 없고, 도리어 안티그리스도 속에 그리스도의 원형이 있다고 그는 외친다. 모든 체계 지워진 논리 시스템이 얼마나 허구인지, 그럴듯한 자연철학의 논리가 얼마나 큰 위선인지 하나하나 혁파하는 '망치의 철학자'가 된다.

해체는 언어의 구조에 깃든 모순과 빈틈, 그 틈새를 비트는 데서 시작된다. 니체뿐 아니라 데리다 이후의 철학들도 모두 틈새를 파고들어 허구를 드러내는 방식을 취한다. 해체와 철거의 쾌감 때문이 아니다. 견딜 수 없어서이며, 살고 싶은 존재의 쾌락 원칙이 그렇게 이끌기 때문이다. 우상을 타파하지 않으면 안 되기 때문이다.

수많은 영혼이 살해당하는 현장을 보는 사람에게는 견딜 수 없는 충동이 있다. '좀비 신학'의 거대한 체계를 해체하지 않으면, 여전히 신천지 부류가 발흥한다. 특정 인물들의 기독교가 끊임없이 백색소음을 일으킨다. 이름을 달리한 사설 종교 집단들이 민중을 혼미케 한다. 죽은 신의 사회가 대명천지에 유령처럼 거리를 활보한다. 좀비 신학 때문이다. 좀비 신학 해체의 목소리가 잦아들고 희미해져서야 하겠는가.

언감생심, 좀비 신학 해체와 더불어 '인내천'과 '시천주' 예수 신학이 부활해야 하며, 상징계의 대타자를 전복시켜 노예가 주인이 되는 시대 개척이 여전히 포기할 수 없는 과제요 광야의 외침이다.

본서는 도마복음 71‑114의 해설서다. 1권(1‑28), 2권(29‑70)에 이은 3권(71‑114)으로, 도마복음 로기온에 해석을 덧붙였다. 철저히 초월신의 관점, '좀비 신학'의 관점에서 읽는 방식을 거부한다. 우리 각자 안에서 성취되어야 할 '신성 언약'의 관점에서 텍스트를 바라보고 읽기를 시도하며 주석하였다. 그 점에서 한 치의 혼돈이 없다. 신을 말하되 '좀비 신학'의 초월신이 아니다. 왕국을 말하되 우주 종말론의 교리적 관점이 아니다. 도래하지 않은 가상 세계를 전제하는 것은, 자신도 모르는 것을 교리화해 사람들의 영혼을 혼미케 하고 현혹하는 자기기만이요 종교적 사기 행각이기에 동의할 수 없다.

도마복음은 이 점에서 매우 명쾌하고 간결하다. 로기온 114를 주석하는 동안 참고하되 의존하지 않은 도서는 Simon Gathercole 의 "The Gospel of Thomas: Introduction and Commentary"다. 매 로기온마다 꼼꼼히 살폈고 자료적 도움은 받았으나, 주석은 의존하지 않았다. 연구자들에게는 매우 귀중한 도서라고 판단된다. 그 밖에도 April D. DeConick 의 "The Original Gospel of Thomas in Translation"의 주석서도 참고했으나, 나의 성향과는 전혀 다른 관점이다. 그들을 의존할 수 없는 까닭은 도마복음조차 여전히 '좀비 신학'의 관점에서 주석하고 있다고 판단되기 때문이다. 그들의 주석을 읽어보면 그 점이 너무도 현격하다. 참고는 하였으나, 감사와 고마움이 있음에도 주석은 의존하지 않았다는 점을 서론에서 미리 밝힌다.

구약 신약 성서와 유대 신비주의 카발라, 그리고 현대 정신분석은 내게 도마복음을 읽어가는 틀 거리다. 애초부터 의도한 것은 아니다. 순례의 길을 가는 동안 풀리지 않던 질문과 의문에 대한 힌드를 그곳에서 많이 얻었다. 카발라는 물론이고, 정신분석의 흐름은 내게서 재해석되었고 나름의 또 다른 기의를 담아 그들 속 기표를 사용하고 있다.

이 세 가지 중요한 요소는 어느새 나의 도마복음 읽기에 틀거리로 녹아 있다. '융합'이라 해도 상관없다. 학문적 호기심에 의한 의도적 융합은 아니다.

성서에 대한 전통 해석에 만족할 수 없다는 데서 질문이 시작되었다. 도마복음 읽기도 성서에 대한 의문에서 비롯되었고, 성서에 대한 새로운 이해에서 도마복음 글쓰기도 시작되었다. 조금 더 솔직히 말하면, 성서의 전통적 해석에 대한 이의제기에서 나의 글쓰기와 도마복음 읽기가 시작되었다 해도 과언이 아니다. 방법은 텍스트와 정면으로 마주하는 그것밖에 찾지 못했다. 타인의 해석, 곧 칼뱅이나 루터, 그리고 수많은 개신교 주석가의 해석에 의존할 수 없었다. 부득불 헬라어·히브리어를 통한 텍스트와의 마주함이 40여 년이다. 또 부득불 헬라어와 매우 친화적인 콥트어를 더듬으며 도마복음 읽기에 도전한 것도 유사하다.

그 모든 것이 도마복음 읽기의 바탕이 된다. 도상에서 서양 사상사를 만나고 동양의 도덕경을 만나며 카발라와 현대 정신분석을 만난다. 그렇게 해서 도마복음 해설서 3권이 어느덧 마무리되었다.

글쓰기에 앞서 그동안 도마복음 읽기에 동참해 준 더없이 소중한 인연들이 있었다. 그분들과 함께 읽을 기회가 있었기에, 이 풀이 글도 가능했다. 그분들께 감사의 마음을 전한다.

2025년 10월

성서와 도마복음 3권 목차

말씀 **71** 집을 헐고 집을 짓고 · 14
말씀 **72** 신과 재산 분배 · 23
말씀 **73** 추수 · 28
말씀 **74** 물의 근원 · 34
말씀 **75** 신방에 들어갈 신랑 · 39
말씀 **76** 많은 상품과 진주 · 46
말씀 **77** 나는 만유다 · 50
말씀 **78** 예루살렘과 광야 · 55
말씀 **79** 말씀을 듣고 지키는 자 · 63
말씀 **80** 프토마와 프소마 · 71
말씀 **81** 부유해진 자가 다스리게 하라 · 75
말씀 **82** '나'와의 거리 · 78
말씀 **83** 형상과 빛 · 82
말씀 **84** 모양과 형상 · 87
말씀 **85** 아담의 형상은? · 91
말씀 **86** 여우, 새, 인자 · 97
말씀 **87** 쏘마와 프쉬케 · 101
말씀 **88** 너희가 가진 것 · 105

말씀 *89* 대접의 안과 밖 • 111

말씀 *90* 온유와 겸손의 멍에란? • 116

말씀 *91* 존재와 철 • 121

말씀 *92* 그때와 지금(물을 때와 답할 때) • 126

말씀 *93* 개, 돼지 • 130

말씀 *94* 찾는 자와 두드리는 자 • 135

말씀 *95* '이자놀이'에 담긴 영적 의미 • 140

말씀 *96* 아버지의 나라와 여자 • 147

말씀 *97* 깨진 항아리를 등에 진 여인 • 155

말씀 *98* 아버지의 나라와 암살자 비유 • 162

말씀 *99* 문밖에 서 있는 모친과 형제자매 • 168

말씀 *100* 십일조와 하나님의 것, 나의 것 • 176

말씀 *101* 부모, 미움과 사랑의 딜레마 • 185

말씀 *102* 소 여물통에 누워있는 개 • 195

말씀 *103* '도적' 비유의 뜻을 묻다 • 205

말씀 *104* 거부된 기도와 금식 • 212

말씀 *105* 창기의 아들이라는 호칭 • 218

말씀 *106* 둘을 하나로 만들 때 • 224

말씀 107 아흔아홉보다 한 마리 양 • 229

말씀 108 그는 나와 같이 나는 그와 같이 • 236

말씀 109 가치를 모르는 보화 • 241

말씀 110 세상을 포기하라 • 248

말씀 111 두루마리처럼 말리는 하늘들과 땅 • 253

말씀 112 프쉬케와 싸르크 • 261

말씀 113 여기도 아니고 저기도 아니다 • 268

말씀 114 여자가 남자가 되다 • 275

참고문헌 • 284

도마복음 콥트어 원문 직역(로기온 1-114) • 285

말씀 71 집을 헐고 집을 짓고

예수께서 말했다. "내가 이 집을 헐리리니 요동치지 않는 집을 다시 지을 수 있는 사람은 아무도 없다 […]."1)

ΗΙ(house) ϢΟΡϢΡ(upset, overturn) ΑΤϢΤΟΡΤΡ(unperturbed)

공관복음서에 따르면 '집'은 명백히 성전과 관련이 있다.막 14:58/마 26:61; 막 15:29/마 27:40; 요 2:19; 행 6:14; 스 6:12 참조

이에 유대인들이 대답하여 예수께 말하기를 네가 이런 일을 행하니 무슨 표적을 우리에게 보이겠느냐 예수께서 대답하여 이르시되 너희가 이 성전을 헐라 내가 사흘 동안에 일으키리라 유대인들이 이르되 이 성전은 사십육 년 동안에 지었거늘 네가 사흘 동안에 일으키겠느냐 하

---

1) ⲠⲈϪⲈ ⲒⲤ ϪⲈ ϯⲚⲀϢⲞⲢ[ϢⲢ̄ Ⲙ̄ⲠⲈⲈ]ⲒⲎⲈⲒ ⲀⲨⲰ ⲘⲚ̄ ⲖⲀⲀⲨ ⲚⲀϢⲔⲞⲦϤ […]

더라 그러나 예수는 성전 된 자기 육체를 가리켜 말씀하신 것이라 죽은 자 가운데서 살아나신 후에야 제자들이 이 말씀하신 것을 기억하고 성경과 예수께서 하신 말씀을 믿었더라(요 2:18-22)

여우도 굴이 있고, 공중을 나는 새도 깃들일 곳이 있으나 인자는 머리 둘 곳이 없다고 탄식한다. 예루살렘이 황폐해져 당아와 고슴도치가 들끓고 있기 때문이다. 성전에는 비둘기 팔고 양을 파는 장사꾼들이 넘치고 있고, 성전이 아니라 복마전이 되어 버렸다.

성전의 상징이 무엇인가. 성전은 네 안에 있는 것이고 이것이 밖으로 표출되어 종교와 건축물로 표현된 것이 예루살렘이다. 예루살렘은 하나의 기표다. 그것의 기의는 곧 '너희'라는 말이다. 그러므로 성전은 우리 자신이다. 집은 곧 우리의 마음이다. 복마전도 마음이고 성전도 마음이다. 집이란 무엇인가. 그것은 어떻게 지어지는 것이고, 건축주는 누구인가. 왜 헐고 다시 지어야 하는가.

도마복음은 헐어야 할 집에 대해서만 말한다.

공관복음서와 요한복음에서처럼, 다시 세우는 집에 대해서는 구체적인 언급은 없으나, 요동하지 않는 집을 지을 수 있는 사람은 아무도 없다는 말에서 삼 일 후에 세울 집에 대한 암시가 남아 있다.

도마복음이 공관복음보다 먼저 저작되었을 것이라는 논거도 로기온 71에서 찾을 수 있다. 사흘 만에 세운다는 것으로 어록이 확장, 강화되고 있는 것을 보면 도마복음이 앞선 기록이라는 논거로 삼을 만하다.

집이란 어떻게 세워지고 누가 짓는가.

처음 생명의 집은 어머니의 자궁이다. 때가 되면(시간) 자궁을 박차고 나와 생명줄인 탯줄이 잘린다. 이것이 최초의 어머니 부정이다. 잘린 탯줄은 다시 이어 붙일 수 없다. 어머니의 자궁과는 영원한 결별을 한다. 최초의 집을 떠나게 된다. 떠나야 다시 난다. 결별과 분리는 죽음이 아니라 새로운 존재의 탄생이다.

독립된 개체로 태어난다. 독립된 개체는 자궁 속에서 열 달을 지나고서야 이뤄진다. 존재는 언제나 절기와 함께 찾아온다. 하이데거가 말하는 존재와 시간이 의미하는 바다. 존재와 시간에서 시간은 카이로스의 시간이요, 달리 말하면 '절기'다. 꽃의 계절엔 열매의 존재가 찾아오지 않는다. 열매의 시간(절기)에 열매의 존재가 찾아온다.

탯줄이 잘려 나가면 어머니와 영원히 분리된 것인가. 아니다. 분리되었는데 분리되지 않는다. 변형된 탯줄로 여전히 이어져 있다. 어머니의 젖무덤과 먹이와 양육의 새로운 탯줄로 이어져 있어 여전히 어머니는 절대적이다. 하여 어떤 이는 어머니를 절대타자(대타자)로 표현하기도 한다. 육체는 어머니와 절대 분리될 수 없는 관계에 놓여 있다.

미분화된 그의 정신은 먹이활동과 배변 활동을 하면서 쾌와 불쾌를 경험한다. 타자인 어머니의 반응 속에서 쾌와 불쾌를 조절해 가는 의식이 싹트기 시작하고 어머니와 밀고 당기면서 자의식이 싹트기 시작한다. 최초의 자아가 형성된다는 말이다. 최초의 집은 그렇게 지어져 간다.

어머니가 그의 거울이 된다. 그의 정신이 분화 되어가는 데, 절대적인 거울이 된다. 언어를 습득하고 쾌와 불쾌를 조절하며 자아가 형성되어 간다. 이때 어머니는 아이에게 절대적이다. 어머니를 통해 상상하게 된다. 프랑스의 정신분석학자요 의사이며 철학자라 할 수 있는 라캉은 이 시기를 상상계라고 명명한다. 생후 6-18개월 사이에 역동적으로 나타나는 현상이라고 분류하지만, 상상계의 유아적 특성은 거울을 바라보며 자신의 동일성을 꿈꾸며 그리는 나르시스의 상태다.

4~50대가 되어서도 일론 머스크를 거울로 삼고 부자를 꿈꾸며 자기 정체성을 그곳에서 찾으며 생각만 해도 즐겁다는 듯, 나르시시즘에 빠져 혼자 빙그레 웃는 이가 있다고 한다면, 아직은 유아기의 상상계 속에서 집을 짓고 있다고 보면 된다. 상상계의 자아상은 단지 생물학적인 시기로 한정할 수 없다는 말이다. 이때 건축주는 누구일까. 자신일까 일론 머스크일까. 상상계에서 꿈꾸는 주체는 물론 어린아이다. 그는 어머니를 거울삼아 주체적인 상상을 하면서 자아상을 그려나간다. 그럼에도 되물어야 한다. 주어는 자신일까 타인일까? 자신이기도 하면서 자신이 아니라는 것. 상상계에서는 언제나 쾌를 향한 그림을 그리게 된다.

이때 아버지가 나타난다. 어머니와 아이 사이에 아버지가 끼어든다. 아버지의 메타포는 그 사회의 전통과 문화 그리고 규범과 규칙들이다. 집단 무의식을 가득 담고 아버지가 어머니와 아이 사이에 관여한다. 아버지는 아이의 상상 속 자아상을 거들떠보지 않고 그 사회의 요구에 적응해야 살아남는 원리를 전해준다. 사회의 구성원으로 적응하려면 사회의 상징 시스템을 배워야 한다. 상징의 원리는 언어다. 사회의 언어, 그 사회의 기표와 기의를 이해하지 않으면 사회 구성원으로 살아남을 수 없다. 상상계에서 상징계로 진입하는데 아버지가 절대적이다. 상징계의 쓰나미가 밀물처럼 들어오면서 상상계에서 꿈꾸던 것들은 무참하게 거세된다. 오이디푸스 콤플렉스가 이때 생겨난다. 소위 거세 공포증이다. 아버지에 의해 좌절되는 상상 속의 내 모습, 오늘날은 아버지 역할을 어머니가 대신한다. 선행학습으로 아이들의 꿈을 거세하기 일쑤다. 상징계에 진입시키고자 치맛바람이 거세다. 누가 어머니고 누가 아버지인가.

그러므로 어머니와 아버지는 메타포다. 상징계에서 지어가는 집은 그 시대의 수많은 기표다. 언어다. 집단의 규칙과 무의식과 전통이 담겨 있는 언어가 집을 지어간다. 구조적으로 그러하다. 그러므로 이때 역시 주체는 자신이기도 하고 언어가 주체가 된다. 자신이 주체인듯하나, 실은 그 시대 아버지의 상징이 주체가 된다. 주체는 주체가 아니라는 말이다. 실상 주체는 구조적으로 타자의 언어가 주체가 되어버린다. 주체 아닌 주체들이 서로의 상징 체계로 주도권 놀이한다. 소위 상호 주체 놀이에 빠진다. 그렇게 집을 지어간다. 자신이 자신의 집을 짓고 있는 줄 착각하게 된다. 주체는 없고, 상징 체계가 주체라는 사실을 까맣게 잊는다. 주체는 주체가 아니라 타자가 주체다. 라캉은 상상계의 거울 속에 비춰서 형성된 나를 '소타자'라 하고, 상징계의 구조적인 주체인 언어가 실은 '대타자'라고 명명한다. 자신이 자신의 집을 지어가는 것으로 착각할 뿐, 사실 건축주는 대타자인 셈이다. 내가 주체가 아니라, 나는 주체라고 스스로 속이고 있을 뿐, 실상 내 집의 주인은, 그리고 건축주는 대타자라는 것이 구조주의와 정신분석학자들에 의해 낱낱이 파헤쳐지고 있다.

존재는 언제나 시간 속에서 드러나게 마련이다. 절기를 좇아서 새로운 존재가 드러난다. 출 자궁하고 나서야 탯줄을 자르게 된다. 어엿한 사람이지만, 여전히 핏덩이요. 어머니와는 새로운 심리적, 육체적 탯줄이 이어져 있다. 아버지에 의해 심리적 탯줄이 거세되고, 상징계에 전입한다. 상징계의 상층에 편입되기 위해 수많은 상징 언어로 자신을 형성한다. 주체없는 주체, 타자가 주체인 주체가 절기에 따라 들통나게 되면 거대한 반란이 일어난다. 소외는 더욱 심해지고, 상징계의 내가 내가 아니었다는 자각, 이는 '혁명'이라는 매우 정치적인, 그러나 매우 시詩적인 용어가 형용하기에 적절하다.

여기서 어울리는 말이 곧 집을 허무는 이야기다. 타자에 의해서 지어진 집은 내 집이 아니라는 것, 존재의 빈집이요, 고슴도치와 당아와 들짐승들이 판을 치고 있고, 거기 인자의 머리 둘 곳이 아니라는 자각이 찾아올 때, 비로소 그 집은 헐리게 된다. 아무런 미련 없이 헐린다.

누가 이 집을 허는가. 그렇다. 인자가 헌다. 예수 가라사대, '내가 이 집을 헐리리니 요동하지 않는 집을 다시 지을 수 있는 사람은 아무도 없다.'라고 할 때의 '내가'는 소타자도 아니요, 대타자도 아닌, 비로소 존재에 눈뜬 존재의 내사람의 아들가 그 집을 허물 수 있고 또다시 세울 수 있다. 상상계의 나도 아니고 상징계의 나도 아니다. 실재계의 나가 비로소 혁명을 완수해 간다.

 누가 상징계를 전복시킬 수 있는가. 주체는 상징계의 의미 사슬에 종속되어 있으면서 동시에 이를 비틀어 벗어나려 한다. 상징계의 나는 주체 놀이를 하면서도 소외를 느낀다. 주체는 가짜이고 거짓이기 때문이고 주체는 주체가 아니기 때문에 찾아오는 소외다. 늘 주이상스를 꿈꾼다.2) 주이상스의 쾌락은 상상계에서 이루지 못한 꿈을 향해 있는듯하나, 어려서 이루지 못한 꿈이 주이상스의 대상이 아니다. 혹자는 상징계를 떠나 상상계의 이상을 찾아 여행을 떠나는 것을 자신을 찾아가는 여행으로 오해한다. 그곳은 목적지가 아니다. 거세된 것, 복원하는 것을 통해 주이상스에 이를 수 없다는 말이다. 여전히 환상일 뿐이다. 잠시의 즐거움이고 경유지일 수는 있겠으나 주이상스의 지점이 아니다.
 주이상스는 상징계의 화려한 집으로는 이룰 수 없는 쾌락이다. 상징계의 죽음을 통해서만 도달할 수 있는 쾌락이다. 타자의 욕망을 욕망하는 세계를 떠나는 것, 죽음의 죽음을 통해서만 가능하다. 상징계는 죽음의 세계고 사망의 세계다나토스다. 상징계의 빈구석과 결여는 처음에는 드러나지 않는다. 주체와 주체 간의 상호 놀이는 죽음을 맛보는 놀이일 뿐이다. 여전히 시간의 문제

---

2) '주이상스(Jouissance)'는 프랑스어로 '쾌락'을 뜻하지만, 정신분석학에서는 자크 라캉이 사용한 개념으로, 일반적인 쾌락의 원리를 넘어서는 일종의 '고통스러운 쾌락' 또는 '오르가슴적 쾌락'을 의미한다. 이는 쾌락 자체를 즐기는 것이 아니라, 파괴 속에서 소생의 희열을 느끼거나, 상징계의 법을 넘어서는 전복적인 모반의 충동으로 나타나며, 죽음 충동과 연관된다.

다. 상징계의 상호 주체 놀이가 죽음의 세계로 드러나기 전에는 전복이 이뤄지지 않는다. 절기가 찾아와야 비로소 드러난다. 존재는 시간과 함께 온다. 죽음다나토스의 죽음네크로스을 통해서 찾아 오는 즐거움이 주이상스존재의 나와 대면 하면서 느끼는 법열이니 곧 열반의 세계다. 주이상스는 고통과 고난을 수반하는 까닭은 상징계의 타자 주체를 떠나는 고통이 수반되기 때문이다. 상징계와의 분리와 결별은 새로운 주체의 탄생을 의미한다. 어머니의 자궁을 떠나, 탯줄을 자르는 죽음의 고통이, 분리와 결별이 새로운 존재의 탄생이듯, 상징계와의 분리와 결별이 새로운 존재를 낳는다. 실재계의 나를 탄생시킨다.

여기서 실재계의 '나'는 비로소 주체요 주어다. 하이데거가 말하는 현존재의 존재 문제가 라캉이 말하는 실재계라고 나는 해석한다. 존재 일반의 문제가 아니다. 존재 일반의 문제는 현존재의 존재를 통해서만 해명이 가능하듯, 라캉의 실재계는 물자체의 존재 문제가 아니다. 현존재의 존재 문제를 다루는 것이 라캉의 실재계다. 혹자는 라캉의 실재계와 하이데거의 존재 문제는 전혀 관련 없다고 말한다. 아버지에 의해 상징계의 강요된 선택, 상징계의 상호 주체 놀이가 헤겔의 주인과 노예 비유에서 가져온 것이라 하지 않던가. 나는 라캉의 실재계에서 하이데거의 현존재의 존재 문양이 있어 보인다. 라캉의 실재계를 존재 일반의 문제와 연관해 해석하려 하면 미로에 빠진다. 정신분석의 범주를 벗어나고 현존재의 존재 문제를 떠나서 해명하려고 하기 때문이다.

그러므로 상상계와 상징계를 통해서 지은 집, 그것은 도적놈의 소굴이고 타자가 들끓고 있는 남의 집이다. 주인이 머물 수 없는 집이다. 예수는 이 집을 헐겠다는 것이다. 상징계의 전복을 통해 반석 위에 새로운 집을 짓겠다는 것이다. 요동하지 않는 집은 존재의 나가 타자 놀이를 벗어나서 비로소 지을 수 있는 집이다. 상상계의 거세된 꿈을 다시 좇는 것이 아니라. 이데올로기의 지평을 넘어서고 상징계의 강요된 선택에서 벗어나 진정으로 자유를 획득하는 점에서 윤리적이다. 상징계의 질서에 순응하는 것은 윤리가 아니라 반윤리다. 지금까지의 윤리는 그러므로 거짓이고 속임이다. 아버지의 규칙을 강요하는 살해의 법을 윤리로 포장한다. 윤리는 혁명을 통해 획득된다. 상징계의 죽음과 죽임의 윤리가 아니라 생명의 윤리다.

    예수는 간결하다. '내가 이 집을 헐리리니 요동치지 않는 집을 다시 지을 수 있는 사람은 아무도 없다.' 이 얼마나 통쾌한가. 복음서는 이를 보충한다. 사흘 만에 다시 세우리라. 존재의 빈집, 당아와 고슴도치와 들짐승이 들끓는 집을 부수고, 비로소 내가 머리를 두고 살 존재의 집을 다시 세우는 일, 그대와 우리 각자의 몫이다. 이제 건축주는 타자가 아니라, 나 자신이어야 한다. 존재는 시간의 문제요, 절기를 따라 찾아온다.

말씀 72 신과 재산 분배

72.1 어떤 사람이 그에게 이르되, "내 형제들에게 내 아버지의 재산을 나와 나누라고 말해주시오." 72.2 그가(예수) 그에게 이르되, "이 사람아, 누가 나를 나누는 자로 만들었느냐?" 72.3 그가 제자들에게 돌아서서 이르되, "나는 분할하는 사람이 아니다. 그렇지 않으냐?"라고 말했다.3)

ϩⲛⲁⲩ(그릇, 냄비, 용기, 물건) ⲡⲉϥⲡⲱϣ(divider)

예수는 재산 분배자인가?

종교는 어떤 진화 과정을 거치는가. 정령숭배, 토템, 애니미즘, 칠성 신앙, 달의 신, 태양신을 넘어 범신, 급기야 초월의 신을 상정한다. 종교의 진화이기도 하고 종교발달사라고도 할 수

---

3) 72.1 [ⲡⲉ]ϫⲉ ⲟⲩⲣ[ⲱⲙⲉ] ⲛⲁϥ ϫⲉ ϫⲟⲟⲥ ⲛ̄ⲛⲁⲥⲛⲏⲩ ϣⲓⲛⲁ ⲉⲩⲛⲁⲡⲱϣⲉ ⲛ̄ⲛ̄ϩⲛⲁⲁⲩ ⲙ̄ⲡⲁⲉⲓⲱⲧ˙ ⲛⲙ̄ⲙⲁⲉⲓ 72.2 ⲡⲉϫⲁϥ ⲛⲁϥ˙ ϫⲉ ⲱ ⲡⲣⲱⲙⲉ ⲛⲓⲙ ⲡⲉ ⲛ̄ⲧⲁϥⲁⲁⲧ˙ ⲛ̄ⲣⲉϥⲡⲱϣⲉ 72.3 ⲁϥⲕⲟⲧϥ̄ ⲁ`ⲛⲉϥⲙⲁⲑⲏⲧⲏⲥ ⲡⲉϫⲁϥ ⲛⲁⲩ ϫⲉ ⲙⲏ ⲉⲉⲓϣⲟⲟⲡ˙ ⲛ̄ⲣⲉϥ ⲡⲱϣⲉ

있겠다. 초월의 신은 급기야 유대교와 기독교, 힌두교의 유일신
론으로 진화하고, 범재신론으로 변모한다.

정령숭배에서 유일신까지 신과 인간의 관계 구조연관은 어떤
가.

칠성님께 정안수를 떠놓고 새벽마다 기도하는 향벽설위의 기
도 형태는 늘 재산 분배 요구가 핵심이다. 그것은 정령숭배에서
부터 인간의 심층에 자리 잡은 기본적인 의식 구조다. 가족의
건강과 객지에 나가 있는 아들의 성공, 우리 가족에게 더 많은
재산의 분배 요구가 신과 인간의 위치 설정이다. 정령숭배에서의
그것이, 신의 이름 유일신으로 바뀌었다고 해서 바뀐 것이 아니
다. 명찰을 바꿔 달고 신학 이론과 신의 얼굴을 새롭게 도금하
였을 뿐, 신을 재산 분배자로 규정하는 것은 조금도 달라지지
않았다.

이 같은 구조를 예수는 한마디로 타파한다. 나는 재산 분배
자가 아니다.

신은 더 이상 재산 분배자가 아니다. 신인식神認識의 혁명적인
요구가 예수의 어록 72에 담겨 있다.

누가복음에는

둘째 아들이 아버지에게 자기의 분깃을 요구하는 장면이 나
온다.

아브라함의 조카 롯도 재산 분배를 요구한다. 소유는 인생의
최대 관심사다. 생존에 노출된 인생은 소유에 집착한다. 하여 예
수를 재산 분배자로 만든다. 예수의 이름을 빌려 더 많은 소유
를 갈구한다. 예수 이름으로 천국을 소유하려 한다. 천국은 소유

로 구가할 수 있는 곳일까?

내게는 있고, 네게는 없는 것으로 구분하는 경계를 형성하는 것인가? 영이 가난한 자는 복이 있나니, 천국이 저희 것이라고 할 때, 천국은 소유 개념일까?

도리어 "영안에서 가난한 자들이 복되도다. 왜냐하면 하나님 나라가 저희의 것이기 때문이다."라고 할 때, 영안에서 가난한 상태를 일컬어 '복'이라 하고 또 그러한 상태를 일컬어 하나님 나라라고 한다.

즉, 영안에서 가난하여서 그 결과로 하나님 나라를 얻게 된다는 이야기가 아니라는 말이다. '저희의 것아우톤'이라는 소유격 형태를 띠었다고 해서 소유를 일컫는 것이 아니다.

하나님 나라는 먼 미래에 주어질 것에 관한 약속도 아니고,물론 어떤 이들에겐 분명 미래가 될 것이지만 소위 종말론과 같은 역사적 미래가 아니라는 의미다 특별한 형태의 소유물을 이야기하는 것이 아니다. 거기 그러한 상태를 일러 '하나님 나라'라고 말한다. 천국은 존재 동사에 이미, be 직설법 현재 능동태로 표현된다.

하나님을 찾는다는 사람들! 그들의 요구 사항, 기도 내용을 보면, 신을 재산 분배 인으로 여긴다. 너구나 예수를 향해서 그의 제자들이 그랬던 것처럼, 철저히 재산 분배자로 여긴다. 심지어 인생들이 설정한 신, 그들이 아버지라고 부르는 모든 신들조차도 인생들에 의해 재산 분배자로 전락해 있다.

둘째 아들은 분배를 받았다. 분배받은 재산을 모두 탕진소유에 대한 오해가 지나가고하고 나서야 비로소 아버지가 재산 분배자가 아님을 알게 된다. 분배받은 재산을 탕진하기 전엔 알 수 없다.

그러니까 내게 무엇인가 있다고 할 때, 그는 그만큼의 권력을 휘두르게 되고 시험에 들게 된다. 천국은 소유가 아니라, 누리고 있는 현재의 상태일 따름이다.

욥의 이야기는 소유의 관점에서 하나님과 하나님 나라를 이해하고자 했던 욥의 갈등과 재산을 탕진하는 과정에서의 수많은 신학적인 논쟁들이다.

욥과 세 친구의 변론.

아무리 그럴듯한 말로 서로 논박을 주고받았어도, 무지한 말에 불과하고 하늘의 이치를 가리는 것 외에는 없다. 그들의 무지했던 수많은 말을 성경에 기록되어 있다는 이유로 하나님 말씀처럼 인용하여 자신의 종교적 주장을 정당화하려 하거나 마치 하나님의 말씀인 양 인용하려는 허다한 시도들 또한 멈춰야 한다.

욥이 고난을 마치고 나서 이전보다 갑절로 축복을 받았다고 하니욥 42:10, 인생들은 또다시 그 모든 것을 소유로 이해하려는 어리석은 성경 읽기를 반복한다. 욥의 고난은 소유의 세계에서 이해하던, 모든 인생이 곡해하는 그와 같은 신과 결별하는 고통이요 고난이었다.

속과 겉은 형제다. 쌍둥이 형제이기도 하다. 특히 생존에 노출된 겉 사람은 끊임없이 소유를 추구한다. 나에게 재산을 달라. 누릴 분깃을 달라. 우리의 모든 몸짓은 재산 분배 요구의 청원에 불과하다. 하나님이, 예수가 어떻게 재산 분배자가 아님이 드러날 것인가.

형제가 영역 다툼을 하고 소유 다툼한다. 그는 통합자요, 하나를 이루는 자이지 분배자가 아니다. 겉과 속을 나누는 자가 아니고 통합하려는 자다. 겉 사람의 소유 세계가 떠나고 나면 어떤 일이 생길까?

욥의 경우, 하나가 독점하며 힘주던 세계가 떠나고 겉 사람과 속사람이 갈등하지 않고 하나로 누리는 새로운 세계가 도래하니 갑절이라는 말은 결코 틀린 말이 아니겠다.

성서의 하나님은 야웨 곧 존재의 하나님이다.

지금 여기 이렇게 있고, 있어 왔으며, 계속하여 지금 오고 있는 존재호 온 카이 호 엔 카이 호 에르코메노스.

생명의 속성을 이렇게 생생히 표현할 또 다른 말이 있을까.

누구란 말인가? 내가 나라고 하는 실존적 존재의 드러남 속에서만 계시되는, '야웨' 하나님이다. 그 외에는 모든 게 허위다.

그 외의 모든 하나님은, 그 외의 모든 아버지는 그 외의 어떤 예수라 해도, 죽은 하나님이며 죽은 예수요, 우상일 뿐이다.

말씀 73 추수
희생 제의와 함께 환희의 오케스트라

예수께서 말했다. '추수할 것은 많은데 일꾼이 적다. 추수할 일꾼들을 보내 달라고 주께 기도하라.'[4)]

> ⲉⲣⲅⲁⲧⲏⲥ(에르가테스, 일꾼), ⲱⲉⲁ(오헤스, 수확, 추수)

추수라는 주제는 매우 곤혹스럽고 또 흥분되는 주제다. 전통적으로 추수에 대한 오해가 겹겹으로 쌓여 있다. 아직 초여름 녹음방초가 우거질 때에, 추수는 넉 달 후에나 있을 것이기 때문이다. 예수는 이를 수정한다. 녹음을 바라보면서 '희어져 추수할 것이 많다.'고 하니 일반의 인식에 반한다. 즉, 그의 시간표와 일반의 시간표가 다르다. 존재의 시간과 일반 추수의 시간이

---

4) ⲡⲉϫⲉ ⲓ̄ⲥ̄ ϫⲉ ⲡⲱϩⲥ ⲙⲉⲛ ⲛⲁϣⲱϥ ⲛ̄ⲉⲣⲅⲁⲧⲏⲥ ⲇⲉ ⲥⲟⲃⲕ ⲥⲟⲡⲥ ⲇⲉ ⲙ̄ⲡϫⲟⲉⲓⲥ ϣⲓⲛⲁ ⲉϥⲛⲁⲛⲉϫ ⲉⲣⲅⲁⲧⲏⲥ ⲉⲃⲟⲗ ⲉⲡⲱϩⲥ

다르다. 존재는 시간과 함께 온다. 예수는 제자들의 시간과 다른 시간표를 갖고 있다.

주석하고 해석하는 이들의 추수 시간표는 언제나 넉 달 후의 종말론에 맞춰져 있다. 제자들이 갖고 있던 시간표로 해석한다. 예수의 시계를 소유한 적이 없다. 그러므로 추수할 대상도 또한 다르다. 무엇을 추수할 것인가. 추수의 목적물이 전혀 다르다. 녹음방초가 우거진 지금 예수께서 추수하고 싶은 것과 넉 달 후에 제자들이 추수하려는 것은 전혀 다른 종류의 다른 작물이다.

무리를 보시고 민망히 여기시니 이는 저희가 목자 없는 양과 같이 고생하며 유리함이라 이에 제자들에게 이르시되 추수할 것은 많되 일군은 적으니 그러므로 추수하는 주인에게 청하여 추수할 일군들을 보내어 주소서 하라 하시니라 (마 9:36-38; 눅 10:1-2 참조)

목자 없는 양을 보면서 민망히 여긴다. 70인 전도자를 파송하며 하는 추수할 일꾼에 대해 말하고 있으니, 전도자를 일컫는 것인가. 예수의 도를 전도할 일꾼일까. 뭐 그렇게 말할 수도 있을 것이다.

요한복음에 나오는 대목이다.

예수께서 이르시되 나의 양식은 나를 보내신 이의 뜻을 행하며 그의 일을 온전히 이루는 이것이니라 너희가 넉 달이 지나야 추수할 때가 이르겠다 하지 아니하느냐? 내가 너희에게 이르노니 눈을 들어 밭을 보라 희어져 추수하게 되었도다 거두는 자가 이미 삯도 받고 영생에

이르는 열매를 모으나니 이는 뿌리는 자와 거두는 자가 함께 즐거워하게 하려 함이니라 그런즉 한 사람이 심고 다른 사람이 거둔다 하는 말이 옳도다 내가 너희로 노력지 아니한 것을 거두러 보내었노니 다른 사람들은 노력하였고 너희는 그들의 노력한 것에 참예하였느니라(요 4:34-38)

불볕더위가 계속되는 한 여름이다. 찌는듯한 더위 속 작열하는 태양 아래 들판은 녹색 보석의 물결로 가득하다. 황금 들녘이 되려면 아직도 몇 달은 족히 남아 있다. 무성한 녹색 잎들은 저마다 하늘을 찌를 듯 자태를 뽐낸다. 곡식을 거둘 철이 아니어서 낟알은 아직 제 집을 지어가느라 잎새 사이로 차마 모습조차 감추고 있다.

예수께서 뜬금없이 제자들에게 묻는다.

너희가 넉 달이 지나야 추수할 때가 이르겠다 하지 아니하느냐? 눈을 들어 밭을 보라. 희어져 추수하게 되었구나. 거두는 자가 이미 삯도 받고 영생에 이르는 열매를 모으나니 뿌리는 자와 거두는 자가 함께 즐거워하게 하려 함이다.

아직도 들은 녹색 물결로 가득한데 이 무슨 가당키나 한 말씀이란 말인가? 눈을 들어 밭을 보란다. 희어져 추수하게 되었단다. 제자들이 틀린 것인가? 육신의 원리로는 제자들의 말이 맞는다. 그럼에도 틀린 까닭이 어디에 있을까?

인생은 추수를 넉 달 뒤에 있을 것으로 안다. 오늘은 넉 달

뒤의 추수를 위해 존재한다.

예수를 믿는다는 것도 넉 달 후에 있을 추수를 위해 믿는다. 죽은 다음에 도래할 천국은 그래서 늘 넉 달 후에 있다. 대개의 종교는 넉 달 후의 천국이나 극락을 준비하는 것으로 오늘을 소진한다. 하여 오늘은 없다. 다만 넉 달 후의 추수를 위해 있을 뿐이다. 오늘은 넉 달 후의 추수를 위해 열심히 일하는 날로 삼는다. 일의 즐거움은 내일 거두게 될 결실 때문이다. 그걸 생각하며 힘과 용기를 얻는다. 넉 달 후의 추수는 오늘의 에너지원이다. 내세 종교는 따라서 육신의 원리, 넉 달 후에 추수하겠다는 자기기만이다.

예수는 이 같은 인생들의 일반적인 원리와 규칙을 배반한다. 아직도 녹음이 우거져 있는데, 희어져 추수하게 되었단다. 누가 이렇게 말이 안 되는 말을 이해할 수 있을까?

추수한다는 걸, 종교인들은 전도나 선교 혹은 포교 활동으로 곧잘 생각한다. 사람을 자기 종교그룹의 일원으로 포섭하는 것을 추수로 생각하는 것이야말로 얼마나 큰 종교 이기주의일까?

무엇을 추수한다는 말일까? 성서에서 열매란, 두 가지로 나눌 수 있다.

선악을 알게 하는 나무의 열매와 생명의 열매. 이 둘에 속한 수많은 열매가 있을 따름이다. 생명의 열매는 넉 달 후에 추수하는 게 아니다. 지금 여기에 흐드러지게 널려 있는 게 생명의 열매다. 희어져 추수할 것이 넘쳐난다.

너와 나, 우리 사이뿐만 아니라. 온천지가 생명의 열매들로 충만하다. 다만, 인생들이 선악의 열매를 취하고 있고, 그것을 양식으로 삼고 있을 뿐이다.

선악의 양식은 넉 달 후의 추수를 기약한다. 자신을 속이고 타인을 기만하는 양식이다. 아기를 키우는 엄마는 아기를 보는 것만으로도 충만한 생명의 기쁨을 누린다. 생명의 열매를 거두는 잠깐의 모습을 엿보게 되는 순간이다. 아기가 커가면서 어른들이 아이를 통해 매일 누리던 생명의 기운은 점차 시들고, 그 자리에 다른 것이 들어서기 시작한다. 까닭이 어디에 있을까? 사회화 과정에서 생명의 기운은 점차 옳고 그름에 의해 움직이는 사회적 요구 때문에 선악의 기운으로 변모하기 시작하고, 오늘보다는 미래에 얻게 될 열매에 집착하면서 아이의 갈등은 시작된다. 선악의 요구가 강렬해질수록 인생은 억압에 시달리게 되고 소외를 경험한다.

상상계와 상징계를 거치며 사회의 상징 시스템의 의미 사슬에 거미줄처럼 엉켜 상호 주체 놀이에 여념이 없는 동안 그것은 살림이 아니라, 죽임이고 죽음이다. 선과 악이고 아귀다툼이다. 죽음을 맛보는 삶으로 미래의 판타지를 꿈꾸며 자신을 기만하고 타인을 기만하고 그곳엔 집단 무의식과 규범과 언어의 상징 시스템이 주체가 되어 온통 사망과 살해의 법칙이 횡행한다. 주체의 자리에 대타자가 주인 역할을 하고 주체는 소외되어 있다.

이때 추수는 어떻게 이루어지는 것인가. 죽음의 죽음을 통해서 이뤄진다. 모세와 엘리야와 예수의 초막집은 임시거처이고, 초막집이라는 사실이 드러나야 상징계의 전복, 죽음의 세계에 대한 사망선고가 시작된다. 추수는 거기서부터 이뤄진다. 그러므로 추수란 타자화된 타자 자아쭉정이를 불태우고 존재 자아알곡를 거두는 생명의 시간이다. 희생 제의의 시간이요, 생명의 환희 곧 주이상스^{지극한 쾌락, 불가에서는 極樂이라던가}에 이르는 순간이다. 비로소 자신을 회복하는 시간이다. 거룩한 시간이요, 숭고의 순간이다.

추수꾼은 유리방황하는 이들에게서 귀신을 내어쫓고 질병의 원인이 어디에 있는지를 전하는 자다. 살해의 원인이 어디에 있는지를 명확히 진단하고, 소외의 끝에 임시거처였던 상징 시스템을 전복하는 데서부터 추수가 시작되고 생명의 열매를 거둘 수 있게 된다. 그것은 이다음에 이뤄지는 것이 아니다. 지금 여기서다. 언제나 희어져 추수할 것이 널브러져 있는 것이 보이는 이들에게는 시급한 일이고, 이보다 화급한 일이 또 있으랴. 수장절은 추수하여 알곡은 곡간에 거두고 쭉정이는 불에 태우는 시간이다.

넉 달 후에 추수하기 위해서 오늘 땀 흘려 일하는 것은, 선악의 세계에서 인생들이 하는 수고일 따름이다. 생명의 세계에서 추수는 수고의 대가로 거두는 것이 아니라, 지금 여기서 늘 충만하게 얻는 양식이다.

예수께서는 선악의 날 선 칼이 아니라, 희어져 널브러져 있는 낟알을 거두는 낫, 낫을 든 일꾼이 없다는 탄식을 하고 계신다.

말씀 74 물의 근원

그가 말했다. "주님, 우물 주변에는 많은 사람들이 있으나 우물 안에는 아무도 없습니다." 5)

ϫⲱⲧⲉ('침투, 분리'), ϣⲱⲛⲉ('질병'), ϣⲱⲧⲉ('우물, 저수조, 구덩이')

콥트어 활자의 모호한 부분 때문에 ϣⲱⲛⲉ쇼네, 질병로 적힌 것인가, 아니면 ϣⲱⲧⲉ쇼테, 우물로 읽어야 할까. 대부분 우물로 보아야 한다는 점에 의견이 모인다.

추수할 일꾼 73, 우물 안 74, 신부의 방에 들어갈 신랑 75의 세 개념은 한 꾸러미로 연관하여 해석할 수 있을까. 서로는 맥락을 이루면서 서로를 보충하고 서로를 해석해 준다. 어떤 점에서 그러할까.

---

5) ⲡⲉϫⲁϥ ϫⲉ ⲡϫⲟⲉⲓⲥ ⲟⲩⲛ̄ ϩⲁϩ ⲙ̄ⲡⲕⲱⲧⲉ ⲛ̄ⲧ(ϣ)ⲱⲧⲉ ⲙⲛ̄ ⲗⲁⲁⲩ ⲇⲉ ϩⲛ̄ ⲧϣⲱ(ⲧ)ⲉ`

우물 주변에는 사람이 많다. 우물은 무엇을 상징하는 것일까. 말씀 73의 추수꾼이다. 우물 주변에 있는 사람들은 상상계와 상징계의 소타자와 대타자에 종속된 사람들이다. 추수에 참여하지 못한다. 우물 주변에 진을 치고 있는 사람들을 방불한다. 노예 도덕에 사로잡혀 산다. 중근동 사막의 종교에서 태양은 종종 '해로운 것'을 상징한다. 정오에는 활동하지 않는다. 태양이 너무 뜨겁기 때문이다. 이슬람은 유일신을 강조하지만 정작 그들의 상징물은 태양이 아니라 월성月星이다. 달과 별의 신성을 강조하고 자신들의 정체성 상징물로 삼는다. 대개 이슬람권 국가들의 국기를 보면 그들의 무의식을 지배하는 것이 무엇인지 짐작할 수 있다. 해와 달은 인간의 심성을 뚜렷하게 보여 주는 상징물이다. 변화의 근원적인 힘이다. 주역周易은 일월성신의 변화에서 심성을 읽으려는 동양의 지혜다.

상징계의 정점에 태양이 있다. 태양은 최고선이고 도덕이며, 정면으로 응시할 수조차 없는 양심이고 슈퍼-에고 Super-ego 다. 초자아는 언제나 자아를 향해 기준을 제시하고 통제한다. 자아를 주도하고 이끌어 간다. 양심의 소리에 귀를 기울이라고 끊임없이 발신하며 노예 도덕을 주입한다. 초자아의 정점에 태양이 있고, 서구의 신이 있고, 정령숭배와 본질에서는 다를 것이 없는 유일신이 우뚝 서 있다.

뫼르소는 정오의 태양이 눈부셔 무심코 알제리인을 향해 권총의 방아쇠를 당긴다. 그러므로 그는 살해한 적이 없다. 태양이 살해하게 한 것이다. 따라서 가책을 느낄 수 없다. 카뮈에 의하면 대타자 태양이 죽음의 태양으로 묘사된다. 서구의 최고선인

신이, 태양이 곧 사망이다. 슈퍼-에고, 상징계의 의미 사슬이 죽음의 세계인가. 과연 사망의 세계인가. 슈퍼-에고는 주인이다. 에고는 슈퍼-에고에 이끌려 산다. 작금의 한국 기독교는 적나라하게 이를 보여 준다. 슈퍼-에고의 명령을 거스를 수 없다. 거기서 노예는 슈퍼-에고에 종속된 실존Existenz 이니 곧 우리들 자신이다. 언제 탈존Eksistenz 이 이뤄질까. 언제 노예에서 주인의 자리로 이동할까. 언제 존재의 밝음이 찾아올까. 주인과 노예의 비유는 단지 자본과 노동의 문제로 치환될 수 없다. 더 근원적인 물음이다.

사람들은 우물 주변에만 맴돈다. 언제 우물이 동할 것인가. 우물이 동하면 누군가가 나를 우물에 넣어 줄 거야. 노예근성에 이미 점령되었다. 정오에 야곱의 우물에서 물을 긷던 여인이 있었다. 예수를 만난다. 예수는 이 여인에게 물 근원인 샘이 들판에 있는 것이 아니라 그녀의 배腹에 있다는 것을 알려 준다. 그 순간 머리에 이고 있던 물동이를 내던진다. 야곱의 우물에 종속되어 있던 그녀가 노예의 자리를 벗어나 자유자가 되는 순간이다.

물동이를 내동댕이치는 것은 야곱의 우물에 대한 반기다. 그리스도를 만난다는 것은 그 배에 있는 닫혀 있던 생수가 터지는 순간이다. 예수는 그녀에게 그리스도를 만나게 해 주는 추수꾼이었고, 추수는 그녀 자신이 자신 안에 있는 샘물이 솟아나면서 소위 '그리스도'를 만남 샘의 주변에 머물지 않고 샘의 근원으로 다시 태어나는 것에 있다. 샘 안으로 던져졌다. 아니 샘이 동하였고, 추수가 이뤄진다. 치유가 이뤄졌다. 언제나 수동태였고 언제나 노예

였던 자리에서, 대타자슈퍼에고에 이끌려 옴짝달싹 못 하던 그녀의 몸에 근육이 붙고 생기가 돌기 시작한다. 그녀는 생수를 추수한다. 자신을 추수한다. 물동이쭉정이를 던져 버리고, 영원히 목마르지 않은 자기 자신을 추수한다. 샘물 주변을 맴돌던 것을 마치고, 샘의 주인이 된다.

다시 묻자. 언제 우물물이 동動할까. 언제 상징계의 의미 사슬에서 벗어날 수 있을까. 언제 정오의 태양이 사망이라는 사실이 드러날까. 언제 죽음의 죽음이 시작되고 상징계의 전복과 함께 실재계의 도래가 이뤄질까. 언제까지 샘의 주변을 맴돌며 주체 놀이자신을 속이면서에 빠져 있는 대타자의 노예에게서 벗어날까. 언제 탈존이 이뤄질까. 존재의 밝음은 언제 찾아오는 것일까.

물이 동할 때다. 한류와 난류가 만날 때 물이 동한다. 대류가 형성된다. 물이 뒤집힌다. 물이 뒤집히는 곳에 치유가 이뤄지고 온갖 생물이 서식하게 된다. 찬 공기와 더운 공기가 만날 때 하늘도 소용돌이가 일어난다. 고기압과 저기압이 만날 때 번개가 치고 천둥이 친다. 모름지기 작열하는 태양의 열기로 인해 바닷물이 하늘로 오르고 저기압을 형성해 시계 반대 방향으로 돌며 태풍이 되어 바람을 일으킨다. 하늘도 뒤집고 바다도 뒤집는다. 상징계의 태양이 바람을 일으켜 저기압을 형성하고 빈구석과 결핍의 터널로 고기압이 밀고 들어와 찬 기운과 더운 기운이 만날 때, 비로소 상징계의 전복이 이뤄진다. 임계치에 도달해야 비로소 물이 동한다.

언제 물이 동할까. 그것은 시간과 함께 온다. 후천개벽은 임계의 시간과 함께 온다. 노예는 언제 자유자가 될까. 언제 탈존하여 존재의 밝음 아래 서 있게 될까. 죽음의 죽음이 찾아오는 시간은 곧 물이 동하는 시간이다. 물은 밤에 동하고 더 깊은 밤, 곧 새벽에 동한다. 치유도 그때 이뤄진다.

'우물 주변에는 사람이 많으나 우물 안에는 아무도 없음'이 천둥과 번개로 드러나는 순간, 곧 우물이 동하는 때다.

말씀 75 신방에 들어갈 신랑

예수께서 말했다. "문 앞에 서 있는 사람이 많을 것이다. 그러나 홀로 하나인 자들이 결혼 장소로 들어갈 것이다."6)

> ⲘⲞⲚⲀⲬⲞⲤ(모나코스, 오직 하나인 자)
> ⲘⲀ Ⲛ̄ϢⲈⲖⲈⲈⲦ(마 엔쉐레에트, the place of marriage, bridal chamber)

로기온 75는 복음서에 나오는 '청함받은 자와 택함 받은 자'를 방불한다마 22:14 참조.

Πολλοὶ γάρ εἰσιν κλητοί, ὀλίγοι δὲ ἐκλεκτοί.

청함받은 사람은 많되 택함받은 자는 적다.

물론 마태복음 22장 혼인 잔치의 비유에서 잔치에 초대받은

---

6) ⲠⲈⲬⲈ ⲒⲤ ⲞⲨⲚ ϨⲀϨ ⲀϨⲈⲢⲀⲦⲞⲨ ϨⲒⲢⲘ̄ ⲠⲢⲞ ⲀⲖⲖⲀ Ⲙ̄ⲘⲞⲚⲀⲬⲞⲤ ⲚⲈⲦⲚⲀⲂⲰⲔ` ⲈϨⲞⲨⲚ ⲈⲠⲘⲀ Ⲛ̄ϢⲈⲖⲈⲈⲦ`

사람은 신랑 신부가 아니다. 아들의 혼인 잔치에 하객으로 초대받은 것으로 이야기가 구성되어 있다. 그러나 이것도 해석의 문제다. 하객으로 초대한 것인가, 아니면 신방에 들어갈 아들로 초대한 것인가. 초대받은 이들 중에서도 예복을 입지 않으면 잔치에 들어갈 수 없고, 예복을 입은 자만이 잔치에 들어갈 수 있다. 그러므로 해석에 따라 축하객이 아니라 '아들로' 초대받았고 또한 선택받는다. 해석에 따라서는 신랑이 아니라 신부로 볼 수도 있다. 신랑을 맞이하기 위해 기름 준비한 슬기로운 다섯 처녀의 얘기로 해석할 수도 있다는 말이다. 그러므로 예복을 입은 자는 결혼의 주인공인 신랑 신부다. 혼인 잔치는 천국의 비유다. 결혼은 신과 합일을 상징하는 신비주의의 비유다.

도마복음 75는 유사한 이야기 구조를 띠고 있으나 간결하다. 말씀 75는 신랑의 후보로 서 있는 문 앞의 다수와 결혼 장소에 들어갈 한 사람의 이야기로 되어 있다. 그러므로 병행구로 볼 수 있다. 마 22장에서 천국ἡ βασιλεία τῶν οὐρανῶν 의 비유로 혼인 잔치가 등장하는 것을 본다면, 동일한 이야기가 마태에 의해 변주된 것으로 볼 수도 있다. 원형에 가까운 것은 도마복음의 이야기가 아닐까.

문 앞에는 많은 사람이 서 있다. 청함받은 자는 많다. 예복을 입지 않으면 초대받았어도 잔치에 들어갈 수 없다. 말씀 75에 의하면 예복을 입은 자는 '모나코스', 곧 홀로 하나인 자다. 예복은 의의 옷을 입은 자요, 의의 옷을 입은 자는 곧 홀로 하나인 자다. 홀로 하나인 자는 옷을 벗고 다시 옷을 입은 자다. 무슨 말인가. 누가 모나코스가 될 수 있을까. 언제 옷을 벗고, 또 언제 홀로 하나로 옷 입을까.

문 앞에 있는 많은 사람은 누구인가. 성서를 읽거나 도마복음을 주석하는 이들은 여기서도 많은 오류를 범한다. 많은 사람과 선택받은 소수의 이분법을 동원한다. 그런 것일까. 콥트어 텍스트에는 모나코스 앞에 복수를 의미하는 정관사ᾱ 엠가 접두되어 있다. 따라서 ⲘⲘⲞⲚⲀⲬⲞⲤ엠모나코스는 '오직 하나인 자들'을 의미한다. 그러므로 홀로 하나는 특정인을 의미하는 게 아니다. '홀로 하나'인 자는 누구나 혼인 잔치에 들어갈 수 있다. <모나코스 개념에 대해서는 말씀 49 해설 참조>

누가 모나코스요 예복을 입은 자일까. 이는 누가 신랑들으로 선택받은 자들 ἐκλεκτοί, 복수인가의 물음과 같다. 여기서 택함 받은 자를 칼뱅의 예지 예정론과 선택 교리로 끌고 가면 매우 곤란하다. 기독교는 그 같은 교리를 유통시켰다. 기독교의 상징 언어가 되어버렸다.

기독교, 십자가, 예수의 피, 죽음, 부활, 구원, 교회, 헌신, 충성, 예정론, 선택 교리, 천국 등의 언어로 기표가 된 상징 체계에 의해 그 의식이 점령된 사람들의 삶과 종교 양식. 그 같은 언어들의 기표와 그것이 의미하는 기의에 포로가 되어 기독교인들의 행동 양식이 형성된다. 이때 '나'라는 주체는 주체가 되지 못하고, 결국 주체는 그들의 의식을 지배하고 있는 도그마, 상징 체계의 언어들이 주체가 된다. 종교인, 특히 기독교인은 그 같은 언어에 포획되어 있다.

이때 '나'는 소외되고 대타자상징 언어들가 주체가 된다. 그러므로 주체는 주체가 아니라는 말이다. 대타자가 주체의 자리를 꿰차고 주체 놀이한다. 상징 체계에 포획된 '나'는 상징 체계의 언어들을 자신으로 착각하고, 주체 놀이에 빠진다. 서로 큰 자의 언어를 방출한다. 상호 주체 놀이는 대타자의 식민 백성이 된 것을 모르고 완장 놀이하는 그것과 다르지 않다. 그들의 언어 게임에 열중한다. 큰 자의 기싸움 놀이가 상호 주체 놀이인 셈이다. 따져 보자. 아니, 생각해 보자. 이때 기싸움의 주체 놀이는 결국 자기 자신인가, 자신 안에 있는 대타자^{도적놈}인가. 자신을 점령하고 있는 대타자다. 그들이다. 내 안에 나는 없고 그들이 가득하다. 그들은 누구인가. 칼뱅의 예정론이 들어와 있으니, 칼뱅이요, 루터의 이신칭의론이 들어와 있으니 루터요. 수많은 도그마를 가지고 상징 언어로 나를 점령한 근본주의 신학자들이며 박○용과 박○선이고, 조○기, 홍○길, 옥○흠, 김○환 류, 신천지의 이○희 류가 각종 교리 체계의 언어를 들고 내 안에 들어와 있다. 거기 정작 '나'는 없다는 말이다.

과연 내 안에 내가 없는가. 나는 없고 그들만 가득하다. 아니, 조금 더 세밀하게 말하면 나는 노예로 있고 그들이 주인으로 있다. 노예는 존재의 내가 아니다. 자유자가 아니라 죽음을 맛보며 사는 존재로 있다. 대타자에 은폐된 채 죽음을 맛보며 사는 존재로 있다. 존재의 밝음은 언제 찾아오는 걸까.

그들의 언어로 주체 놀이에 여념이 없다. 그들의 언어로 큰 자 놀이에 여념이 없다. 그들의 언어로 기싸움 놀이에 여념이 없다. 상징계에서의 좌절과 성공은 따라서 전부 타자 놀이다. 그들은 상상계에서 내가 꿈꾸던 것을 거세시켰다. 상징계에서 갖는 큰 자 놀이의 욕망은 따라서 주체의 욕망이 아니라 타자의 욕망이다. 칼뱅의 욕망을 내가 욕망하고 있고, 루터의 욕망을 욕망하고 있다. 근본주의가 교리로 주입한 천국을 욕망하고, 그들이 그려 놓은 천국에 대한 소망을 주야장천 노래하고 간증하며 울기도 하고 웃기도 한다. 상징계에서 소위 성공(?)할수록 존재의 불안은 더 깊어지고 소외는 가중된다. 하늘의 은총을 감사하고 은혜를 노래할수록 존재의 불안은 깊어진다. 왜 그럴까. 내 안에 내가 아닌 그들이 점령하고 있기 때문이다. 그들은 내 안에 있는 바깥이다. 이물질이요, 바깥이 안에 들어와 있다. 안에 있는 바깥은 결혼식의 주인공이 될 수 없다.

'나'라는 주체 속에 주체가 없고 그들만 가득한 채, 주체 놀이 중이다. '내가' 충성하고, '내가' 무엇인가를 결단하고를 반복하지만, 정작 그 속에 나는 없고 그들의 언어, 그들의 교리적 주장들만 가득하고, '나'는 앵무새 놀이를 하며 주체라고 주장한다. 주체 속에 주체가 없다는 말의 진의다. 주체 없는 주체, 타자가 주체인 주체 놀이를 이제 멈추자.

이것이 문 앞에 있는 많은 사람이다. 나는 현대 정신분석의 방식을 빌어 고심 끝에 그렇게 해석한다. 문 앞에 있는 많은 사람은 혼인 잔치에 들어갈 수 없다. 내 안의 타자이기 때문이다. 그들은 상징 체계인 언어를 통해 침략하고 나를 점령한다. 식민 백성의 언어를 사용할 뿐, 자신의 언어를 잃어버리고 산다. 그러나 그들의 교리가 아무리 견고하더라도 대타자의 상징 체계에는 빈구석이 있게 마련이고 틈이 있다. 질문이 찾아오고 의문이 들 때 가스라이팅대타자 중독증에서 벗어날 틈새가 생긴다. 상징계의 빈구석을 발견하게 된다. 틈새를 비집고 비틀어야 한다. 칼뱅의 예지 예정론이 얼마나 허구인지, 이미 유통되고 있는 그 언어의 기표와 기의의 허구를 드러내야 한다. 비록 같은 기표를 나의 언어로 채택하더라도 그 속에 담고 있는 기의를 나의 언어와 의미로 바꿔 버려야 한다.

존재 부재로 인한 존재의 불안이 엄습할 때, 그들은 나를 구원하지 못한다. 대타자는 언제까지나 나를 종으로 삼고 구속할 수 없다. 노예와 주인의 자리바꿈이 감행되는 때가 곧 존재의 불안이 엄습해서 병을 앓게 될 때다. 로마서 7장의 바울의 신병神病이 찾아올 때, 주인과 노예의 자리바꿈을 향한 증세가 찾아옴이다. 상징계의 질서에 좌절하고 내가 나를 만나지 못한 소외로 인해 발생하는 히스테리 증세가 찾아올 때가 곧 뒤집기 시간이다. 라캉이 말하는 상징계의 전복을 통해 실재계가 찾아오는 증세요. 문 앞에 서 있는 많은 사람의 타자 주체에서, 존재의 나, 실재의 내가 주체를 회복하는 시간이다. 독립과 광복의 시간이다. 여기서 헤겔의 주인과 노예의 비유가 선명하게 해석된다.

타자의 욕망을 욕망하는 것이 아니라, 나 자신의 욕망을 욕망하는 진정 욕망의 주체가 나 자신으로 바뀔 때, 온전한 주이상스쾌락를 체험하게 된다.

모세와 엘리야와 예수의 초막을 불태우고 씨알을 곡간에 들이는 순간이 혼인 잔치의 비유에서 비로소 홀로 하나인 '모나코스'가 되는 순간이다. 그러므로 초대받은 문밖에 있는 많은 사람과 혼인 잔치에 들어갈 '모나코스 Single Ones'의 대비는 분명해진다. 칼뱅의 예정론과 선택받은 교리 속 '택자'가 아니다. 상징계의 '나'가 아니라 실재계의 '나'를 일컫는 모나코스요, 그들에 의해 포획된 '실존'에서 벗어나ἐξ/ἐκ 문밖이 아니라 문 안으로 들어간 존재를 일컫는다. 그러므로 이를 현대 철학의 용어를 빌려 설명하면 탈존이다. 뫼비우스의 띠를 빌려 설명하면 안과 밖이고, 다른 쪽에서 보면 밖이 안이요 안이 밖이다. 상징계의 옷을 벗고 실재계의 옷을 입는 것이 곧 잔치에 들어가기 전 입어야 할 예복이다. 육신의 상징 시스템에서 실재계영의 생각로 진입하는 것이다. 비로소 내가 존재의 나를 만나는 것이니, 여기서 신랑과 신부는 여전히 주체의 탄생을 낳기 위한 내 안의 두 존재 비유로 해석해도 무리가 없다. 갈망하는 나결핍의 나, 남근/팔루스 phallus 적 속성, 신방에 들어갈 신랑와 비로소 나신부의 만남에서 비로소 온전한 주체가 탄생한다.

상징계의 나는 밖에 있는 그들 가운데 내던져져 있다. 거기서의 주체는 항상 '나'라는 말을 사용할지라도 '나'가 주체가 아니라 그들이 주체다. 그들이 주인이고 나는 대타자의 노예로 산다. 그러나 실재계의 '나'는 더는 노예가 아니라 '주인'으로 산다. 자신의 언어를 회복한다. 자기 말을 하며 살게 된다. 언어가 구원받는다. 식민 백성으로서의 언어가 아니라 주권자의 모국어를 획득하고 새로운 기표와 기의를 창조하게 된다. 요한복음의 로고스도 그런 관점에서 이해되어야 한다. 나라와 방언과 백성과 민족에게 복음이 전파된다는 계시록에서 요한이 언표하는 바의 진정한 의미기의다. 가인의 속성, 이스마엘과 에서의 속성은 잔치에 참여할 수 없다. 아벨과 셋, 이삭과 야곱의 속성이 선택받은 자다.

말씀 76 많은 상품과 진주

76.1 예수가 말씀했다. "아버지 나라는 마치 많은 상품을 가지고 있다가 진주 하나를 발견한 상인과 같다. 76.2 그 상인은 슬기로 가득 찬 상품을 팔아 이 진주 하나를 샀다. 76.3 너희는 그의 한결같고 영원한 보물을 찾아라. 거기에는 좀도 가까이하지 못하고 벌레도 해치지 못하느니라." 7)

진주의 비유는 도마복음의 아홉 번째 비유다. DeConick 은 '예수를 향한 배타적인 헌신을 소중히 여기라'는 교훈으로 주석하고 있다. 실망스럽다는 말도 부족하다. 병행구로 볼 수 있는 마태복음 13:45 - 46에 대한 근본주의자들의 주석도 이와 유사하다. 이 같은 해석이 널리 유포되어 있다.

---

7) 76.1 ⲡⲉϫⲉ ⲓⲥ ϫⲉ ⲧⲙⲛⲧⲉⲣⲟ ⲙⲡⲉⲓⲱⲧ· ⲉⲥⲧⲛⲧⲱⲛ ⲁⲩⲣⲱⲙⲉ ⲛⲉϣϣⲱⲧ· ⲉⲩⲛⲧⲁϥ· ⲙⲙⲁⲩ ⲛⲟⲩⲫⲟⲣⲧⲓⲟⲛ ⲉⲁϥϩⲉ ⲁⲩⲙⲁⲣⲅⲁⲣⲓⲧⲏⲥ 76.2 ⲡⲉϣϣⲱⲧ· ⲉⲧⲙⲙⲁⲩ ⲟⲩⲥⲁⲃⲉ ⲡⲉ ⲁϥϯ ⲡⲉⲫⲟⲣⲧⲓⲟⲛ ⲉⲃⲟⲗ ⲁϥⲧⲟⲟⲩ ⲛⲁϥ· ⲙⲡⲓⲙⲁⲣⲅⲁⲣⲓⲧⲏⲥ ⲟⲩⲱⲧ· 76.3 ⲛⲧⲱⲧⲛ ϩⲱⲧ·ⲧⲏⲩⲧⲛ ϣⲓⲛⲉ ⲛⲥⲁ ⲡⲉϥ'ⲉ'ϩⲟ ⲉⲙⲁϥⲱϫⲛ ⲉϥⲙⲏⲛ· ⲉⲃⲟⲗ ⲡⲙⲁ ⲉⲙⲁⲣⲉ ϫⲟⲟⲗⲉⲥ ⲧϩⲛⲟ ⲉϩⲟⲩⲛ· ⲉⲙⲁⲩ ⲉⲟⲩⲱⲙ· ⲟⲩⲇⲉ ⲙⲁⲣⲉ ϥϥⲛⲧ ⲧⲁⲕⲟ

나는 용어가 낯설고 어려운 표현이 대거 등장, 그것이 도마복음과 무슨 상관이랴 싶은 현대 정신분석의 방식을 빌어 말씀 71 - 75의 의미를 짚어보았다. 흐름과 맥락을 이해한다면, 앞의 해석 맥락에서 76을 읽는다면 달리 덧붙일 필요도 없이 명약관화明若觀火하다. 진주의 의미도 불을 바라보듯 밝고 분명하다. '많은 상품'은 지금껏 상징계에 등록하기 위해 동원했던 수많은 지혜와 열심이다. 타자 자아의 현란한 옷이고, 거기서 축적한 화려한 지혜와 지식이다. 타자의 언어, 상징 기호의 의미 사슬들이 상품이고, 한편 등에 짊어진 짐이다. 아버지의 메타포를 통해 물밀듯 밀고 들어와 주인의 자리를 꿰차고 있는 내 안에 있는 밖의 것이다.

진주, 한결같고 영원한 보물은 실재계의 '나', 존재의 나, 존재의 밝음 가운데 우뚝 서 있는 나다. 대타자라는 땅 위의 보물 사실은 강도요 도적을 팔아 존재 자아라는 하늘의 보물을 획득하는 것에 있다. 무슨 말이 필요한가. 대타자의 주인을 내어쫓고 노예로 있던 내가 온전한 주체로 우뚝 서는 것. 이것이 기독교에서 그렇게 강조하는 '구원'이 아니겠는가. 좀도 가까이하지 못하고 벌레도 해치지 못하는 온전한 주체의 탄생이다.

말씀 76은 이천 년 전에 유통되었던 말씀이고 잠언이다. 현대 정신분석의 틀로 해석한다는 것이 과연 온당하냐고 비판할 수 있을 것이다. 당시는 당시의 언어와 유통 방식으로 인간의 존재 문제를 다룰 수밖에 없다. 오늘의 정신분석이 더 선명하게 존재 문제를 드러내 준다면 잠시 빌려다 쓰는 것을 마다할 이유가 전혀 없다. 나는 무엇이든 필요하면 사용한다. 사용하고 버릴 때는 버린다. 필요할 때는 그것이 무엇이 되었든 그때그때 끌어다 쓴다. 유대 신비주의 카발라의 핵심 주제들을 가져다가 도마복음의 의미 탐구와 설명에 사용하기도 한다. 호미가 필요할 때는 호미를, 낫이 필요할 때는 낫을, 트랙터가 필요할 때는 현대의 트랙터를 빌려다 밭갈이에 사용한다. 사용이 끝나고 나면 농기구 창고에 들여놓고 한동안 거들떠보지도 않는다. 트랙터가 나의 목적이 아니다. 농사짓기가 목적일 뿐이다. 정신분석의 방식은 존재를 이해하는 하나의 도구일 뿐, 그 자체가 나의 목적이 아니다. 도구와 본질을 뒤섞으면 곤란하다. 오늘 농사짓는 이들이 옛 화전민의 농법을 그대로 써야 할 이유는 전혀 없다. 현대의 새로운 농법을 문제 삼아야 할 이유가 있는가.

누군가는 트랙터의 구조와 구동 원리를 세세하게 이해하기 전에 함부로 조작해서는 곤란하다는 이들도 있다. 사용자는 간단한 운전 조작의 원리와 사용법을 알면 된다. 세세한 구동 원리는 엔지니어의 몫이지 사용자의 몫이 아니다. 트랙터의 설계도와 제작 과정과 조립은 엔지니어와 공장의 몫이지 사용자의 몫이 아니다. 물론 세세한 조작 원리와 기계 내부의 구조를 안다고 해서 나쁠 이유는 없지만, 사용자는 목적에 맞게 사용하기만 하면 된다. 스마트폰의 통신 원리와 폰의 내부를 알아야 검색하고 혹은 통신에 이용할 수 있다는 말인가. 난센스다. 자동차의 원리를 몰라도 수많은 사람들이 자동차를 운전하고 사용한다.

인문학의 구조를 자동차와 비교한다는 것은 터무니없는 비약이라고 말하는 이들도 있을 것이다. 물론 인문학의 특성이 있겠지만, 칸트 철학의 원리를 꿰뚫고 있고 하이데거의 존재론을 전공해야 인용할 수 있다는 말인가. 현대 정신분석학의 큰 흐름과 결과물을 가져다 사용하면 안 되는가. 견강부회의 오류가 어찌 없겠는가마는, 이해한 만큼만 가져다 쓴다. 때로 조작이 미숙해서 서툰 운전을 할 수도 있겠지만 큰 흐름의 대강을 파악하려 수시로 공부하는 재미에 빠지기도 한다. 디테일과 세부적인 논리 구조는 학자들의 몫이 아닌가. 나의 글쓰기는 논문 형식을 띠지 않는다. 노파심에 덧붙여 놓는다.

　말씀 76은 말씀 8 현명한 어부의 비유와 말씀 107 아흔아홉 마리의 양과 혼자 된 한 마리의 양의 비유와 구조가 유사하다.

말씀 77 나는 만유다

예수께서 말했다. "나 자신은 빛이요, 이 빛은 모든 것 위에 있는 것이다. 나 자신이 모든 것이다. 모든 것이 마음^{정신}에서 나왔고, 모든 것은 내게서 나눠진다. 나무를 베어 보라, 거기에 내가 있다. 돌을 들어 보라, 거기서 너희는 나를 발견할 것이다."[8]

77b 에 대해서는 말씀 30에서 이미 언급했다^{말씀 30 참조}. 학자들은 도마복음이 콥트어로 번역되는 과정에서 77b 가 77a 와 연계되었을 것으로 추정한다. 헬라어 텍스트로는 말씀 30이었을 가능성이 높아 보인다.[9] 그럼에도 콥트어 텍스트에서는 77b 로

---

8) ⲡⲉϫⲉ ⲓⲥ ϫⲉ ⲁⲛⲟⲕ ⲡⲉ ⲡⲟⲩⲟⲉⲓⲛ ⲡⲁⲉⲓ ⲉⲧϩⲓϫⲱⲟⲩ ⲧⲏⲣⲟⲩ ⲁⲛⲟⲕ` ⲡⲉ ⲡⲧⲏⲣϥ` ⲛ̄ⲧⲁ ⲡⲧⲏⲣϥ` ⲉⲓ ⲉⲃⲟⲗ ⲛ̄ϩⲏⲧ` ⲁⲩⲱ ⲛ̄ⲧⲁ ⲡⲧⲏⲣϥ` ⲡⲱϩ ϣⲁⲣⲟⲉⲓ 77.2 ⲡⲱϩ ⲛ̄ⲛ ⲟⲩϣⲉ ⲁⲛⲟⲕ` †ⲙ̄ⲙⲁⲩ 77.3 ϥⲓ ⲙ̄ⲡⲱⲛⲉ ⲉϩⲣⲁⲓ̈ ⲁⲩⲱ ⲧⲉⲧⲛⲁϩⲉ ⲉⲣⲟⲉⲓ ⲙ̄ⲙⲁⲩ

9) 30.3/77.3 ἔχει[ρ]ον τὸν λίθο(v) κἀκεῖ [ε]ὑρήσεις με· 30.4/77.2 σχίσον τὸ ξύλον. κἀγὼ ἐκεῖ εἰμι. (Restoration exempli gratia.)

편집되었다. 콥트어 도마 공동체가 그만큼의 의미를 두었다는 뜻이다. 그러므로 77a 의 맥락에서 77b 를 읽는 것도 무시할 수 없다는 의미겠다.

말씀 77의 키워드는 아노크ᴀɴᴏᴋ, myself 다.

흔히 '나'를 초월자의 아들 '예수'로 주석하려 한다. 말씀 77의 주어가 예수이기 때문이다. '예수가 말했다'이니, 거기 등장하는 '나'는 곧 화자 '예수'로 대부분의 청자가 듣는다.

여기 등장하는 만물тнр, 테르 all 역시 우주 만물 혹은 자연 만물로 해석하려 든다. 그렇게 해 놓고 예수는 만물의 근원적인 근본 원인으로 해석하려 한다. 하여 본문에 등장하는 '나'는 그 예수이고, 그는 모든 것 위에 있어서 만물보다 우월한 근본 원인이고 만물과 동일시 또는 그것의 기원으로, 아울러 만물이 그를 향해 있는 것으로 해석한다.

'나는 모든 것 위에 있다'는 구절에서 범재신론 혹은 범재그리스도론 panentheism 혹은 'panenchristism'을 주장하는 학자들 Valantasis, Pokorný and Hedrick 이 있는가 하면, '내가 전부다ᴀɴᴏᴋ' ne ᴍнрʌ̀', 아노크 페 페테르프; myself is the all'는 구절에서 도마복음의 범신론적 성격을 주장하기도 한다 Grant & Freedman, Plisch and Grosso, Orbe 10)

예수를 우상으로 삼는 데 이보다 더 좋은 구실이 있을까. 나는 그 같은 서양 학자들의 견해에 전혀 동의하지 않는다.

"일체유심조一切唯心造"는 "모든 것은 오직 마음이 지어낸다"는 뜻의 불교 표현법이다. 세상의 모든 현상과 존재는 마음心에 의

---

10) Gathercole S. The Gospel of Thomas. Introduction and Commentary. p.493 참조.

해 비롯된다는 의미를 담고 있다. 마음의 상태에 따라 하나의 현상도 다르게 나타난다.

나 자신이 모든 것이다. 모든 것이 마음^{정신}에서 나왔고, 모든 것은 내게서 나눠진다.

"모든 것이 나에게서 나왔다$^{From\ me\ the\ all\ came\ forth}$"는 번역이 다수를 차지한다. 그 부분의 콥트어 본문을 보면 me 가 아니다. 콥트어 '헤트'$^{&π}$는 '미^{me}'가 아니라 '헐트'$^{heart/mind}$ 다. 다시 말해 콥트어 헤트는 영어 '하트'^{하트}다. 영어 heart 의 유래를 짐작할 수 있는 어휘다. 그러므로 이를 다시 번역하면 "나 자신이 모든 것이다. 모든 것이 마음^{정신}에서 나왔고, 모든 것은 내게서 나눠진다"로 다시 번역할 수 있다. 콥트어 텍스트에서 이렇게 번역해야 한다는 나의 견해가 생긴 것이다.

그런 점에서 도마복음 말씀 77을 이해하는 데 "일체유심조^{一切唯心造}"는 매우 큰 도움이 된다.

고대 그리스 철학자 프로타고라스는 인간은 만물의 척도라고 했다. "내가 있어야 비로소 모든 것이 있다"는 말은 주체적인 삶과 인식의 중요성을 강조하는 표현이다. 즉, 세상의 모든 것이 나를 통해 의미를 가지며, 내가 존재하지 않으면 세상은 나에게 아무런 의미가 없다는 뜻이기도 하다.

화자 예수가 들어 말하는 '나'는 단지 거기에 등장하는 예수의 '그^{나}'만을 의미하는 게 아니다. 누구에게든 해당하는 모든 '나'를 지칭한다. 여기 등장하는 만물은 하늘과 땅의 물리적 우주 만물을 의미하는 게 아니다.

말씀 2에서 찾는 이가 찾게 되면, 모든 것을 다스릴 것$^{qnap\ p}$

po ἐϲπ mͪpᵈ 이라고 했다. 명백히 주체의 회복을 의미한다. 상징계의 대타자에게 포획된 노예가 주인 되는 이야기다. 다스림 받는 상태, 노예 상태에서 주체의 탄생과 더불어 다스리는 주권의 회복을 의미한다. 그것은 단지 그 예수만의 이야기가 아니다. 또 그래서도 안 된다. 그렇게 읽는 것은 텍스트의 보편성을 상실한 황당한 이야기가 되고 만다. 무속이 판을 치고 우상이 가득한 곳에서는 대부분 그렇게 읽는다. 종교계는 물론이요, 학계에도 그 같은 방식의 읽기가 비일비재하다.

'나'는 그 빛이다. 모든 것을 비추는 빛이다. 모든 것의 척도다. 여기서 모든 것, 만물은 세계-내에 내던져져 있는 그 모든 실존적 상황의 '거기'가 곧 '모든 것'이다. 각자에게 주어져 있는 각각의 실존적 거기 ᴰᵃ 를 일컫는 '모든 것'이다. 상징계에 둘러싸여 죽음을 맛보며 살고 있는 '거기', 곧 그곳ᵐᵃⁿ뭁을 비추는 빛은 그러함에도 불구하고 부득불 타자 의존적 노예로 있지만, 마침내 그곳을 뒤집고 전복시키며 헤쳐 나가는 '나'가 그곳을 비추는 빛이다.

뒤집힌 상징계, 곧 실재계의 모든 것, 그 속에 내가 있고 네가 있고 그가 있다. 그곳을 비추는 빛이 곧 존재의 '나'요 존재의 '그'다. 나는 만물을 비추는 빛이고, 나 자신이 곧 만물전복된 언어 체계 곧 로고스이다. 나는 언제나 상징계, 대타자에 종속되어 그들의 기표의 연쇄, 의미 체계와 의미 사슬의 노예가 아니라, 언제나 새로운 상징 체계를 창조하고 새로운 기의를 만들어 가는 '존재의 나'를 향해 있다.

비로소 존재의 나, 그는 나무를 쪼갠 곳, 즉 선악의 나무를 베어 내고 생명의 나무를 발견하는 곳에 비로소 '나'를 발견하게 된다. 돌을 들어낸 곳, 상징계의 틈새를 비집고 들어가 비틀고 뒤집어 전복시킨 곳, 돌 위에 돌 하나도 남지 않고 다 무너진 체계 위에 비로소 '나'를 발견하게 되는 원리다.

죽음상징계의 대타자에 종속된 상호 주체 놀이는 다나토스, 곧 죽음의 세계다의 죽음신 죽음과 상징계의 노예 극복을 통해서만 비로소 온전한 주체의 탄생, 존재의 빛이 빛나는 '나'의 출현에 대한 신비의 노래가 곧 말씀 77 어록이다. 그것은 동시에 신의 복권이고 신의 부활이다. 안에 있는 존재의 탄생을 향해 서 있는 발걸음이다.

그럴 때 예수가 말한 바대로 나는 길이고, 나는 진리며, 나는 생명이고, 나는 빛이며, 나는 세상 죄를 지고 가는 어린양이기도 하고, 양의 문을 들고, 나는 목자가 되기도 한다. 나는 그때그때마다 그곳에 필요한 생명의 산 주체로 있는 만물All, 그 모든 것으로 드러난다.

그대 안에 계신 천주님을 찬양한다. 아니, 소망한다.

말씀 78 예루살렘과 광야

78.1 예수께서 말했다. "너희는 어찌하여 광야에 나왔느냐? 바람에 흔들리는 갈대를 보려고 하느냐? 78.2 또 너희 왕들과 귀족들처럼 부드러운 옷을 입은 사람을 보려고 하느냐? 78.3 그들은 부드러운 옷을 입고 있으면서도 진리를 알지 못하느니라."[11]

> ⲁⲛⲟⲕ 아노크 myself ⲟⲩⲟⲉⲓⲛ 우에인 light, ⲧⲏⲣ 테르 all, ϩⲏⲧ 헤트 heart/mind, ⲡⲱϩ 포흐 break, burst, tear, divide 깨다, 터뜨리다, 찢다, 나누다. ⲉⲃⲟⲗ 에볼 out, forth, outward, ϣⲧⲏⲛ 에쉬텐 garment 옷(37, 47

도마복음 말씀 78의 서사적 맥락은 신약성서에서 찾을 수밖에 없다.

---

11) 78.1 ⲡⲉϫⲉ ⲓⲥ ϫⲉ ⲉⲧⲃⲉ ⲟⲩ ⲁⲧⲉⲧⲛⲉⲓ ⲉⲃⲟⲗ ⲉⲧⲥⲱϣⲉ ⲉⲛⲁⲩ ⲉⲩⲕⲁϣ ⲉϥⲕⲓⲙ ⲉ[ⲃⲟⲗ] ϩⲓⲧⲙ̄ ⲡⲧⲏⲩ 78.2 ⲁⲩⲱ ⲉⲛⲁⲩ ⲉⲩⲣ[ⲱ]ⲙ[ⲉ ⲉ]ⲩⲛ̄ϣⲧⲏⲛ ⲉⲩϭⲏⲛ ϩⲓⲱⲱϥ ⲛ̄[ⲑⲉ ⲛ̄ⲛⲉⲧ]ⲛ̄ⲣ̄ⲣⲱⲟⲩ ⲙⲛ̄ ⲛⲉⲧⲙ̄ⲙⲉⲅⲓⲥⲧⲁⲛⲟⲥ 78.3 ⲛⲁⲉⲓ ⲉⲛ[ⲉ]ϣⲧⲏⲛ ⲉ[ⲧ]ϭⲏⲛ ϩⲓⲱⲟⲩ ⲁⲩⲱ ⲥⲉⲛ[ⲁ]ϣ̣'ϭ̄'- ⲥⲟⲩⲛ ⲧⲙⲉ ⲁⲛ

저희가 떠나매 예수께서 무리에게 요한에 대하여 말씀하시되, 너희가 무엇을 보려고 광야에 나갔더냐? 바람에 흔들리는 갈대냐? 그러면 너희가 무엇을 보려고 나갔더냐? 부드러운 옷 입은 사람이냐? 부드러운 옷을 입은 자들은 왕궁에 있느니라. 그러면 너희가 어찌하여 나갔더냐? 선지자를 보려더냐? 옳다. 내가 너희에게 이르노니 선지자보다도 나은 자니라. 기록된 바 보라, 내가 내 사자를 네 앞에 보내노니 저가 네 길을 네 앞에 예비하리라 하신 것이 이 사람에 대한 말씀이니라(마 11:7-10; 눅 7:24-27)

예루살렘을 떠나 광야에 나온 까닭이 어디에 있는가. 거기 포효하고 있는 사자, 흔들리는 갈대 요한을 보러 나온 것인가. 요한은 대제사장의 화려한 옷을 벗고 약대 털옷을 입고 있다. 헤롯 궁전의 화려한 옷에 눈길을 주기보다 약대 옷을 입고 헤롯을 꾸짖고 있다. 체제에 순응하기보다 그들을 향해 저항하고 독설을 퍼붓는다.

사람들이 요한을 바라보는 세 가지 시선이 있다.

1. 흔들리는 갈대로 요한을 바라보는 시선이 있다.

침례 요한이 흔들리는 갈대가 아니다. 그를 바라보는 사람들의 시선이 갈대가 된다. 사람들은 광야의 요한에게 열광하고, 광야의 예수에게 소망을 둔다. 무엇 때문에 광야에 나와서 요한과 예수에게 열광하는가. 예루살렘의 종교 시스템을 대체할 새로운 무언가를 찾아 광야에 나왔다. 헤롯을 대체하고, 가이사의 자리를 대체할 메시아를 찾고 있다. 따라서 그들이 광야에 나온 까닭은 그래봐야 여전히 새로운 가이사에게 충성하는 것과 다를 것이 없다. 즉, 인물만 교체하는 것이 아닌가. 여전히 같은 자리에 있으면서 인물에 따라, 바람에 따라 흔들릴 뿐이다. 침례 요한에게 열광하는 까닭은 흔들리는 갈대와 다를 바가 없다. 무엇을 보려고 광야에 나와 있는가. 흔들리는 갈대인가. 출애굽 후 광야에서 히브리인들은 흔들리는 갈대와 다름이 없었다. 애굽의 향수에 젖어 고기와 마늘 냄새를 그리워하고 있다.

요한이 흔들리는 갈대로 상징되는 까닭이다. 그도 여전히 다윗의 자손 예수, 가이사의 자리를 대신할 인물 예수를 찾아 광야에 나선(?) 것이다. 그들의 의식을 지배하고 있는 것은, 상징계의 시스템은 그대로 유지한 채 새로운 인물로 대체하는 것에 관심이 있다. 여전히 상호 주체 놀이에 관심이 있는 것이고, 힘에의 의지의 구현에만 관심이 있는 것이다. 죽음을 맛보는 것의 상층부에 진입하려는 것이다. 본질은 달라지지 않았다. 저항한다. 체제의 폭압적인 시스템을 거부한다. 왜 그러한가. 자신을 중심으로 시스템이 구동되기를 원하는 저항일 뿐이다. 그것은 상징계의 전복이 아니다.

자신을 중심으로 혹은 새로운 인물(메시아)을 중심으로 힘에의 의지를 구현하고 싶은 것은 달라지지 않았다. 그것은 체제 전복을 도모하지만, 권력의 교체를 도모하는 것이지 상징계 도덕의 노예 상태를 근원에서 극복하는 것이 아니다. 인물 교체는 권력 교체일 뿐, 타자 지배 원리를 극복하는 것이 아니다. 그곳은 여전히 그곳이다. 상징계는 상상계의 소타자를 거세한다. 상징계는 거세되지는 않는다. 체제 전복이 상징계의 전복이 아니다. 인물 교체와 상징계의 전복은 아무런 상관이 없다.

2. *부드러운 옷 입은 사람을 보려고 광야에 나와 있는가*.

부드러운 옷 입은 자들은 왕궁에 있지 않은가.
요한은 약대낙타 털옷을 입고 있다. 털이 많은 사람은 엘리야요, 그는 가죽 띠를 허리에 매었다.

저희가 대답하되, 그는 털이 많은 사람인데 허리에 가죽 띠를 띠었더이다. 왕이 가로되, 그는 디셉 사람 엘리야로다(왕하 1:8)

광야에서 요한의 드레스 코드 Dress code 는 엘리야를 상징하기 위함이다. 엘리야의 정신을 구현코자 함이라는 말이다. 엘리야후 אליהו 는 '야웨는 나의 하나님'이라는 뜻이다. 그 이름에서조차 '야웨'의 길을 예비하고 있다. 요한은 새로운 길을 안내하려는 길라잡이로 그 자신의 정체성을 드러낸다.

그러나 사람들은 요한을 바라보며 약대 털옷에 시선이 멈춘다. 엘리야, 곧 야웨가 하나님이라는 것으로 시선이 가는 것이 아니라, 부드러운 옷으로 시선이 간다. 부드러운 옷 입은 사람은 왕궁에 있다고 예수는 질타한다. 부드러운 옷 입은 사람은 예루살렘에 있고, 헤롯의 궁궐에 있다. 제사장의 화려한 옷은 요한의 아버지 사가랴가 입었던 옷이다.

> 유대 왕 헤롯 때에 아비야 반열에 제사장 한 사람이 있었으니 이름은 사가랴요, 그의 아내는 아론의 자손이니 이름은 엘리사벳이라(눅 1:5)

요한도 예루살렘을 고집하고 있었으면 아버지를 따라 제사장의 옷을 입게 되었을 것이다. 예루살렘을 떠나 광야에서 제사장의 부드러운 옷을 벗고 약대 털옷을 입고 있다. 약대 털옷을 바라보며 야웨가 하나님인 것을 보기보다는 부드러운 옷 입은 사람에게 시선을 두고 있는 것에 대한 예수의 탄식이 거기에 있다. 모름지기 '부드러운 옷'은 저 예루살렘과 헤롯 궁전의 전유물이다. 부드러운 미소는 채찍을 숨기려는 당근일 뿐이다. 자비의 옷으로 폭력을 감추려 든다. 요한은 예루살렘 성전에서 입는 제사장의 의복을 거절하고 약대 털옷을 입고 있다. 야웨가 하나님이다. '내가 나인 것^{야웨}'으로 있는 성스러움이 곧 '나의 하나님'이라는 선지자의 발걸음을 요한에게서 보아야 한다.

3. 그러므로 예루살렘을 떠나 광야에 나간 까닭은 선지자를 능가하는 이를 보려 함이다.

> 그러면 너희가 어찌하여 나갔더냐? 선지자를 보려더냐? 옳다. 내가 너희에게 이르노니 선지자보다도 나은 자니라. 기록된바 보라, 내가 내 사자를 네 앞에 보내노니 저가 네 길을 네 앞에 예비하리라 하신 것이 이 사람에 대한 말씀이니라(눅 7:27)

모든 극복은 내 안에서 이뤄진다. 전복顚覆도 내 안에서 이뤄진다. 안에서 이뤄지는 전복은 내 안에 들어와 진을 치고 있는 밖의 것에 대한 뒤집기다. 예루살렘을 떠나 광야에 나아간 까닭이 어디에 있는가.

'안에 들어와 있는 밖의 것'은 예루살렘 대제사장의 화려한 의상과 헤롯 궁전에 있는 부드러운 옷이다. 金樽美酒 千人血금준미주 천인혈, 금잔에 담긴 좋은 술은 천 백성의 피요이듯, 왕궁의 부드러운 옷은 뱀파이어의 흡혈로 지어 만든 옷이다. 그들의 부드러운 미소는 자애가 아니라 악마의 기운이다. 그들이 부르짖는 예수 사랑은 노예 사냥을 위한 올무요 함정이다. 이를 전복시키려고 예루살렘을 떠난 것이 아닌가. 약대 털옷을 바라보며 왕궁의 부드러운 옷 입은 자를 꿈꾼다는 것은 터무니없는 것 아닌가. 오늘 모든 종교인(?)의 꿈과 소망이 그곳을 향해 있다는 탄식이 괜한 것일까.

金樽美酒 千人血
금준미주 천인혈
(금잔에 담긴 좋은 술은 천 백성의 피요)
玉盤佳肴 萬姓膏
옥반가효 만성고
(옥쟁반에 담긴 맛있는 안주는 만백성의 기름이라)
燭淚落時 民淚落
촉루락시 민루락
(촛농 떨어질 때 백성 눈물 떨어지고)
歌聲高處 怨聲高

가성고처 원성고
(노랫소리 높은 곳에 원성 소리 높더라)

예루살렘은 힘에의 의지가 권력의 의지로 표출된 상징계의 종교 규칙이요 도덕 규칙이다. 니체의 표현대로 노예 도덕을 생산하여 그 규칙을 지배 원리로 삼는 곳이다. 최상층부에는 신이 있다. 자크 라캉은 이곳의 질서를 상징계로 도식화해 낸다. 이곳을 구성하고 있는 시스템, 곧 기표의 연쇄와 기의의 사슬들이 곧 그곳의 질서를 구성하고 있는 상징 체계다. 상징 체계는 그들의 언어로 구성된다. 노예 규칙들이다. 대타자의 지배 원리, 곧 힘에의 의지가 작동하는 곳이다. 기존 질서요 기존 도덕 개념들이고 기존 종교의 도그마가 지배하는 곳이다. 예루살렘은 상징계의 질서가 작동하는 곳이다. 나는 이미 내 안에 그들, 곧 밖의 것, 예루살렘의 시스템이 들어와 나를 지배하고 있고 그들에게 포획되어 있다. 칼뱅주의의 예정론과 창세전 선택 교리가 내 안에 들어와 나의 정신을 지배하고 있다. 예루살렘을 떠나 광야에 서 있다는 것은 상징계의 도그마를 떠나는 여행이 시작되었다는 말이다.

상징계의 질서는 니체가 말하는 '힘에의 의지'가 구동 원리다. 힘에의 의지 the will to power 가 권력의 모양으로 나타나는 것은 당연하다. '힘에의 의지'는 사회·정치적인 권력의 의지에 앞선다. 원초적으로는 쇼펜하우어가 말하는 생의 의지 will to live 요, 프로이트의 쾌락 원칙 Pleasure principle 이 그 바탕에 있다.

타자 지배의 상호 주체 놀이에는 생의 의지와 쾌락 원칙이 힘의 의지로 변형되어 나타난다. 갓 태어난 쌍둥이 어린아이도 엄마의 젖가슴을 선점하기 위해 다툰다. 힘의 의지가 발동한다. 육체의 본능은 정신에 그대로 반영된다. 프로이트는 생의 의지와 힘의 의지를 조금 더 근원적인 쾌락 원칙으로 규명하고 있다.

내 안에 있는 상징계의 질서를 전복시키고 광야에 서 있다는 것은 새로운 상징계의 상층으로 진입하고자 함이 아니다. 흔들리는 갈대여서야 되겠는가. 상징계의 대상 소타자 Object a, 예컨대 칼뱅의 예정론의 틈새를 비집고 비틀어 버린다. 칼뱅의 언어를 뒤집은 그 자리에 예정론과 선택의 교리로부터 자유로운 길이 열린다. 비로소 '내가 나노예가 아닌 주인로 사는 내 존재의 길이 열린다. 요한은 이 길을 열어 보이는 선지자보다 나은 자다.

말씀 79 말씀을 듣고 지키는 자
사람의 씨와 짐승의 씨

79.1 무리 가운데 한 여자가 예수께 말하였다. "당신을 낳은 태와 당신을 먹인 젖이 복이 있나이다." 79.2 그가 그녀에게 말했다. "아버지의 말씀을 듣고 진실로 지키는 자들은 복이 있나니 79.3 너희가 '아이를 낳지 아니한 태와 젖을 먹이지 아니한 젖이 복이 있나니' 할 날이 오리라."[12]

ϩⲛ ⲟⲩⲙⲉ 헨 우메 진실로 truly ⲟⲩⲛ ⲉ̄ⲛ̄ϩⲟⲟⲩ… ⲛⲁϣⲱⲡⲉ 우엔 헨호우 나쇼페 ἰδοὺ ἡμέραι ἔρχονται 보라 날이 이르리라
ⲥⲱⲧⲙ 소팀 hear, ϩⲁⲣⲉϩ 하레흐 keep, guard, ⲗⲟⲅⲟⲥ 로고스 word

익명 여인의 종교
무리 가운데 한 여인의 찬양은 놀랍게도 오늘 기독교의 모습

---

12) ⲡⲉϫⲉ ⲟⲩⲥϩⲓⲙ[ⲉ ⲛⲁ]ϥ ϩⲙ ⲡⲙⲏϣⲉ ϫⲉ ⲛⲉⲉⲓⲁⲧⲥ [ⲛ̄]ⲑϩⲛ̄ ⲛ̄ⲧⲁϥϥⲓ ϩⲁⲣⲟⲕ ⲁⲩⲱ ⲛ̄ⲕⲓ[ⲃ]ⲉ ⲉⲛⲧⲁϩⲥⲁⲛⲟⲩϣⲕ 79.2 ⲡⲉϫⲁϥ ⲛⲁ[ⲥ] ϫⲉ ⲛⲉⲉⲓⲁⲧⲟⲩ ⲛ̄ⲛⲉⲛⲧⲁϩⲥⲱⲧⲙ̄ ⲁ ⲡⲗⲟⲅⲟⲥ ⲙ̄ⲡⲉⲓⲱⲧ ⲁⲩⲁⲣⲉϩ ⲉⲣⲟϥ ϩⲛ ⲟⲩⲙⲉ 79.3 ⲟⲩⲛ ϩⲛ̄ϩⲟⲟⲩ ⲅⲁⲣ ⲛⲁϣⲱⲡⲉ ⲛ̄ⲧⲉⲧⲛ̄ϫⲟⲟⲥ ϫⲉ ⲛⲉⲉⲓⲁⲧⲥ ⲛ̄ⲑϩⲛ̄ ⲧⲁⲉⲓ ⲉⲧⲉ ⲙ̄ⲡⲥⲱ ⲁⲩⲱ ⲛ̄ⲕⲓⲃⲉ ⲛⲁⲉⲓ ⲉⲙⲡⲟⲩϯ ⲉⲣⲱ- ⲧⲉ

을 그대로 반영한다. 예수를 찬양하고, 그를 낳은 태를 찬양한다. 가톨릭은 예수를 낳은 태 성모 마리아를 찬양한다. 말씀 79.1은 가톨릭의 성모 찬양과 기독교의 예수 찬양을 그대로 보여 주는 게 아닌가. 무리 가운데 한 익명 여인의 찬양이다. 오늘 기독교와 유사 기독교는 예수의 경계를 잊은 채 무리 가운데 한 여인의 종교로 전락했다. 비록 예수의 제자들 이름을 수없이 도용하고 있지만, 그들과 상관없는 익명의 여인 종교가 되어버렸다. 무리 가운데 한 여인은 자기의 말로 자신을 심판하고 있다. 스스로는 그것이 자신을 심판하는 족쇄일 줄 꿈에도 생각지 못한다. 여기서 인생은 박수부대로 전락한다. 그가 세운 메시아를 향해 박수부대가 되는 것, 충성의 종교, 헌신의 종교 그곳에 자신은 없고, 그가 대상으로 삼은 예수가 그 안에 들어와 있게 된다. 인생이 우상을 세우는 것은 어쩌면 너무도 자연스러운 현상이다.

　예수는 예수를 찬양하는 여인을 꾸짖는다. 여인은 예수를 짐승으로 만들고 있기 때문이다. 예수를 낳은 태를 찬양하는 여인에게 전혀 역설의 복음을 전한다. 말씀 79는 예수를 찬양하는 종교는 예수와 상관없는 종교라는 것을 분명히 한다. 달을 보지 않고 손가락을 찬양하는 것에 대한 경구가 79에도 여실하게 드러난다. 달에는 관심 없고 예수를 찬양하는 것으로 달을 거세하고 달을 대신한다. 예수를 찬양하는 것으로 예수를 거세한다.

　누가복음 11:24-28이 말씀 79의 병행 구절이다. 누가복음에는 79.3은 보이지 않는다. 누가복음의 맥락에서 말씀 79를 읽어보자. 귀신이 사람에게서 나갔다. 귀신이 물 없는 곳으로 다니며 쉬기를 구하되 얻지 못하고 그가 나온 집으로 가 본다. 소제

되고 수리되었지만 텅 비어 있어 악한 귀신 일곱을 데리고 들어가서 거하므로 그 사람의 나중 형편이 전보다 더 심하게 되었다는 이야기를 듣고 난 후에 튀어나온 여인의 고백인 셈이다. 도마복음에는 물론 이런 맥락이 나오지 않는다.

일곱 귀신 이야기는 출애굽 후 광야를 지나 가나안에 도착해서 정착했다가 바빌로니아의 포로가 되는 이야기로 설명한바 있다말씀 9 해설 참조. 현대 정신분석을 빌려 설명한다면, 귀신이 들린 것은 마치 상징계의 대타자에 포로가 된 것과 다름없다. 귀신이 들린 것은 주인 기표담론에 포획된 것이라면, 일곱 귀신은 노예 기표대학 담화와 히스테리 기표 등을 포괄하고 있는 것의 상징으로 해석할 수 있겠다. 물론 반드시 그렇게 대응되는 것은 아니다.

> **더러운 귀신이 사람에게서 나갔을 때에 물 없는 곳으로 다니며 쉬기를 구하되 얻지 못하고 이에 가로되 내가 나온 내 집으로 돌아가리라 하고 와 보니 그 집이 소제 되고 수리되었거늘, 이에 가서 저보다 더 악한 귀신 일곱을 데리고 들어가서 거하니 그 사람의 나중 형편이 전보다 더 심하게 되느니라. 이 말씀하실 때 무리 중에서 한 여자가 음성을 높여 가로되, 당신을 밴 태와 당신을 먹인 젖이 복이 있도소이다 하니, 예수께서 가라사대, 오히려 하나님의 말씀을 듣고 지키는 자가 복이 있느니라 하시니라(눅 11:24-28)**

예수는 한 여인의 찬양을 접수하지 않는다. 하나님의 말씀을 듣고 지키는 자가 복이 있다고 말한다. 이에 대해서는 말씀 79는 물론이요, 누가복음 11장 28절이 동일하다. 복은 말씀을 듣는 데 있는 것이며, 그것을 지키는keep 데에 있는 것이다. 이와 상관없이 예수를 잉태한 태나 그를 먹인 젖을 찬양하는 것은 전혀 과녁을 벗어난 것이다. 도마복음은 여기서 한 걸음 더 나아간다. 도리어 '아이를 낳지 않은 태와 젖을 먹이지 아니한 젖이 복이 있다고 할 날이 속히 오리라'고, 여인의 찬양과 정반대의 진실을 말한다. 무슨 뜻일까.

모름지기 선악의 세계는 그 정신이 짐승과 다름없다. 정신의 세계에는 예레미야 선지자의 말대로 두 종류의 씨 뿌림이 있다. 짐승의 씨와 사람의 씨다. 처음의 태와 젖은 짐승의 씨를 뿌리고, 짐승의 정신에 젖을 먹인다. 선악의 세계는 다산多産의 세계다. 우상의 세계는 많이 낳고 많이 기르는 세계요, 큰 자를 지향하는 세계다. 예수를 바라볼 때 큰 자의 상징으로 바라보기에 큰 자 예수를 잉태한 태와 그를 키운 젖을 찬양하는 것이다.

> 여호와께서 가라사대, 보라, 내가 사람의 씨와 짐승의 씨를 이스라엘 집과 유다 집에 뿌릴 날이 이르리니, 내가 경성하여 그들을 뽑으며 훼파하며 전복하며 멸하며 곤란케 하던 것같이 경성하여 그들을 세우며 심으리라 여호와의 말이니라. 그때에 그들이 다시는 이르기를 아비가 신 포도를 먹었으므로 아들들의 이가 시다 하지 아니하겠고, 신 포도를 먹는 자마다 그 이가 심 같이 각기 자기 죄악으로만 죽으리라(렘 31:27-30)

거기 사람의 씨는 뿌려지지 않는다. 예레미야 선지자는 짐승의 씨라고 단언한다. 상징계의 담화 세계에서 뿌리고 거두는 모든 것은 짐승의 씨를 잉태하고 젖을 주는 것과 다름없다. 사람의 씨는 뿌려질 기미가 보이지 않는다. 사라와 라헬의 태에는 씨가 뿌려지지 않는다. 사라의 태는 짐승의 씨를 잉태할 수 없는 태다. 사라의 젖가슴은 짐승을 키울 수 있는 젖이 아니다. 사라가 슬퍼하고 라헬이 슬퍼한다. 사라는 이삭을 낳고 키운다. 라헬은 아들을 낳을 수 없어 슬퍼하다가 요셉과 벤야민을 낳고 죽는다.

라마에서 울고 있는 라헬의 슬픔을 예레미야가 소환하여 인용한다. 라헬의 슬픔을 마태가 또다시 인용한다. 헤롯이 두 살 아래 사내아이를 다 죽이라는 명령을 내렸을 때 갑자기 예레미야가 인용한 라헬의 슬픔을 또다시 소환한다. 그가 자식이 없어 위로받기를 거절했다는 내용이다.

라마에서 슬퍼하며 크게 통곡하는 소리가 들리니, 라헬이 그 자식을 위하여 애곡하는 것이라. 그가 자식이 없으므로 위로 받기를 거절하였도다 함이 이루어졌느니라(마 2:18; 렘 31:15)

인생은 처음 그 정신의 태에 낳고 또 젖을 먹여 키우는 지식은 짐승의 형상이다. 사람의 형상을 낳는 태는 동한 적이 없어 사라가 울고 라헬이 운다. 무리 중 한 여인이 노래하는 태와 젖은 바로 짐승을 낳고 키운 태와 젖이다. 여인은 예수를 짐승으로 환원하고 있으니, 그를 듣는 예수가 기겁한다.

짐승의 계절이 지나야 비로소 존재의 사람을 낳는 때가 찾아온다. 상징계의 주인 기표에 종속되는 동안은 노예 도덕에 예속되어 끊임없이 노동력을 동원해서 지식을 생산해야 한다. 주인을 즐겁게 해 줄 잉여 생산물, 잉여 향유물인 지식을 생산하여 주인에게 제공해야 한다. 지식은 끊임없이 연하여 집을 짓고 다산을 좋아한다. 지식은 권력이고 폭력이다. 노예는 지식을 생산하여 주인에게 제공하고, 주인은 잉여 향유물로 권력을 행사한다. 주체 없는 주체 놀이, 대타자 주체 놀이에 여념이 없게 된다. 자유를 구가하려면 목숨을 내놓아야 하고, 목숨을 보전하려면 자유를 포기하고 노예로 살아야 한다. 목숨을 위해 노예를 선택하고, 거기서 다산의 태를 유지한다. 더는 견딜 수 없는 임계치에 도달해야 히스테리 담론을 향하게 된다.

"아, 잉태치 않은 태가 복이 있도다. 젖을 먹이지 않은 젖이 복이로구나." 이것이야말로 히스테리 담화가 아닌가. 지식은 끝이 없고, 오로지 번뇌만을 가중하는 것이로구나.

내가 다시 지혜를 알고자 하며 미친 것과 미련한 것을 알고자 하여 마음을 썼으나, 이것도 바람을 잡으려는 것인 줄을 깨달았도다. 지혜가 많으면 번뇌도 많으니, 지식을 더하는 자는 근심을 더하느니라(전 1:17-18)

솔로몬의 잠언은 지식을 찬양한다. 솔로몬의 전도서는 지식의 한계를 명확히 한다. 지혜와 지식의 밖에 서서 안을 바라보는 것이 정신분석에서 말하는 분석가 담화라 하겠다. 아무런 앞선 지식이 작용하지 않아야 선입관 없이 내담자를 바라볼 수 있다. 만일 앞선 지식을 바탕으로 내담자를 바라보게 되면 온전히 분석할 수 없다. 자신의 앞선 지식을 토대로 내담자를 분석하게 되면 판단과 심판을 하고, 자신의 기표를 중심으로 주인 담화를 펼치게 된다. 분석가 담화가 아니라 주인 담화에 빠지게 되면 폭력으로 흐르게 된다.

온전한 분석가 담화는 내담자로 하여금 상징계의 주인 기표의 노예에게서 벗어나, 스스로 상징계의 기표와 의미 사슬 '밖에 있는 말씀'을 듣게 하고 또 스스로 지키게 하는 것에 이르도록 할 때 비로소 주인 기표에 빠지거나 노예 기표에 사로잡혀 지식 생산자의 노동에 시달리는 것을 극복하게 한다.

"너희가 '아이를 낳지 아니한 태와 젖을 먹이지 아니한 젖이 복이 있나니' 할 날이 오리라." 이 같은 고백은 상징계의 주인 기표와 노예 기표에 더는 견딜 수 없어 나타나는 히스테리 증세에 다름 아니다. 짐승의 씨를 잉태하고 또 낳고 키우는 것의 헛됨이 드러나 허무에 사로잡힐 때 나타나는 증세가 아닌가. 이때가 찾아와야 비로소 분석가 담화가 가능해진다. 실재계에 대한 희망이 시작된다.

마침내 사라의 태에 태기가 찾아온다. 바울은 사라의 태에서 구별되었고, 마침내 사라의 젖을 먹게 되었음을 고백한다. 사울은 짐승의 태에서 태어나 그의 가슴에서 젖을 먹고 자란 것이었다. 유대교는 짐승의 태요, 짐승의 젖가슴이었다. 종교는 다산의 태를 갖고 있다. 사라의 태는 한동안 태기가 돌지 않아 슬픈 태다. 아들을 잉태할 수 없어 눈물짓는 태다. 마음의 자궁에는 두 태가 있다. 짐승의 씨가 뿌려지는 태가 있고, 사람의 씨가 뿌려지는 태가 있다.

79.2 그가 그녀에게 말했다. "아버지의 말씀을 듣고 진실로 지키는 자들은 복이 있나니 79.3 너희가 '아이를 낳지 아니한 태와 젖을 먹이지 아니한 젖이 복이 있나니' 할 날이 오리라."

기록된 바 잉태치 못한 자여 즐거워하라, 구로치 못한 자여 소리질러 외치라. 이는 홀로 사는 자의 자녀가 남편 있는 자의 자녀보다 많음이라 하였으니, 형제들아 너희는 이삭과 같이 약속의 자녀라(갈 4:27-28)

이로 보건대 '신 포도원죄론' 속담은 짐승의 씨라는 것이 명확하다. 상징계를 훼파하고 전복하여 사람이 사람의 존재로 태어나는 것, 거기서 존재의 빛이 환히 비추리라.

말씀 80 프토마(ⲡⲧⲱⲙⲁ, 시체 πτῶμα)와 프소마(ⲡⲥⲱⲙⲁ 몸)

80.1 예수께서 말했다. "세상을 알게 된 사람은 육신을 발견한 것이다. 80.2 그러나 육신을 발견한 사람을 세상은 합당하게 여기지 않는다."13)

Gathercole 는 매우 흥미로운 지적을 한다.14)

말씀 80에 등장하는 '몸'ⲡⲥⲱⲙⲁ은 말씀 56의 '시체'ⲡⲧⲱⲙⲁ를 대체한 것을 제외하고는 56과 동일하고 유사한 의미와 두 단어의 그래픽적·음성적 유사성을 활용하고 있는 것으로 보인다.

다시 말해 언어의 유희를 통해 동어반복을 하고 있다는 말이

---

13) 80.1 ⲡⲉϫⲉ ⲓⲥ ϫⲉ ⲡⲉⲛⲧⲁϩⲥⲟⲩⲱⲛ ⲡⲕⲟⲥⲙⲟⲥ ⲁϥϩⲉ ⲉⲡⲥⲱⲙⲁ 80.2 ⲡⲉⲛⲧⲁϩϩⲉ ⲇⲉ ⲉⲡⲥⲱⲙⲁ ⲡⲕⲟⲥⲙⲟⲥ ⲙ̄ⲡϣⲁ ⲙ̄ⲙⲟϥ ⲁⲛ

14) Gathercole S. - The Gospel of Thomas. Introduction and Commentary. p.501

겠다. 활자 놀이를 응용한 것이다. 옛사람들의 언어 놀이활자놀이는 구약성서에도 곳곳에서 발견할 수 있다. Gathercole 의 지적에 깊이 동의한다.

> 말씀 56: 예수께서 말했다. "세상을 알게 된 사람은 시체를 발견한 것이다. 그리고 시체를 발견한 사람을 세상은 합당하게 여기지 않는다."
> 말씀 80: 예수께서 말했다. "세상을 알게 된 사람은 육신을 발견한 것이다. 그러나 육신을 발견한 사람을 세상은 합당하게 여기지 않는다."
> 말씀 110: 예수께서 말했다. "세상을 발견하고 부유한 자는 세상을 버리라."

위 셋은 거의 동어반복인 셈이다. 따라서 말씀 80에 대한 해석은 말씀 56의 해설을 참고하면 된다.

덧붙이면, 선악의 세계는 곧 옳고 그름의 이분법을 준거로 끊임없이 죽음을 맛보는 세계다. 그러므로 다나토스죽음의 세계다. 상징계는 대타자가 주인이 되어 있고 노예는 끊임없이 선악의 지식을 생산한다. 그곳이 죽음의 세계고 그곳의 주인과 노예가 시체요 곧 육체임을 발견하는 것, 그동안 은폐되어 있던 이것이 드러나는 것은 더는 죽음을 맛보지 않게 하려 함이다. 그러므로 봉인 재료는 세상 임금시체이고, 인印을 뗀다는 것은 세상 임금이 시체요 육체라는 것을 밝히는 것에서 시작된다. 상징계의 대타자 그 모든 것이 인봉의 재료요, 그것으로 생명의 세계가 은폐되어 있었다. 원흉은 거기에 있다는 것. 내 안에 있는 밖의 것이 나를 은폐시키고 있었다. 내가 나로 드러나려면 일곱 인을 떼야 하고 일곱 재앙을 겪어야 한다. 혁명과 전복은 그렇게 간단하게 이뤄지는 것이 아니다.

히브리서 11장 38절에 유사한 말씀이 등장한다. 대개의 번역성서는 "세상이 그를 감당치 못한다"라고 번역한다. 정직하게 직역하면

ὧν οὐκ ἦν ἄξιος ὁ κόσμος, '세상은 그를 가치롭게 여기지 않는다'히 11:38고 할 수 있겠다. 세상의 가치를 배반하기 때문에 세상은 그를 받아들이지 않는다.

> 또 어떤 이들은 희롱과 채찍질뿐 아니라 결박과 옥에 갇히는 시험도 받았으며, 돌로 치는 것과 톱으로 켜는 것과 시험과 칼에 죽는 것을 당하고, 양과 염소의 가죽을 입고 유리하여 궁핍과 환난과 학대를 받았으니(이런 사람은 세상이 감당치 못하도다) 저희가 광야와 산중과 암혈과 토굴에 유리하였느니라(히 11:36-38)

돌로 치는 것과 톱으로 켜는 것과 시험과 칼에 죽는 것을 당하고, 양과 염소의 가죽을 입고 유리하여 궁핍과 환난과 학대를 받는 까닭이다. 선악의 세계는 생명의 세계를 거북하게 여긴다. 상징계는 실재계의 도래가 가까우면 전복되기 때문에 위기를 느끼는 것은 당연하다. 상징계에 붙잡아 놓으려 상징계의 대타자, 이 땅의 도덕률과 시대정신은 자신들의 가치에 충실한 노예가 되라고 더욱 큰 소리로 붙잡으려 한다. 상징계는 결핍이고 핍절

이다. 상징계의 주체에는 주체가 없다. 상징계의 주체는 주체를 거세하고 대타자를 주체자로 삼는다. 철저히 속이는 속임이고 거짓이고 살인이다. 상징계의 주체가 시체요 몸인 것이 들통탈은폐나야 길이 열린다.

말씀 81 부유해진 자가 다스리게 하라

81.1 예수께서 말했다. "부유해진 자가 다스리게 하라,
81.2 힘뒤나미스을 가진 자는 그것을 버리라."15)

110 예수가 말했다. "세상을 발견하고
부를 얻은 자는 세상을 포기하라."

pмм&o rich man ("great man"), ⲇynamic Power aⲡna deny

말씀 110은 적어도 말씀 80 - 81의 요소들을 결합해서 만들어진 속담이다. 그러므로 110의 관점에서 볼 때 81은 80과 불가분의 관계에 있음을 알 수 있다. 그러므로 여기서 부유해진

---

15) ⲡⲉϫⲉ ⲓⲥ ϫⲉ ⲡⲉⲛⲧⲁϩⲣ̅ ⲣⲙ̅ⲙⲁⲟ ⲙⲁⲣⲉϥⲣ̅ ⲣⲣⲟ ⲁⲩⲱ ⲡⲉⲧⲉⲩⲛ̅ⲧⲁϥ ⲛ̅ⲟⲩⲇⲩⲛⲁ- ⲙⲓⲥ ⲙⲁⲣⲉϥⲁⲣⲛⲁ

자는 가난한 자다. 가난한 자는 소유가 없는 자다. 소유가 없는 자는 그가 가진 소유가 없으므로 소유를 기준으로 판단하지 않는다. 소유가 있는 자는 세상에 대하여 부요한 자요, 부요한 자는 영으로는 가난한 자가 아니다. 영에서 가난한 자는 소유의 세계에서는 가진 것이 없어 세상에 대하여 가난한 자다. 세상에 합당한 자가 아니다. 세상이 가치 있게 여기는 자가 아니다. 세상이 핍박하는 자다.

그러므로 가난한 자가 부요한 자다. 가진 것이 없으므로 무엇에도 처할 수 있는 능력이 있다. 부에도 처할 수 있고 가난에도 처할 수 있다. 소유를 기준으로 나누고 분별할 능력이 없으므로 무엇에도 처할 수 있는 부요와 풍요가 그에게 있다. 그런 이들에게 바울은 "할 수 있거든이 무슨 말이냐, 믿는 자에게는 능치 못함이 없다"라고 격려한다. 분석가의 담화에 참여할 수 있다. 주인 기표에 빠지지 않는다. 노예 기표의 지식 놀음대학 담화에 빠져 허우적대지 않는다. 그는 가난한 자이나 부요한 자다.

세상에 관해서는 가난한 자요, 영으로는 무엇이든 가능한 풍요로운 자다. 영안에서 세상에 대해 가난한 자요, 영으로는 풍요로운 자다. 그 안에는 대타자의 도적놈을 쫓아내고 '없이 계신 하나님'의 청정함이 머물고 있기 때문이다. 거룩한 영은 곧 하나님이며 하나님의 정신이다. 그가 비로소 자신을 다스리게 해야 한다. 그가 왕 노릇하게 해야 한다. 저 초월자로 있는 전지전능한 판타지의 허구가 왕 노릇하게 해서는 안 된다. 그는 거짓이고 살인이고 미워하는 자요, 하나님이라는 양의 옷을 입고 있는 용이기 때문이다. 초월자의 신을 초월한 그대 안의 밖의 것이 아닌, 그대 안의 그대가 곧 대타자를 초월한 진정한 초월자이기 때문이다. 그가 다스리게 하고 그가 왕 노릇하게 하라는 뜻이다.

그는 위로부터 온 권세요, 위에서 난 자이므로 그에게 순복해야 한다. 그러나 그는 권력자가 아니다. 이를 권력으로 구가하려는 이는 위로부터 난 자가 아니다. 만일 그것이 권력으로 작용하거든 과감히 버리라. 그것을 포기하라. 그게 힘의 의지와 타인을 다스리는 권력으로 작동되거든, 그 순간 주인 기표^{주인 담화}가 작동하여 상호 주체 놀이 역할에서 주도권을 쥐려는 도적놈임을 빨리 알아차리고 속히 절망해야 한다. 또 속았구나. 또 속고 누군가를 속이려 하는구나. 속히 알아차려야 한다. 그런 자신에게 절망하고 또 절망해야 도적놈의 실체가 선명하게 드러난다. 권력을 가진 자는 그것을 버리라. 버젓이 분석가의 담화에 참여한다고 하면서 주인 담화에 빠지고 노예 담화^{지식놀이}에 참여하고 있는 자신을 속히 발견해야 한다.

해는 서산에 걸려 있는데
산은 높고 골은 깊기만 하여라
아직도 가야 할 길은 참으로 멀도다

말씀 82 '나'와의 거리

82.1 예수께서 말했다. "내게 가까이 있는 자는 불에 가까이 있는 것이요, 82.2 내게서 멀리 있는 자는 나라에서 멀리 있는 것이다."16)

> ϨⲰⲚ approach, be nigh, comply with, ⲞⲨⲈ be distant, ⲈⲢⲞⲈⲒ to me, ⲤⲀⲦⲈ fire

말씀 10 "나는 세상에 불을 질렀다"라는 로기온에서 불에 대한 설명이 있었다. '나'는 존재의 '나'요, 상징계의 노예 도덕에 갇혀 있거나 주인 담화에 사로잡혀 있는 '나'가 아니다. "내

---

16) 82.1 ⲠⲈϪⲈ ⲒⲤ ϪⲈ ⲠⲈⲦϨⲎⲚ ⲈⲢⲞⲈⲒ ⲈϤϨⲎⲚ ⲈⲦⲤⲀⲦⲈ 82.2 ⲀⲨⲰ ⲠⲈⲦⲞⲨⲎⲨ` ⲘⲘⲞⲈⲒ ϤⲞⲨⲎⲨ ⲚⲦⲘⲚⲦⲈⲢⲞ

게 가까이 있는 자는 불에 가까이 있는 것이오"에서 '나'는 그 예수를 의미하지 않는다. 누구에게나 있는 '존재의 나'를 일컫는다.

실재계의 '나'는 상징계의 나로 위장된 거짓을 소각시킨다. 초막절에 모세와 엘리야와 예수의 초막집을 불태우고 '존재의 나'를 씨알로 거둬 곳간에 들인다. 여기서 모세와 엘리야와 예수는 대타자를 구성하고 있는 여러 요소의 상징이다. 모세만을 분리해서 사유하게 되면 그가 정신분석에서 말하는 대상 소타자 Object a 인 셈이다. 그들은 곧 동시에 존재의 결핍을 상징한다. 존재의 결핍을 여러 형태의 초막, 곧 임시거처로 대신한다. 임시거처는 거처인 동시에 끝없는 결핍만을 드러낸다.

뜬금없이 정신분석의 용어들을 끌어와 도마복음 로기온을 설명하는 방편으로 삼는 탓에 이 글을 읽는 이들은 다소 당황스러울 것이다. 관심 있는 이들조차 난해하고 어렵다는 자크 라캉의 정신분석의 도식. 사전 설명도 없이 좌충우돌 인용하여 도마복음의 로기온 해석에 도입하였다. 자크 라캉의 분석 도식과 몇몇 그의 낯선 용어와 개념을 파악하게 되면 도마복음과의 연결고리를 쉽게 발견할 수 있으며 어떤 짐에서는 매우 명료하고 선명하게 설명할 수 있는 장점이 있음을 알게 될 것이다.

나의 좌충우돌 인용으로 자크 라캉의 정신분석 도식에 대한 설명 없이도 어느덧 그의 개념들이 들어와 쉽게 그림이 그려지는 이들도 있을 것이다. 라캉의 정신분석에 대해 머리를 싸매고 이해해 보려 공부해도 도무지 그 개념이 명료하게 들어오지 않던 이들에게조차 "아, 그런 뜻으로 이해할 수도 있겠구나" 하는 힌트가 주어졌으면 좋겠다.

물론 나는 텍스트를 베끼거나 옮겨 쓰는 필사자 서기관Scribes이 아니다. 따라서 자크 라캉의 텍스트에 담겨 있는 뜻을 일점일획도 달라지지 않게 그 의미 전달을 정확하게 전달하려는 지식 소매상도 아니고, 그의 정신분석 도식을 잘 포장하여 독자에게 전달하는 택배기사도 아니다.

그의 텍스트나 도식들을 내 방식으로 이해하고 소화한 다음, 내게서 이해된 만큼만 나의 방식으로 도마복음과 성서의 텍스트 구조에 적용해 도마복음의 텍스트를 해석하고 설명하는 도구로 삼고 인용할 뿐이다. 그곳에는 여전히 빈구석이 있을 것이고 틈이 많이 있을 것이다. 그것은 누구나 발견할 수 있을 것이고 그 같은 빈구석과 틈새는 누군가에게 자기 존재의 사유 공간을 제공하는 기름진 토양이 될 것이다.

82.2 "내게서 멀리 있는 자는 나라에서 멀리 있는 것이다."

시종일관 도마복음의 일관된 주제인 셈이다. '나를 아는 것이 왕국이고, 나를 아는 것이 곧 나라'이기 때문이다. 존재의 나와 멀리 있다는 것은, 여전히 그 안에 모세가 있고 엘리야가 있으며 예수가 있어서 타자의 놀이터가 되어 있으면 타자의 왕국일 뿐, 존재의 '나'가 다스리는 왕국이 아니기 때문이다. 말씀 3에서 이 같은 사실은 매우 분명하게 선포된 바 있다.

말씀 3.2 "만일 너희가 너희 자신을 안다면 알려질 것이고, 너희가 살아 계신 아버지의 아들이라는 것을 알 것이다. 그러나 만일 너희가 너희 자신을 알지 못한다면 너희는 결핍&HKE 속에 있고, 너희 자신이 결핍&HKE이다."

그러므로 '내게서 멀리 있는 자'란 실재계의 자기 자신이 드러난 적이 없어 자신을 알지 못한다는 뜻이고, 그곳은 타자의 시장터가 되어 '존재의 나'는 부재한 채 상징계의 대타자가 주체로 있어 온통 아비규환이 판을 치고 있으니, 왕국은 멀리oye: be distant 있을 뿐이다. 거기엔 부재로 인해 평안은 없고 존재의 불안이 늘 엄습하고 있다.

말씀 83 형상과 빛
빛에 빛이 없고 주체에 주체가 없다

83. 예수가 말했다. 그 형상 ⲉⲓⲕⲱⲛ, 히콘들은 사람 안에 ⲙ̄ⲡⲣⲱⲙⲉ, 엠프로메서 드러난다 ⲟⲩⲟⲛϩ ⲉⲃⲟⲗ, 우온흐 에볼 are appearing. 그들 마음 ϩⲏⲧ, 헤트 heart 정신의 빛은 아버지 빛의 형상 안에 숨어 있다. 그는 밖으로 드러날 것이다. 그리고 그의 형상은 그의 빛에 의해 은폐된다.17)

형상은 사람들 마음에 있다. 유대교인에게는 유대교인의 하나님 형상이 그들에게 있다. 기독교인에게는 그들의 하나님에 대한 형상이 그들을 점령하고 있다. 로마인에게는 가이사의 형상이 그들 안에 있다. 마음에 있는 것이 밖으로 드러난다. 밖에 세운 우

---

17) 83.1 ⲡⲉϫⲉ ⲓ̄ⲥ̄ ϫⲉ ⲛϩⲓⲕⲱⲛ ⲥⲉⲟⲩⲟⲛϩ ⲉⲃⲟⲗ ⲙ̄ⲡⲣⲱⲙⲉ ⲁⲩⲱ ⲡⲟⲩⲟⲉⲓⲛ ⲉⲧⲛ̄ϩⲏⲧⲟⲩ ϥϩⲏⲡ ϩⲛ̄ ⲑⲓⲕⲱⲛ 83.2 ⲙ̄ⲡⲟⲩⲟⲉⲓⲛ ⲙ̄ⲡⲉⲓⲱⲧ ϥⲛⲁϭⲱⲗⲡ ⲉⲃⲟⲗ ⲁⲩⲱ ⲧⲉϥϩⲓⲕⲱⲛ ϩⲏⲡ ⲉⲃⲟⲗ ϩⲓⲧⲛ̄ ⲡⲉϥ ⲟⲩⲟⲉⲓⲛ

상은 마음에 있는 것을 밖으로 새긴 것이다. 서낭당이나 갓바위에 투사시킨 것도 마음에 있는 형상을 밖에 투사시킨 것이다. 칠성님도 비록 저 밤하늘 위에 떠 있지만, 마음에 있는 것을 북두칠성에 투사시킨 것이니 칠성님의 형상도 마음에 있는 것이다. 마음에 있는 것이 드러나지 않을 수 없다. 이들 모두는 가이사 형상의 변주다.

성서는 두 개의 형상으로 구분한다. "가이사에게 세를 바치는 것이 가하니이까? 셋돈을 내게 보이라. 이 형상과 글이 뉘 것이냐? 가이사입니다. 가이사의 것은 가이사에게, 하나님의 것은 하나님에게 ……."

여기서 안에 있는 형상이 두 개의 범주로 구분된다. 수많은 양태의 형상이 있겠으나, 가이사의 형상과 하나님의 형상으로 구분된다. 오늘 우리의 전통을 빌려 말하면 향벽설위의 신과 향아설위 신의 형상으로 구분할 수도 있다. 향벽설위 신의 형상조차 안에서 만든 형상이다. 형상은 그들의 삶을 안내하는 지표다. 안에 있는 형상은 아직 은폐되어 나타나지 않은 아버지의 형상이 있고, 드러나 있는 대타자의 형상이 있다. 대타자의 정체가 확연히 드러나야 아버지 빛의 형상 안에 숨어 있는 마음의 빛이 밖으로 드러날 것이다.

성서의 이야기 어법으로 하면, 하나님의 형상과 하나님의 빛은 성전의 휘장으로 감춰져 있고 덮여 있다. 하나님의 빛은 지성소에 은폐되어 있고, 지성소의 빛이 드러나기 전에는 일곱 금촛대를 통해 비추는 일곱 별의 빛이 성전을 밝힐 뿐이다. 지성소에 있는 감추어진 빛의 본체가 드러나기 전에 밝히는 빛은 빛을 지향하고 있으나 본체의 빛이 드러나면 더는 필요 없는 빛이다. 밤에는 촛불이 의미가 있으나 태양이 떠오른 후에 촛불을 켜놓는 것이 무슨 의미가 있는가. 낮에는 촛불이 필요 없다.

그러므로 일곱 금 촛대는 휘장이 걷히기 전에 필요한 빛이다. 관유를 통해 감람유가 공급되어야 켤 수 있는 빛이다. 그것은 빛을 향해 나아가는 도상에서 잠시 필요한 것이다. 성전은 마음의 구조를 건축물에 반영한 옛사람들의 지혜다. 성전은 성소와 지성소로 나뉜다. 성소와 지성소 사이에 휘장이 있다. 성전 입구에는 제물을 팔고 사는 장사꾼들이 진을 치고 있는 곳이기도 하다. 성소조차 아무나 쉽게 들어갈 수 없다. 지성소는 대제사장이 일 년에 한 번 들어갈 수 있는 곳이다.

하나님의 형상 eikon은 빛에 의해 은폐된다. 성소의 빛이 지성소의 빛을 대체하고, 하나님의 형상 안에 있는 지성소의 빛은 휘장으로 은폐되어 있다. 빛나는 일곱 금 촛대와 일곱 교회는 상징계의 주인 담화 S1와 대학 담화 S2의 상징이다. 노예는 지식의 빛을 밝혀 성전의 빛이 꺼지지 않게 하려 성전 봉사에 여념이 없는 레위 제사장을 방불한다. 바리새인과 서기관으로 대표되는 당시의 종교 체계와 율법을 중심으로 질서를 유지하는 도덕 체계요, 유대교의 하나님에 의해 다스려지는 대타자의 지배 이데올로기가 곧 주인 기표라면, 그를 이어받아 끊임없이 율법을 필사하고 그 의미를 전달해서 빛이 꺼지지 않도록 밤낮으로 애를 쓰는 종교인들은 대학 담화와 노예 기표의 담지자들 아닌가. 그들의 빛지식 활동은 빛을 은폐시킨다.

그들의 빛나는 지식의 활동과 도덕 덕목은 지성소의 빛을 차단한다. 그 모든 게 안에서 이뤄진다. 그들 유대교의 하나님은 비록 하나님의 이름으로 불리고 있으나 '큰 자'가 되고자 빛을 밝히려는 가이사의 형상을 하고 있다. 성소의 빛은 향벽설위의 하나님이다. 휘장은 초월자의 형상으로 변형된 하나님의 아들, 예수의 육체, "당신을 낳은 태와 당신을 먹인 젖가슴이 복되다"고 하는 인생들의 찬양으로 옹립된 우상화된 예수가 휘장이다. 철벽으로 방어하고 있는 초월자 하나님이 휘장이다. 상징계 대타자의 그 모든 시스템이 휘장이다. 여전히 빛은 하나님의 형상 안에 숨어 있다. 빛을 비추는 데 빛이 없다. 주체에 주체가 없고, 빛에 빛이 없다. 빛에 의해 하나님의 형상이 은폐되고 있다. 노예 담화, 그 지식 놀이의 빛에 의해 지성소의 빛은 더 깊이 숨어들고 은폐된다는 말이다.

하나님의 형상 안에 빛이 있다. 가이사의 빛에 의해 하나님의 형상이 은폐된다. 하나님의 빛은 하나님의 형상 안에 숨어 있다. 하나님의 형상은 안에 있다. 저 하늘에 있는 것도, 저 만물 속에 있는 것도 아니다. 오직 네 안에 있다. 그런데 안에는 다른 것이 진을 치고 있고 안에 있는 하나님의 형상과 빛은 그 다른 것대타자의 빛에 의해 은폐되어 있다. 빛에 빛이 없고 주체에 주체가 없다.

그러나 하나님의 형상 안에 있는 빛은 마침내 그 모양을 드러낼 것이다. 휘장이 걷히고상징계의 훼파와 전복 은폐되어 있던 법궤와 그 안에 있는 세 귀물 곧 아론의 싹 난 지팡이왕권의 회복와 감추인 만나와 형상이 빛으로 드러나고, 숨어 있던 로고스의 증거판이 비로소 자신의 언어로 드러나는 빛나는 빛의 때가 도래할 것이다. 로기온 83, 84를 통해 도마 공동체가 전해주고 싶은 바가 아닐까.

말씀 84 모양과 형상

84.1 예수께서 말했다. "너희는 너희 모양ⲉⲓⲛⲉ 에이네을 보고 기뻐한다! 84.2 그러나 너희가 너희보다 먼저 존재했던, 죽지도 않고 드러나지도 않는 너희 형상ϩⲓⲕⲱⲛ 히콘을 볼 때에, 너희는 얼마나 감당하겠느냐!"18)

말씀 83의 삼인칭 그He, 아버지의 빛 가운데 나타나는 형상가 84에서는 이인칭 복수형의 직접 화자로 바뀐다. 창세기 1장 26-27은 형상첼렘과 모양드무트의 순서로 나온다. 형상을 따라 모양이 드러나기 때문이다.

도마복음 84는 이 순서가 바뀌었다. 모양이 먼저 나온다. 그

---

18) 84.1 ⲡⲉϫⲉ ⲓⲥ ⲛ̄ϩⲟⲟⲩ ⲉⲧⲉⲧⲛ̄ⲛⲁⲩ ⲉⲡⲉⲧⲛ̄ⲉⲓⲛⲉ ϣⲁⲣⲉⲧⲛ̄ⲣⲁϣⲉ 84.2 ϩⲟⲧⲁⲛ ⲇⲉ ⲉⲧⲉⲧⲛ̄ϣⲁⲛⲛⲁⲩ ⲁⲛⲉⲧⲛ̄ϩⲓⲕⲱⲛ ⲛ̄ⲧⲁϩϣⲱⲡⲉ ϩⲓ ⲧⲉⲧⲛ̄ⲉϩⲏ ⲟⲩⲧⲉ ⲙⲁⲩⲙⲟⲩ ⲟⲩⲧⲉ ⲙⲁⲩⲟⲩⲱⲛϩ ⲉⲃⲟⲗ ⲧⲉⲧⲛⲁϥⲓ ϩⲁ ⲟⲩⲏⲣ`

리고 이어서 형상이 나온다. 이때 84.2에 등장하는 형상은 모양과 대조된다. 모양에 앞서 존재한 '죽지도 않고 드러나지도 않는 너희의 형상ⓔικων'이라고 언급한다. 말씀 84에서는 이 점에 주목해서 읽어야 한다. 대개 모양을 보고 기뻐한다고 할 때, 앞의 모양은 뒤에 나오는 형상을 따라서 그 모양이 드러난 것이 아님을 방증한다. 본래 모양은 형상을 따라서 그 모양이 드러나게 마련이다. 그러므로 모양은 형상의 반영이어야 한다. 그런데 뭔가 조금 어색하다. 드러난 모양, 너희가 보고 기뻐하는 모양은 모양보다 먼저 존재했던 '죽지도 않고 드러나지도 않는' 형상의 지극히 일부이거나 혹은 그 형상의 반영이 아니라는 것을 짐작할 수 있다. 모양과 형상을 대비 혹은 대조시키고 있다는 점에서 그렇다.

모양에 앞서 존재한 형상을 볼 수 있을까. 그것은 빛에 의해 은폐되어 있고 숨겨져 있는 것 아닌가. 형상은 본래 '죽지도 않고 드러나지도 않는' 그 무엇 아닌가. 그런데 그 형상을 볼 때가 있다는 말이겠다. 어느 때 형상을 볼 수 있을까. 형상을 볼 수 있을 때는 형상이 가이사의 형상과 하나님의 형상으로 구분될 때 비로소 형상이 보인다. 가이사의 형상과 하나님의 형상이 구분되지 않을 때는 형상이 보이지 않는다. 형상을 볼 수 없다. 가이사의 형상을 하나님의 형상으로 혼동하기 때문이기도 하고, 이 둘이 서로 혼합·섞여 있어 전혀 드러나거나 볼 수 없다.

그러므로 너희 모양을 보고 기뻐한다는 뜻은 두 가지 해석이 가능하다. 1) 그 모양이 하나님의 형상과 상관없이 가이사의 형상이 모양으로 드러난 것을 보고 기뻐하는 경우다. 이때 가이사의 형상이라고 생각하지 않는다. 하나님의 형상이 모양으로 드러난 것으로 오해하며 기뻐한다. 이때 기쁨·쾌락은 거짓 기쁨이고 거짓 쾌락이다. 이때 주이상스는 몽상이고 망상에서 얻는 쾌락이다. 모양에 의해 형상은 더 깊이 은폐되고 감춰 있는 때다.

2) 은폐된 하나님의 형상이 그 모양으로 드러난 경우로 해석할 수 있다. 비록 형상은 온전히 드러나지 않으나 형상의 일단이 모양으로 드러난 경우다. 형상과 모양은 대비될 수 없는 동전의 앞면과 뒷면이다. 가이사의 형상이 아니라 하나님의 형상이 하나님께 드러진 경우로 해석해 볼 수 있다. 지폐에는 액면가가 기록된다. 가이사의 액면가가 있고 하나님의 액면가가 있다. 액면가는 모양에서 결정된다. 여기서 액면가는 모양으로 드러나는 말이고 글이다. 드러난 모양을 통해 가이사의 세계에서 유통하는 화폐의 가치와 하나님의 왕국에서 유통하는 하나님의 가치가 드러난다. 화폐는 형상과 글로 구성되어 있다. 모양을 보면 형상을 알 수 있다. 이게 드러날 때가 있고 감춰 있을 때가 있다. 그것은 그에게 달려 있다. 그대 자신에게 달려 있고, 너 자신에게 달려 있다. 너희가 모양을 보고 기뻐할 때, 모양보다 앞서 있는 '죽지도 않고 드러나지도 않는' 형상을 보게 되면 감당할 수 있겠는가. 그것이 가이사의 형상인지 하나님의 형상인지를 볼 수 있을 것인가. 가이사의 형상으로 드러난다면 감당할 수 있을 것이며, 하나님의 형상으로 드러나면 감당할 수 있을 것인가.

글모양, 말, 로고스을 보면 가이사의 화폐, 노예 기표대학 담화로 이뤄졌는지, 하나님의 형상이 모양으로 드러난 자기 언어로고스인지가 확연히 드러난다. 제 말인지, 타인의 말을 베끼고 조합하여 제 말로 위장하고 있는지가 드러난다. 이때 타인의 말이란 대타자가이사의 상징계에 속한 말을 동어반복하고 있는지, 창씨를 개명하고 사용하는 식민 백성의 언어인지 독립된 주체의 언어인지 확연히 구분된다는 말이다. 동일한 개념기표을 사용한다 해도 기의가 전혀 다르다. 이것은 문체의 문제도 아니고 개념이나 어떤 용어를 사용하고 있느냐의 문제도 아니다. 창의적이냐 모방적이냐의 문제와도 상관없다. 가이사의 언어냐 하나님의 언어냐는 그 용어와 사용하는 단어나 활자의 문제가 아니다.

가이사의 형상도 안에 있고, 하나님의 형상도 그대 안에 있다. 가이사의 형상이 모양으로 드러난 것을 보고 기뻐할 것인가. 하나님의 형상이 모양으로 드러난 것을 보고 기뻐할 것인가. 모양보다 앞서 있는 '죽지도 않고 드러나지도 않는' 형상을 보게 되면 그대는 어찌할 것인가. 창조 서사에서 '형상과 모양'은 창조의 여섯째 날에서야 언급된다.

말씀 85 아담의 형상은?

85.1 예수께서 말했다. "아담ⲁⲇⲁⲙ은 큰 권세ⲛ̄ⲇⲩⲛⲁⲙⲓⲥ 엔두나미스와 큰 부ⲣ̄ⲙⲙⲁⲟ로부터 태어났지만, 너와는 합당하지 않았다. 85.2 만일 그가 합당했다면 죽음을 맛보지 않았을 것이다."[19)]

말씀 85는 아담의 모양에서 형상을 유추할 수 있다. 아담이 큰 힘두나미스과 부로부터 태어났다는 말은 무슨 뜻일까. 도마복음의 아담 이야기는 창세기 에덴 이야기에 대한 도마 공동체의 이해를 엿볼 수 있다. 그들이 에덴의 아담 이야기를 어떻게 보고 읽는지 짐작할 수 있다. 에덴의 그 아담은 땅으로부터 האדמה: 민 하아다마, from the ground 아담 아파르 עפר האדמה: man of the dust 를 조성했

---

19) 85.1 ⲡⲉϫⲉ ⲓ̄ⲥ̄ ϫⲉ ⲛ̄ⲧⲁ ⲁⲇⲁⲙ ϣⲱⲡⲉ ⲉⲃⲟⲗ ϩ̄ⲛⲟⲩⲛⲟϭ ⲛ̄ⲇⲩⲛⲁⲙⲓⲥ ⲙⲛ̄ ⲟⲩⲛⲟϭ ⲙ̄ⲙⲛ̄ⲧⲣ̄ⲙ̄ⲙⲁⲟ ⲁⲩⲱ ⲙ̄ⲡⲉϥϣⲱⲡⲉ ⲉ[ϥⲙ̄ⲡ]ϣⲁ ⲙ̄ⲙⲱⲧⲛ̄ 85.2 ⲛⲉϥⲁϫⲓⲟⲥ ⲅⲁⲣ ⲡⲉ [ⲛⲉϥ- ⲛⲁϫⲓ †]ⲡ[ⲉ] ⲁⲛ ⲙ̄ⲡⲙⲟⲩ

다 牙: form. 여기서 독자들은 창세기 에덴 이야기의 신화적 읽기를 넘어서야 한다. 에덴 이야기를 새롭게 읽어낼 힌트를 도마복음에서 얻을 수는 없을까. 말씀 85에 의하면 하아다마 the ground 는 큰 힘과 큰 부를 상징한다. '그 땅'은 분명 큰 권세와 부가 지배하는 세계에 대한 비유며 상징이다. 상징계의 대타자 지배 질서가 유지되는 땅이 곧 더 그라운드, 하아다마라는 말이다.

에덴 이야기에 의하면 그곳은 야웨의 비가 내리지 않는 땅이다. 그 땅은 경작할 사람도 없고 들에는 초목이 아직 없었고 밭에는 채소가 나지 않고, 안개만 땅에서 올라와 지면을 적시고 있는 황무지로 묘사된다.

> 여호와 하나님이 땅에 비를 내리지 아니하셨고, 경작할 사람도 없었으므로 들에는 초목이 아직 없었고, 밭에는 채소가 나지 아니하였으며, 안개만 땅에서 올라와 온 지면을 적셨더라(창 2:5-6)

황무지의 형상은 가이사의 형상을 나타내는 에덴 이야기의 서사 기법이다. 그러므로 황무지는 그 정신의 형상이 아직 사람이 아니라, 강퍅한 짐승의 상태요, 마음의 깊은 곳이 드러나기 전 오로지 지식의 경쟁만 있어 적자생존의 생존 논리가 지배하는 상징계의 대타자 지배 세계관을 황무지로 묘사한다. 그곳으로부터 아담이 태어난다. 그러므로 아담은 출 ἐξ/ek 하아다마요 탈脫 하아다마인 셈이다.

아담은 황무지에서 황무지로 태어나는 것이 아니라, 아담 아파르 티끌, 먼지 곧 티끌 사람으로 태어나는 것이다. 황무지는 큰 권세와 큰 부를 상징하는 에덴 서사의 신화적 서술 기법이다. 도마복음 말씀 85가 황무지를 주석하고 있고, 에덴 이야기는 도마복음 85의 서사적 맥락을 제공하고 있다.

아담은 황무지에서 아파르로 조성되었다. "나는 티끌과 먼지와 같은 사람입니다." 동방의 의인으로 소문난 욥은 그 마음의 형상이 강직하고 율법에 흠이 없는 사람이었다. 물론 이것은 자칭 타칭이었으니 그 같은 마음의 형상은 그의 하나님에게서 온 것이다. 그의 하나님은 그의 마음을 지배하고 있는 대타자 엘로힘이다. 그의 마음에는 야웨의 비가 내리지 않는다. 그의 마음을 경작할 사람이 없었다. 그 마음의 주인은 대타자 엘로힘이기 때문이다. 그의 마음에는 동방의 의인이라는 자부심은 있었으나 초목이 자라지 않는다. 밭에는 채소가 없다. 자부심이 하늘을 찌르고 선민의식이 그의 마음에 가득 채워져 있다. 이방인은 죄인이고 자신만이 하나님의 선택을 받은 사람이라는 도그마로 기쁨이 가득 채워져 있다. 타인은 오로지 수단이고 배려와 긍휼은 오로지 상징계의 질서에 순응하는 노예의 신분 배려와 긍휼일 뿐이다. 전기의 욥은 온통 그 마음의 형상이 황무지다. 권력과 부의 지배 질서, 권력과 부로 압축할 수 있는 지배 이데올로기에 종속되어 있다. 그는 아담이 아니라 아다마로 있다.

여기서 아담 욥이 태어난다. 아니 조성된다. 욥은 어떻게 아파르 아담이 될까. 황무지로부터 아파르 아담으로 조성될까. 욥의 이야기에 잘 나타났듯, 그의 황무지 세계관에서 이룬 가계가 송두리째 무너진다. 그곳의 힘과 그곳의 부가 돌 위에 돌이 하나도 남김없이 무너져 내리며 "내가 재와 티끌 위에서 회개하나이다"의 고백을 하게 된다. 에덴 이야기의 욥기 버전이 진행된다. 권세와 부로부터 욥은 재와 티끌의 사람으로 다시 태어난다. 욥의 이야기는 하아다마에서 아파르 아담이 조성되는 에덴 이야기인 셈이다.

말씀 85.1은 이와 같은 서사 속에서 읽어야 앞부분이 제대로 읽힌다. 도마복음 85는 여기서 멈추지 않는다. 즉, 단순히 아담 아파르로 조성된 이야기에 그치지 않는다. 그것으로는 적합하지 않다는 말이다. 그것만으로는 너와 적합하지 않다. 만일 그것으로 아담의 창조가 온전한 것이라면 아담이 죽음을 맛보았겠느냐는 말이다. 아담이 비록 에덴의 네 강이 흐르는 것을 맛보고, 각종 생물에게 이름을 부여할지라도 그에게는 가야 할 길이 멀다. 하아다마권세와 부를 벗어던지고 아파르 아담으로 조성되었다. 벗었으면 새로운 옷을 입어야 함에도 벌거벗었으나 부끄러워하지 않았다. 무엇을 입어야 할지 알지를 못했다.

성서의 어법으로 하면 하아다마를 벗은 후 티끌 사람이 되었다면 반드시 기름 부음의 옷을 입어야 한다. 그러나 어떻게 기름 부음의 옷을 입는지, 혹은 입어야 할지 알 수가 없다. 이때 등장하는 게 뱀이다. 뱀은 지식다아트을 중시하는 하나님이다. 눈이 밝은 깨달음을 통해 하나님과 같이 되고자 하는 영지주의의 덫이 뱀이요 선악을 알게 하는 지식의 나무다. 지식의 나무가 되는 것을 통해 하나님처럼 되고자 하는 것, 결국 그것은 죽음을 맛보는 것이라는 걸 에덴의 아담 이야기는 보여 주고자 한다. 도마복음 말씀 85는 이 점을 지적한다. 비록 힘과 부로부터 나와서 아담 아파르, 아파르 아담의 길에 들어섰다가 벌거벗은 것을 부끄러워하지 않고 입어야 할 것을 입지 않고 있을 때, 다시 말해 집을 소제權勢와 富를 청소하고 빈집이 되었으나 그 집에 주인이 없는 것을 보고 일곱 귀신이 그 집을 점령하는 '일곱 귀신' 이야기의 원형이 에덴의 이야기에서는 '선악을 알게 하는 나무' 이야기인 셈이다. 처음 형편보다 나중 형편이 더욱 형편없게 된다. 그러므로 그는 처음 형편이 권력과 부였다. 나중 형편은 어떠한가. 다시 권력과 부로 회귀한다. 이때의 권력과 부는 영지의 권력과 부를 향한다. 결국 영지의 권력에 사로잡히는 것, 영지의 부에 사로잡히는 것이 바빌로니아에 포로가 되는 이야기의 구조인 셈이다.

출애굽 서사에서는 처음 출애굽 후 애굽의 옷을 벗는 이야기가 광야인 셈이다. 가나안에 도착해 농사를 짓는 이야기는 애굽의 옷은 모두 벗었고 벗어났다. 가나안에서는 새로운 옷을 입어야 했다. 의의 새 옷을 입지 않고 벌거벗은 채 부끄러워하지 않다가 결국 솔로몬의 지혜를 탐하는 옷을 입는다. 서로가 왕 노릇하겠다는 분열 왕국 시대를 거쳐 바빌로니아 포로로 잡혀가게 된다. 애굽보다 바빌로니아에서의 형편이 일곱 배는 더하게 된다. 처음보다 나중 형편이 일곱 배 어려워진 이야기는 바빌로니아의 포로 이야기에 그대로 반영된다. 첫 번째 사망과 두 번째 사망의 이야기가 에덴 이야기나 출애굽 서사에 그대로 담겨 있다. 죽음을 맛보는 이야기도 두 유형이 있는 셈이다. 이 이야기 속에는 첫째 부활과 두 번째 부활 이야기도 동시에 담겨 있다.

현재 유통되고 있는 서구 기독교 신학의 크로노스적 종말론 신학이 얼마나 큰 궤변이며 허구인지를 잘 알게 해 준다. 성서 이야기의 신학적 주제들은 서구 신학의 틀에서가 아니라 도리어 정신분석의 틀거리에서 더 선명하게 해석된다. 그런 점에서 단언컨대 도리어 현대 철학자들과 정신분석학자들이 이 시대의 선지자요 예언자인 셈이다.

아담은 우리에게 적합하지 않다. 만일 아담이 우리의 전범이라면 그는 죽음을 맛보지 않았을 것이기 때문이다. 아담은 죽음을 맛보는 과정에서 가인과 아벨의 아귀다툼을 경험한다. 죽음을 맛본다. 이후 가인과 아벨의 전쟁을 거쳐 셋이 태어난다.

아담은 뱀의 형상이요, 셋은 마침내 하나님의 형상과 모양의 사람으로 묘사된다. 두 번째 아담인 셈이다. 두 번째 아담에 대해 바울은 '생명의 성령'으로 난 자라고 한다. 사망의 법의 지배를 받는 자가 아니라 생명과 거룩한 영으로 사는 이가 너희에게 합당하다. 예수는 두 번째 아담의 길을 안내한다. 생명과 성령의 거룩한 정신의 두 번째 아담을 예수는 명증하게 계시한다.

도마복음의 대강령은 죽음을 맛보지 않는 것에 있다.

말씀 1. 예수는 말했다. "이 말씀의 해석을 발견하는 자는 결코 죽음을 맛보지 아니하리라."

말씀 86 여우, 새, 인자

86.1 예수께서 말했다. "[여우도 ⲃⲁϣⲟⲣ] 굴이 있고 새ⲥⲁⲗⲁⲧⲉ도 보금자리가 있으나 86.2 인자ⲡϣⲏⲣⲉ ⲇⲉ ⲙ̄ⲡⲣⲱⲙⲉ는 머리 둘 곳도 없고 쉴 곳도 없느니라."20)

사람의 아들은?

예수께서 이르시되, 여우도 굴이 있고 공중의 새도 거처가 있으되 오직 인자는 머리 둘 곳이 없다 하시더라(마 8:20; 눅 9:58 참조)

마태복음에 의하면 공중에는 새가, 땅 아래의 굴속에는 여우

---

20)86.1 ⲡⲉϫⲉ ⲓ̄ⲥ̄ ϫⲉ [ⲛⲃⲁϣⲟⲣ ⲟⲩⲛ̄ⲧ]ⲁⲩ ⲛ[ⲟ]ⲩ[ⲃⲏⲃ] ⲁⲩⲱ ⲛ̄ⲥ̄ⲁⲗⲁⲧⲉ ⲟⲩⲛ̄ⲧⲁⲩ ⲙ̄ⲙⲁⲩ ⲙ̄ⲡ[ⲉ]ⲩⲙⲁϩ 86.2 ⲡϣⲏⲣⲉ ⲇⲉ ⲙ̄ⲡⲣⲱⲙⲉ ⲙⲛ̄ⲧⲁϥ` ⲛⲛ[ⲟⲩ]ⲙⲁ ⲉⲣⲓⲕⲉ ⲛ̄ⲧⲉϥ`ⲁ`ⲡⲉ ⲛ̄ϥ`ⲙ̄ⲧⲟⲛ` ⲙ̄[ⲟⲙ]ϥ`

가, 땅 위에는 인자가 머무는 곳으로 묘사된다. 여우는 굴을 파고 새는 둥지를 튼다. 위는 새가 지배하고, 땅 아래 굴은 들짐승들의 거처다. 여우는 하아다마를 지배하고 새는 선악의 나무 위에 둥지를 튼다.

따라서 아담 아파르는 여우헤롯의 힘과 부의 굴을 떠나온 '사람아담'이라면, 사람의 아들인자은 사람으로부터 다시 태어난 존재이니 선악의 나무 위에 둥지를 틀고 있는 새를 떠나 땅 위로 내려온 존재다. 즉 죽음을 맛보는 자리를 떠나 하나님의 형상과 모양의 두 번째 사람을 일컬어 '사람의 아들'하벤 하아담, 프쉐레 엠프로메이라 한다. 곧 하나님의 형상과 모양의 사람이니 '셋'이다. 사람의 아들은 땅 위에 머문다. 권력과 부를 좇아 자기 굴속에 갇혀 있는 자가 아니다. 북극 하늘에 좌정하여 북극성보다 더 빛나는 지혜를 자랑하며 선악 나무에 둥지를 틀고 옳고 그름을 판단하는 자리를 떠난 이가 '사람의 아들'이다. 첫째 사망과 둘째 사망을 경험하고, 첫째 부활과 두 번째 부활을 경험하고 태어난 자가 '사람의 아들'이다. '그 사람의 그 아들'하벤 하아담은 '사람의 아들'벤 아담을 계시하기 위해 등장하는 인자의 형상이다. '하벤 하아담'이 형상이라면 '벤 아담'은 각자에게 나타나는 형상의 모양이다. 땅 위에는 인자가 머물 곳이다.

예수의 탄식은 바로 '그 사람의 그 아들'의 머리 둘 곳도, 쉴 곳도 없다는 탄식이다. 그것은 오늘이라고 다를까. 사람의 아들에 대해서는 아무도 관심이 없다. 아니 '그 사람의 그 아들'은 예수로 한정해 놓는다. '초월신의 아들'로 둔갑시켜 놓고 그를 경배하고 찬양하고 있다. 그가 머리 둘 곳은 어디에도 없다. 눈을 씻고 찾으려 해도 사람의 아들이 머물 처소가 없고, 그가 쉴 곳이 없다. 성전은 일곱 귀신이 들어와 판을 치고 있기 때문이다. 새들이 둥지를 틀고 있고, 여우가 굴을 파고 그 안에 웅크리고 있기 때문이다.

상상계의 거울 속도 아니고, 상징계에 난무하는 그들의 언어 체계―이미 내 안에 무수히 밀고 들어와 점령한 채 '큰 자'를 향한 작동 방식이 무의식의 창고에까지 가득 쌓여 나의 행동을 배후 조종하는 그곳―도 인자가 머물 곳은 아니다. 그곳은 여우의 굴이 되어 버렸다말씀 24 해설 참조.

다시 말해 세상 임금이 되고, 큰 자가 되고, 머리가 되려는 의식이 반복하여 쌓이고 쌓여 무의식의 창고에 가득 채워져 있다. 그곳에는 단군 이래 집적되어 전승되어 오던 집단 무의식의 문화가 들어와 나도 모르는 사이 여우의 굴이 되어버렸다. 내 집에 '나'는 없고 여우가 살고 있고, 여우의 굴이 되어 있다. 거기 상처받은 여우가 있고, 언제든 튀어 나가 공격성을 내보이는 공격적인 여우도 있다. 수많은 트라우마의 흔적으로 퇴적된 퇴적층은 억겁의 세월을 두고 형성된 고생물의 암각이 거기에 있는가 하면, 의식의 표층에는 상징계의 언어·도그마로 점철된 지식의 복토 층이 형성되어 있다. 선악의 나뭇가지에 새의 집을 짓고 있다는 말이다.

아, 인생이 그러하다. 하여 거기 '인자'가 머물 곳이 없다. 예루살렘 성전이 온통 장사꾼이 난무하고 성전이 아니라 복마전이 되어버렸다. 나와 상관없이 내 안에 마구니가 들끓고 있는 복마전이 되어버린 게 아닌가성서 그리고 도마복음 1권 말씀 24 해설 인용.

그들은 내가 불러들인 것이다. 물론 처음에는 상징계의 대타자에 의해 점령되었다.

이제는 가이사의 형상과 가이사의 글이 판을 치는 그곳을 떠나야 한다. 선악의 나무 위에 둥지를 틀고 하늘을 날며 지식과 지혜로 하늘의 영역 다툼하려는 바빌로니아를 떠나야 한다. 첫 번째도 사망이고, 두 번째도 사망이다. 죽음을 맛보는 그곳을 떠나자. 말씀 85에 의하면 아담ᎭᎭᎭ은 너희에게 적합하지 않다고 하지 않던가? 아담으로부터 떠나는 것, 거기서 한 번 더 다시 태어나는 이를 성서는 '사람의 아들'이라고 한다. 상상계와 상징계를 지나 실재계의 생명을 맛보는 것은 '사람의 아들'에게서 비로소 구현된다. 죽음을 맛보지 않으려면 '사람의 아들'을 영접하고 그가 곧 '나'일 때, 여우도 공중에 나는 새도 내게 주권을 휘두르지 못한다. 일곱 귀신을 쫓아내고 거기 새 주인을 맞이한다.

성서는 그를 일러 곧 '야웨 하나님'이라 하고 '거룩한 정신'이라고 한다. '그 사람의 그 아들'은 특정인—곧 '그 예수'—에게 한정해 놓는 도그마로 인해 '그 사람의 그 아들'의 의미가 은폐되어 있다. 실재계의 경험과 인자의 길은 모두에게 열려 있는 새롭고 '살아 있는 길'이다. 오늘날 새롭게 논의되고 토론되어야 할, 닫혀 있는 주제다. 서구 신학에서 이 주제 토론은 닫혀 있다. 왜냐하면 '사람의 아들'을 초월자의 지위에 있는 '그 예수'로 우상화하고 다른 여지를 스스로 닫아 놓았기 때문이다.

말씀 87 쏘마와 프쉬케

87.1 예수께서 말했다. "몸ⲥⲱⲙⲁ에 의존하는 몸ⲥⲱⲙⲁ은 비참하고,
87.2 이 둘에 의존하는 영혼ⲯⲩⲭⲏ도 비참하다."21)

말씀 112 "영혼에 의존하는 육신ⲥⲁⲣⲝ에 화가 있도다.
육신ⲥⲁⲣⲝ에 의존하는 영혼ⲯⲩⲭⲏ에 화가 있도다."

몸에 의존하는 몸은 무엇을 말하는 것일까. 여기에서 몸ⲥⲱⲙⲁ이 란? 그러므로 말씀 87은 몸과 몸, 몸과 사유의 관계를 담고 있는 속담이다.

몸은 몸의 원리가 있다. 몸의 생명은 생존에 있다. 생존은 몸의 원초적인 지향이다. 생존을 위해 몸은 몸을 의존하고 권력은

---

21) 87.1 ⲡⲉⲭⲁϥ ⲛϭⲓ ⲓⲥ ϫⲉ ⲟⲩⲧⲁⲗⲁⲓⲡⲱⲣⲟⲛ ⲡⲉ ⲡⲥⲱⲙⲁ ⲉⲧⲁϣⲉ ⲛⲟⲩⲥⲱⲙⲁ
87.2 ⲁⲩⲱ ⲟⲩⲧⲁⲗⲁⲓⲡⲱⲣⲟⲥ ⲧⲉ ⲧⲯⲩⲭⲏ ⲉⲧⲁϣⲉ ⲛⲛⲁⲉⲓ ⲙⲡⲥⲛⲁⲩ

더 큰 권력을 의존한다. 노예는 주인을 의존하고 주인에게 인정받기 위해 목숨을 건 인정투쟁을 한다. 노예는 조금 더 나은 지위에 있는 노예 자리를 위해, 주인에게 조금 더 가까운 거리에 있으려 한다. 그럴 때 다른 노예를 부릴 수 있다. 주인의 눈에 들기 위한 인정투쟁에 목숨을 건다. 이 써클 안에서는 무한 반복되는 프레임이다. 몸에 의존하는 몸은 그러므로 비참하다.

노예 사이의 서열을 위해 주인상징계의 대타자, 사회의 시스템에게 인정받으려는 치열한 전쟁을 치른다. 계급의 수직 상승을 위해 그 사회가 승인하는 인정서를 받아 들고진급이나 각종 라이선스, 인정투쟁에 승리라도 한 듯 잠시 미소 짓는다. 그는 여전히 대타자의 노예다. 인정서를 받아 들었다는 뜻은 상위의 서열에 참여한다는 의미이지, 인정투쟁의 끝에 도달했다는 의미가 아니다. 조금 다른 출발선에 서 있을 뿐, 다시 시작된다. 인정투쟁의 전쟁터에 하루도 쉴 날이 없다. 그 사회는 그렇게 구조화되었고, 그렇게 돌아간다. 상징계의 구성원으로 사는 동안 벗어날 수 없는 운명의 몸이다.

몸을 의존하는 몸의 곤고와 비참함이다. 여전히 그는 자유자가 아니라 노예로 있을 뿐이다. 그것이 비참함ταλαίπωρον: miserable, suffering, wretched이다. 이때 비참함이란 노동의 문제가 아니다. 그의 정신이 몸을 의존하는 비참함을 말한다. 노동자인가 자본가인가와는 아무런 상관이 없다. 몸을 의존하는 자본가의 정신ψυχή 또한 상징계의 노예로 있는 것은 동일하다.

이 둘에 매달려 있는 영혼ψυχή도 비참하다는 뜻은 무엇을 의미할까. 프쉬케ψυχή는 엄밀히 '영혼'이 아니다. '영혼'으로 번역하면 오해할 수 있다. 프쉬케ψυχή는 다른 말로 하면 '오성'이라고 할 수 있다. 생각하는 기능이고 사변 능력의 정신적인 활동성이다. 오성은 사물과 사태를 파악할 수 있는 이해력을 말한다. 우리의 정신 활동이다. 정신 활동인 프쉬케는 하나님신의식을 향해 서 있을 수 있고, 단지 생존과 몸의 요구를 향해 있을 수 있다. 전자는 '레 네페쉬 하야'to living soul 요, 후자는 '레 네페쉬 소마'to body soul 라 할 수 있다.

프쉬케는 권력과 부를 향해 서서 삶과 세계를 해석할 수 있고, 반대로 지성소의 하나님을 향해서 그의 사유 활동이 이루어질 수 있다. 자신의 자신다움이 지성소 하나님의 빛에 의한 신성을 통해 획득된다는 것, 그곳을 향해서 삶의 이해력오성이 활동할 수 있으나, 오로지 권력과 부의 획득을 통해서만 자신의 존재와 자신다움이 가능하다고 하는 오성 활동이 있다.

후자의 정신 활동은 그의 주인에게 충실한 정신 활동이다. 그 시대의 시대정신과 그 시대가 요구하고 또 인정하는 것에 열정적인 정신 활동이다. 상징계 대타자의 노예에게서 벗어날 가능성이 그만큼 멀리 있음을 말해줄 뿐이다. 애굽의 바로에게 충성하여 바로 공주의 아들로 불림을 받으려는 것, 거기에 무슨 잘못이 있단 말인가—항변하는 정신이다. 네부카드네자르가 대세인데, 그에게 충성하므로 생존을 보장받으려는 것이 무슨 문제라는 말인가. 이게 시대정신을 거스르지 못하게 하는 명분이다. 시대를 거슬러서 얻을 게 무엇이란 말인가. 그 시대의 요구가 내면화되고 무의식을 지배하고 있다. 그의 무의식을 지배하고 있는 지배 이데올로기에 의해 그 몸이 움직이고, 그 정신이 움직인다.

그의 무의식을 지배하는 지배 이데올로기는 몸^{cwma}의 요구가 집약되어 있고, 동시에 몸은 그의 지배를 받는다. 서로는 서로에게 의존관계이기도 하다. 그의 프쉬케는 무의식에 있는 몸의 요구를 따라 활성화되고 작동한다. 무한 반복이다.

　그런 점에서 몸과 몸을 의존하는 프쉬케의 비참함을 말씀 87의 속담이 간결하게 드러내 준다. 말씀 112는 쏘마와 프쉬케의 관계가 아니라 싸르크와 프쉬케의 관계에 대해 말한다. 콥트어 텍스트에서 분명하게 볼 수 있다. 쏘마 body 와 싸르크 flesh 의 구분이, 대개의 번역하는 이들과 해석하는 이들에게 명확하지 않다. 그 점은 성서 읽기에도 마찬가지다. 그에 대해서는 말씀 112에서 더 분명히 살펴볼 것이다.

말씀 88 너희가 가진 것

예수께서 말했다. "사자ⲀⲄⲄⲈⲖⲞⲤ, 앙겔로스와 선지자ⲠⲢⲞⲪⲎⲦⲎⲤ, 프로페테스들이 너희에게 와서 너희가 가진 것을 줄 것이다. 너희도 너희가 가진 것을 그들에게 주고, '언제 그들이 와서 자기들의 것을 가져갈까?' 하고 스스로에게 말하여라."[22)]

천사메신저와 선지자는 도마 공동체를 방문하여 설교하는 순회 설교자를 일컫는다. 그들이 도마 공동체에 전해주는 것은 무엇일까. 우리는 끊임없이 타자에게서 듣는다. 하늘의 소리를 직접 듣기에는 하늘이 너무 멀다. 하늘 소식을 전해줄 천사가 필요하고 선지자가 필요하다. 듣는다는 것은 삶의 필수 조건이다. 듣지 않고는 들을 수가 없다. 들어야 듣는다. 들려줄 사람이 필요하다. 어머니와 아버지를 통해서 듣는다. 조금 더 나아가면 천사메신저와 선지자미리 말하는 자, 예언자, 시인, ⲚⲀⲂⲒ 나비다. 대개 전통 사회에서 '미리

---

22) 88.1 ⲠⲈϪⲈ ⲒⲤ ϪⲈ ⲚⲀⲄⲄⲈⲖⲞⲤ ⲚⲎⲨ ϢⲀⲢⲰⲦⲚ̄ ⲘⲚ̄ Ⲛ̄ⲠⲢⲞⲪⲎⲦⲎⲤ ⲀⲨⲰ ⲤⲈⲚⲀϮ ⲚⲎ ⲦⲚ̄ Ⲛ̄ⲚⲈⲦⲈⲨⲚ̄ⲦⲎⲦⲚ̄ⲤⲈ 88.2 ⲀⲨⲰ ⲚⲦⲰⲦⲚ̄ ϨⲰⲦ `ⲦⲎⲨⲦⲚ̄ ⲚⲈⲦⲚ̄ⲦⲞⲦ`ⲦⲎⲚⲈ ⲦⲀⲀⲨ ⲚⲀ Ⲩ ⲚⲦⲈⲦⲚ̄ϪⲞⲞⲤ ⲚⲎⲦⲚ̄ ϪⲈ ⲀϢ Ⲛ̄ϨⲞⲞⲨ ⲠⲈⲦⲞⲨⲚ̄ⲚⲎⲨ Ⲛ̄ⲤⲈϪⲒ ⲠⲈⲦⲈ ⲠⲰⲞⲨ

말하는 자'는 무당이고, 그들은 도리어 혼미케 한다. 성서에서 '미리 말하는 자'는 길흉화복의 점사를 놓고 미리 말하는 게 아니라 '아들'에 관해 말하는 자다. 히브리서에 의하면 모든 예언과 선지자의 말은 '아들'로 수렴된다. 여기서도 우상으로 세운 예수로 수렴되는 것으로 근본주의자들은 해석하려 하나, 존재의 나^{아들}에 대해 앞서 말하는 자들이 선지자요 메신저의 역할이다.

이것은 현대의 모든 교육 목적이기도 하고, 어버이의 가르침도 사실은 그곳에 있다. 다만 길을 잃고 혼미하여 그곳의 방향을 잡지 못하고 있을 뿐이다. 존재의 나로 사는 곳, 그대의 그대다움으로 사는 것이 처음에는 '큰 자'를 향해 있다. 어버이의 가르침도, 이 땅의 모든 교육이 목표하는 바도 그곳에 설정되어 있다. 네부카드네자르의 신상은 이를 아주 잘 드러내 준다.

쏘마는 세 종류의 쏘마가 있다. 1) 쏘마는 누구나 이해하고 있는 육체 body)를 의미한다. 2) 프쉬케^{생각의 기능인 오성}는 쏘마의 욕망을 따라서 작동한다. 정신은 언제나 쏘마와 함께 서 있다. 따라서 정신은 육체를 반영하고 그 안에 이미지가 형성된다. 그림이 그려진다. 그 육체의 욕망을 좇아서 정신의 쾌락 이미지가 형성된다. 타자의 규칙에 따라, 대타자가 욕망하는 법칙이 그 안에 들어와 형상화된다. 이때 그려지는 형상은 곧 육체를 따라서 이미지를 그리게 된다. 그 이미지는 네부카드네자르의 신상으로 그려진다. 이때 그려지는 이미지^{형상}가 정신의 쏘마다. 그의 정신 속에 형성된 쏘마다. 이 쏘마를 싸르크라 한다. 네부카드네자르의 신상은 정신의 쏘마다. 이를 성서는 싸르크 flesh 라고 구분한다. 육체의 육체와 정신의 육체가 다른 것이다. '큰 자'를 지향하는 쏘마의 형상을 다니엘서에서는 금과 은과 동_銅과 철이 섞인 흙으로 형성된 사람_{육체, 쏘마, 곧 싸르크}으로 설명한다. 금, 은, 동, 철과 흙은 사자와 곰과 표범, 무섭고 두려운 짐승으로도 상징된다. 권력과 부를 통해 '큰 자'를 지향하는 원초적인 욕망을 그 정신에 반영한 쏘마와 싸르크를 그리고 있는 성서의 논법이다.

분명 신의 형상인데, 사람의 몸_{머리는 사자, 가슴은 곰, 배는 표범, 다리는 무섭고 두려운 짐승}으로 묘사된다. 정신 속에 형성된 대타자의 몸은 정신의 쏘마이니, 정신의 몸이다. 정신의 몸은 육체의 몸을 좇아서 형성된 의식의 내부에 자리 잡은 '내 안의 밖'의 것이다. 이것은 정신의 몸이요, 이를 일러 육체의 몸과 구분해서 싸르크라고 한다. 이를 좇아서 사는 것을 바울은 '사망'이라 한다. 이것이 내 안에 있는 동산 중앙의 선악의 나무다. 그것은 쏘마요 동시에 싸르크다.

성서를 읽고 주석하는 이들에게 성서의 논법에 따른 본래 담고자 하는 기표_{記標, signifier}와 기의_{記意, signified}가 혼잡해져 있다. 화자와 독자가 서로 사인_{sign}이 안 맞는 것이다. 3) 그런가 하면 또 다른 형태의 쏘마가 있다. 소위 말하는 '신령한 몸'이다. 세 번째 쏘마다. 신령한 몸이란 이 육체가 죽은 다음, 소위 종말론 이후나 사후에 형성되는 알 수 없는 것에 대한 맹목적인 믿음 위에 서 있는 '신령한 몸'을 일컫는 게 아니다. 신령한 몸은 금, 은, 동, 철, 흙으로 형성된 우리 의식의 세계에 형성된 네부카드네자르의 신상 모습을 한 쏘마, 곧 싸르크가 박살이 난 자리, 거기 아무것도 없는 빈탕의 자리에 있는, 없으나 계신 하나님의 형상을 좇아서 부활한 정신의 몸을 일컫는 성서의 묘법이다. 일곱 귀신이 떠난 자리에 우뚝 서 있는 '존재의 나', '비로소 사람', '마침내 사람', 곧 죽은 자리에 다시 살아난 부활의 몸을 일컫는 쏘마를 '신령한 몸'이라고 한다. 이 모두는 우리 의식의 세계에서 일어나는 대하드라마의 서사다.

    메신저와 선지자는 이렇게 전개되는 대하드라마의 전개를 보고 미리 말하는 자들이다. 도마 공동체에서 메신저와 선지자의 열정적인 메시지를 전해 들었을 때, 듣는 사람은 누구나 자신 안에 형성되어 있는 형상과 모양을 좇아서 듣고 싶은 것을 듣는다. 필터링 장치가 이미 자신 안에 있다. 자동 번역 장치가 이미 마음에 형상과 모양으로 세팅되어 있다. 두 개의 번역기가 돌아간다. 네부카드네자르의 신상이 안에 있으면 모든 메신저의 메시지는 '네부카드네자르 번역기'가 가동되어 해석하고 주석하고 말하게 된다. 그는 오로지 신의 축복은 '큰 자'가 되어 사자같이 포효하고, 곰 같은 저돌성으로 한 번 문 먹잇감은 결코 놓아서는 안 되는 표범의 이빨로 먹이를 낚아채며, 무섭고 두려운 짐승의 기세로 상대를 제압하기 위해 가장 빠른 발놀림으로 움직이게 된다고 여긴다. 모든 메신저와 선지자의 말은 자신이 갖고 있는 것을 따라 자동 변환된다. 그리고는 '아멘' 한다. 선지자의 말, 그의 기표와 기의와는 상관없이 자신의 기의로 바꿔 듣는다.

    그러므로 선지자는, 메신저는 그가 듣고 싶은 것을 던져 준 셈이다. 그가 원하는 것을 던져 준 셈이다. 그 안에 그가 소유한 바를 전해준다. 그 외의 것에 대해서는 듣는 귀가 없다. 따라서 들을 수 없을 뿐만 아니라 듣지 못한다. 메신저와 선지자도 역시 마찬가지다. 그들이 전해주려는 바가 네부카드네자르의 신상이 그들 안에 자리를 잡고 있으면 그들의 예언은 '큰 자가 돼라.'라는 메시지와 예언밖에 전해줄 것이 더 있을까. 자칭 선지자요 자칭 메신저라 해도 그들은 바빌로니아의 지혜를 갖고 뭇별 위에 빛나는 별이 되라는 메시지와 선지자 역할을 할 수밖에 없다. 그들 안에서는 이미 하느님 엘로힘을 힘주어 말하고 있지만, 이름은 야웨 엘로힘이요 그 형상은 네부카드네자르의 신상이기 때문이다. 그들 안에 있는 대타자의 형상은 용 dragon 이며 동시에 그들이 마침내 도달하고 싶은 사람 육체이기 때문이다. 그들의 주이상스는 '네부카드네자르 신상'의 성취에 있다. 하나님의 이름으로, 예수의 이름으로 그들이 구하는 것은 그와 같은 것이더라.

그러므로 메신저와 선지자, 곧 화자가 청자에게서 취할 것은 무엇인가. 설교의 대가로 얻는 청자들이 가진 것, 연보요 사례비인가. 터무니없는 주석이 난무한다. 화자가 청자에게서 가져가려는 것은 무엇일까. 화자는 자신을 청자에게 복제하려고 한다. 그러므로 화자에게 있는 것, 그것을 청자에게서 취하려 한다. 자신에게 있는 것이 네부카드네자르의 신상이 그려져 있으면 청자에게서 그것을 취하려 할 것이다. 그것이 자신의 것이기 때문이다. 만일 메신저가 전하려는 것이 자신 안에 있는 신령한 몸, 대타자 상징계의 수많은 기표와 기의의 연쇄 너머에 있는 '없으나 있는 존재의 나', 다시는 죽음을 맛보지 않는 생명나무가 그 안에 있다면, 그것이 곧 그의 것이니 청자에게서 취하고 싶은 것은 자기 것, 곧 생명나무일 것이다.

그대가 진정한 그대의 모습을 한 것, 그것을 화자는 청자에게서 보고 싶을 것이고 또 취하고 싶지 않겠는가. 이를 성서는 하나님의 형상과 모양의 화폐, '하나님의 것'이라고 한다. 십일조의 상징이기도 하다.

말씀 89 대접의 안과 밖

예수께서 말했다. "잔ΠΟΤΗΡΙΟΝ의 겉ΝΒΟΛ만 깨끗이 하느냐? 안ΝϨΟΥΝ을 만드신ΤΑΜΙΟ 이가 겉도 만드셨다는 것을 알지 못하느냐?"23)

말씀 88에서 '안에 무엇이 있느냐'에 따라 듣고 번역하고 또 내어놓는 것이 전혀 다른 것임을 알 수 있었다. 동산 중앙에 선악의 나무가 무성하면 때가 되면 베어 내야 한다. 처음부터 벨 수 있는 게 아니다. 존재는 언제나 시간과 함께 오기 때문이다. 겉만을 아름답게 가꾼 것을 보고 예수는 회칠한 무덤이라고 일갈한다. 무덤 안에는 시체주검가 썩고 있는데 겉을 회칠한다고 해

---

23) 89.1 ΠΕϪΕ ΙC Ϫ€ ΕΤΒΕ ΟΥ ΤΕΤΝΕΙѠΕ ΜΠCΑ ΝΒΟΛ˙ ΜΠΠΟΤΗΡΙΟΝ 89.2 ΤΕΤΝ̄Ρ̄ ΝΟΕΙ ΑΝ Ϫ€ ΠΕΝΤΑϨΤΑΜΙΟ ΜΠCΑ ΝϨΟΥΝ Ν̄ΤΟϤ ΟΝ˙ ΠΕΝΤΑϤΤΑΜΙΟ ΜΠCΑ ΝΒΟΛ˙

서 생명으로 살아나겠느냐는 탄식이기도 하다.

> 네 몸의 등불은 눈이라. 네 눈이 성하면 온몸이 밝을 것이요, 만일 나쁘면 네 몸도 어두우리라. 그러므로 네 속에 있는 빛이 어둡지 아니한가 보라. 네 온몸이 밝아 조금도 어두운 데가 없으면 등불의 광선이 너를 비출 때와 같이 온전히 밝으리라 하시니라. 예수께서 말씀하실 때 한 바리새인이 자기와 함께 점심 잡수시기를 청하므로 들어가 앉으셨더니, 잡수시기 전에 손 씻지 아니하심을 이 바리새인이 보고 이상히 여기는지라. 주께서 이르시되, 너희 바리새인은 지금 잔과 대접의 겉은 깨끗이 하나 너희 속인즉 탐욕과 악독이 가득하도다. 어리석은 자들아, 밖을 만드신 이가 속도 만들지 아니하셨느냐? 오직 그 안에 있는 것으로 구제하라. 그리하면 모든 것이 너희에게 깨끗하리라(눅 11:34-41)

눈은 몸의 등불이다. 눈이 하나single 면 성한 눈이다. 하나의 눈으로 보면 온몸이 밝을 것이다. 그런데 네 속에 있는 빛이 어둠이 아닌가 보라고 한다. 어둠을 빛으로 여기고 있지 아니한가. 네 안에 네부카드네자르의 신상을 빛으로 삼고 있는지 직시하라는 것. 그것은 성배, 곧 거룩한 잔이 아니라 탐욕과 악독함이 가득한 저주받은 잔이요 독배를 가득 채우고 겉으로는 아름다운 말로 포장하려 한다. 즉 잔과 대접의 겉을 깨끗이 하려 하나 이보다 더 큰 어리석음이 또 있겠느냐는 반문이다.

누가복음은 "밖을 만드신 이가 속도 만들지 않았겠느냐"로 표현한다. 도마복음 89는 순서가 다르다. "안을 만드신 이가 겉도 만들었다"라고 한다. 이로 보건대 안과 밖은 앞서거니 뒤서거니 인 셈이다. 그 속이 어두움이면 그를 감추기 위해 겉을 깨끗이 하려 한다. 외모로 내면을 감추려 한다. 속이 겉을 만든다. 안에 있는 것이 드러나기 마련이다. 따라서 밖을 꾸미려는 것은 안에 어둠이 가득하다는 것을 드러낼 뿐이다. 안과 밖은 잠시 속일 수는 있지만 오래 속일 수는 없다. 안과 밖은 다르지 않기 때문이다. 결국 언젠가는 내면이 밖으로 드러나게 마련이다.

대타자가 그대의 안을 점령하고 그대를 만들었다면 대타자의 상징계, 타자 자아를 그대 자신으로 알 것이고, 만일 대타자의 상징계를 전복시키는 진정 혁명이 그대 안에서 이뤄지면 그대 안에 있는 어둠을 보게 될 것이다. 어둠을 보게 되면 그 어둠이, 타자 자아가 '존재 자아'를 덮고 있었다는 사실을 알게 된다. 타자 자아가 베일이고 덮개였으며 봉인의 재료요 인침이고 동시에 입막음 φράσσω 이다. 이 말씀의 해석을 발견하려면 따라서 봉인이 해제되어야 한다. 안에 있는 어둠이 걷히지 않으면 밝게 볼 수 없다.

왕국은 네 안에 있으며 네 눈에 있다. 너 자신을 아는 것이 하나님 나라이며, 그의 나라는 여기 있거나 저기 있는 것이 아니라 네 안에 있고 네 눈에 있다는 것. 도마복음 말씀 3이 말하는 바다. 왕국이 '눈'에 있다는 뜻은 눈이 밝아져야 안에 있는 어둠을 밝히 보고 그를 해체한다는 말이다. 네부카드네자르의 신상을 해체한다. 거기서 빛이 시작되기 때문이다. 그러므로 왕국은 '눈'에 있다. 성서에 '눈뜨는' 이야기가 자주 등장하는 까닭이다. 예수는 두 번의 안수를 통해 제자들의 눈을 뜨게 한다. 안수는 종교적인 의미를 벗겨내어 현대의 표현으로 바꾸면 '예수의 제자들을 향한 두 가지 형태의 손길'이다. 관계 방식이라는 말이겠다. 메신저와 선지자의 메시지가 첫 번째 안수다. 산상수훈과 다락방 강화 등은 제자들을 향한 예수의 첫 번째 안수손길였다. 이들 메시지로는 제자들의 눈이 제대로 뜨지 않는다. 어렴풋하기만 하다. 도대체 '사람'을 사람으로 보이지 않는다. 무엇인가 보일 듯 보이지 않고 더듬게 마련이다. 알 듯한데 알 수 없다. 예수 곁을 떠나지 못하는 까닭이다.

두 번째 안수손길는 십자가 사건을 통해서였다. 메시지를 통해서는 사람을 사람으로 보지 못한다. '나무가 걸어가는' 것으로 보게 할 뿐이다. 메시지가 갖는 한계다. 두 번째 안수를 통해서 '사람'을 사람으로 분명하게 보게 되고 '만물'을 밝히 보게 된다. 예수는 보게 하는 메신저요 선지자인데, '결정적으로 밝히 보는 데 방해하고 있는 훼방꾼'이기도 하다. 예수는 십자가에 '훼방꾼'을 매단다. 제자들의 눈을 뜨게 하려고 두 번째 안수한다. 십자가에 자신을 내준다. 왕국은 거기서 시작된다. 두 번째 안수인 십자가 사건은 메신저와 선지자를 제자들이 마침내 떠나보내게 한다. 제자들의 '안'을 만들기 위함이다. 어둠의 처소를 청소하고 빛의 처소를 예비하기 위함이다.

요한계시록은 어둠의 세력을 바라보며 '일곱 인' 떼는 것을 묘사하고 있다. 일곱 인을 뗄 때마다 수많은 짐승의 모습이 탄로가 난다. 안에 있는 것을 뒤집는 것은 '일곱 대접'으로 묘사한다. 대접에 담겨 있는 것은 하나님을 향해 끊임없이 기도하며 열망하던 것, '큰 자'가 되게 해 달라고 기도하며 또 기도하던 것들이다. 이 얼마나 큰 탐욕이었던가를 밝히 보게 된다. 그것이 네부카드네자르의 신상 모습이 내 안에 가득했다는 것을 보게 해 준다. 대접을 엎어 쏟아내는 '대접 재앙'으로 요한계시록은 묘사한다. 그것도 일곱 개의 대접이 등장한다. 재앙은 다시 태어나기 위한 산통이고 진통이다.

상징계의 전복과 혁명이 그 안에서 이뤄진다. 안에 있는 그것은 무엇일까. '아무것도 없음' 가운데 빛나는 존재의 '있음'이다. 그곳엔 아무것도 없다. 따라서 '아무것도 없음'으로 구제한다. 아무것도 없는 가운데 '모든 것이 있음'으로 구제한다. 네부카드네자르의 신상으로 구제하는 삶을 청산한다. '사자'와 '곰'과 '표범'과 '두렵고 무서운 짐승'의 형상과 모습으로 구제하는 것을 졸업한다.

말씀 90 온유와 겸손의 멍에란?

90.1 예수께서 말했다. "내 멍에ⁿᵃᵉᵇ는 친절ˣᴾᴴᶜᵀᴼᶜ 크레스토스하고 내 주권 ˣᴼᴱᴵᶜ은 온유ᴬᴾᴼᵱ, cold, freezing 하니 내게로 오라. 90.2 그러면 너희가 안식ᵃᴺᵃᵞᴨᵃᶜᴵᶜ을 얻으리라."24)

나는 마음 καρδία 이 온유 πραΰς 하고 겸손 ταπεινός 하니 나의 멍에 ζυγός 를 메고 내게 ἀπ' ἐμοῦ 배우라. 그리하면 너희 마음 ψυχαῖς 이 쉼 ἀνάπαυσιν 을 얻으리니, 이는 내 멍에 ζυγός 는 쉽고 χρηστός: 크레스토스 내 짐 φορτίον 은 가벼움 ἐλαφρόν 이라 하시니라ᴺᴬ (11:29-30)

말과 소의 목에 얹어 짐을 끄는 데 사용하는 도구가 멍에다.

---

24) 90.1 ⲡⲉϫⲉ ⲓⲏⲥ ϫⲉ ⲁⲙⲉⲓⲧⲛ ϣⲁⲣⲟⲉⲓ ϫⲉ ⲟⲩⲭⲣⲏⲥⲧⲟⲥ ⲡⲉ ⲡⲁⲛⲁϩⲃ ⲁⲩⲱ ⲧⲁⲙⲛⲧϫⲟⲉⲓⲥ ⲟⲩⲣⲙⲣⲁϣ ⲧⲉ 90.2 ⲁⲩⲱ ⲧⲉⲧⲛⲁϩⲉ ⲁⲩⲁⲛ{ⲅ}ⲡⲁ(ⲅ)ⲥⲓⲥ ⲛⲏⲧⲛ

두 마리의 말이나 소가 마차를 끌기 위해 목에 매는 것이 멍에다. 둘이 하나가 되는 것이 평화다. 대타자와 내가 멍에를 함께 매는 동안, 인생은 쉼이 없다. 왜냐하면 그곳엔 늘 '인정욕구'와 '인정투쟁'이 난무하는 곳이기 때문이다. 아이는 어버이의 인정을 받아야 쉼을 얻는다. 회사원은 대표에게 인정을 받아야 승진한다. 친구들은 친구들에게 인정받아야 왕따를 당하지 않는다. 그리스도인들은 그들이 마음에 세운 '예수'에게 인정받아야 쉼을 얻는다. 그들의 '하나님'께 인정받기 위해 새벽기도를 마다하지 않고 교회에 충성과 봉사·헌신에 여념이 없다. 구원은 예수를 믿어서 얻고, 하나님께 인정받아야 하는 행위로 믿음을 보여야 하기 때문이다. 온통 인정투쟁의 장이며 인정욕구에 시달림을 받고 있다.

　인정욕구는 '존재의 부재'를 역으로 증명해 준다. 존재는 '나의 그대로 있음'—칭찬과 비난과 상관없이 거기 그대로 있음—이다. 인정욕구는 존재의 결핍·존재의 부재를 입증해 주는 역설이다. 나의 멍에는 쉽고 가볍다는 까닭이 무엇일까. 마태복음에 따르면 '마음이 온유하고 겸손하다'고 하고, 도마복음은 '내 멍에는 친절하고 내 주권은 온유'하니 내게로 오라고 한다. 멍에는 마음에서 시작된다. 마음에 상징계의 대타자 도적놈이 형상과 모양으로 있으면 언제나 그에게 인정을 받아야 하고 잘 보여야 한다.

　네부카드네자르의 신상을 온전히 이루고 그가 요구하는 것에 상응해야 하기에 쉼이 없다. 잠시 그의 인정을 받으면 힘을 얻는다. '사자' 형상을 따라 달음질하는 동안 잠시 '사자 새끼'의 형상이 만들어지는 듯 스스로 속이면서 쉼을 얻게 된다. 아주 잠시 '거짓 주이상스'다. 상징계는 잠시도 쉴 틈을 주지 않는다. 그곳에 쉼은 존재하지 않는다. 자신의 존재는 없고 '주인과 노예'의 연쇄 사슬만 있기 때문이다. 밖에서 얻어터지면 집에 들어와 가족을 억압한다.

상징계에서의 '인정 놀이는' 언제나 상호 '품앗이'다. 칭찬도 품앗이다. 내가 칭찬을 베풀었으면 언젠가 칭찬으로 돌려받아야 한다. 칭찬이 비난으로 돌아오면 더 큰 비난으로 앙갚음한다. '누군가를 위해서 살지 말자.' 거기 '누군가'는 상징계에 속한 모든 그물망이다. 남편을 위해서, 자식을 위해서, 아내를 위해서, 친구를 위해서, 교회를 위해서, 하나님을 위해서, 국가를 위해서, 사회를 위해서……, '누군가를 위해서' 사는 것은 '누군가로부터 인정받고 싶은 인정욕구'의 표출이다. 인정욕구는 결핍이다. 인정투쟁은 주인과 노예의 관계로부터 시작된다.

뒤집기를 해야 한다. 그곳을 벗어나 '주체'로 살아야 한다. 내가 나의 존재로 사는 뒤집기가 있어야 한다. '내게로 오라'는 명법은 이천 년 전 '그 예수에게 가자'로 풀어서는 곤란하다. 그 예수가 지시한 '나'에게로 가야 한다. 예수가 지시하는 '나'는 각각의 모두에게 있는 '존재의 나'에게 오라는 뜻이다. 존재의 너 자신에게 가라는 말로 해석해야 한다. 누구나 '그 나'의 결핍으로 '안식'ἀνάπαυσις을 얻지 못하기 때문이다. 누구나 대타자를 주인으로, 자신의 부재에서 노예로 사는 것을 청산하고 이제는 대타자에게서 돌이켜 '나에게 오라'는 절박한 외침이다.

'존재의 나'에게는 온유와 겸손이 있는가. 그의 멍에는 쉽고 가벼운가. 그곳은 '짐'이 없는가. '누군가를 위해 사는 일'이 청산된다. 모든 게 '자신을 위한 삶'이기에 타인에게 요구하지 않는다. 타인의 눈치를 보고 살지 않기에 타인에게 불평을 늘어놓지 않는다. 오늘 하루의 '봉사'를 봉사로 생각지 않는다. '그'를 위한 것이 아니라, 그곳에서 온전히 '나를 위한 시간'을 보냈기 때문이다. 그를 위함(?)이 나를 위함이기에 결코 그를 위해 하루를 보냈다는 생각이 찾아오지 않는다. 나는 그를 위한 적이 없다. 타인에게 기대하는 것을 더는 하지 않는다. 노예는 자유를 획득하기 위해 투쟁을 멈추지 않는다. 자유가 찾아오기까지 멈출 수 없다. 가족을 위해 일하지 말고 '자신을 위해서' 일하라. 회사를 위해서 일하지 말고 '자신을 위해서' 일하라. 공장을 위해서 일하지 말고 '자신을 위해서' 일하라. 타인을 위해 봉사하지 말고 '자신을 위해서' 봉사하라. 자신을 위해 하게 되면 그가 알아주든 몰라주든 상관하지 않는다.

　인생은 상징계의 바다에 부득불 내던져졌다. 상징계의 바다에 빠져 살 수밖에 없다. 그 속에서 '존재 물음'을 하게 된다. 때가 되면 속해 있으나 속해 있지 않는 것을 향해 간다. 몸은 상징계의 바다에 있으나, 처음에는 마음도 상징계의 바다에서 인정투쟁과 인정 놀이에 빠져 살게 되지만, 그곳에서 '마음'이 빠져나와 온전한 '주체자'가 되어 '존재의 나'에게로 향하게 된다. 예수는 이곳으로 초대한다. 그곳은 쉼이 있다. '무거운 짐'에서 자유롭다. 내가 자유로우면 주변도 점차 나로부터 자유로워진다. 부담과 책무를 느끼지 않는다. 나는 나와 멍에를 함께 해야 가볍다. 나는 '대타자'와의 멍에를 벗고 '나 자신'과 멍에를 함께 해야 비로소 하나Single one 에 이른다. 주변의 시선에서 벗어난다. 거기서 '하나의 눈'Single eye 을 얻게 된다.

말씀 91 존재와 철ⲔⲀⲒⲢⲞⲤ

91.1 그들이 예수께 말했다. "당신이 누구인지 말씀해 주시오. 그러면 우리가 당신을 믿게 될 것입니다." 91.2 예수께서 그들에게 말했다. "너희는 천ⲠⲈ지ⲔⲀϨ의 기상 ϨⲞ, face 은 물으면서 네 앞에ⲘⲦⲞ 있는 것과, 지금이 어느 철ⲔⲀⲒⲢⲞⲤ인지 알지ⲤⲞⲞⲨⲚ, 알다, 인식하다 못한다. 그리고 물으려고도 않는다."25)

말씀 91은 '그들'이 예수에게 말하는 형식으로 시작된다. 도마복음의 로기온은 대부분 "예수가 말했다"로 시작한다. 때로 제자들이, 혹은 마리아가 말하는 것으로 시작된다. 91은 '그들'이 예수에게 말하는 것으로 시작된다. 병행구인 마태복음 16:1 - 3에 따르면 '그들'은 아마도 '바리새인과 사두개인'일 것으로 짐

---

25) 91.1 ⲠⲈϪⲀⲨ ⲚⲀϤ ϪⲈ ϪⲞⲞⲤ ⲈⲢⲞⲚ ϪⲈ ⲚⲦⲔ ⲚⲒⲘ ϢⲒⲚⲀ ⲈⲚⲀⲢⲠⲒⲤⲦⲈⲨⲈ ⲈⲢⲞⲔ 91.2 ⲠⲈϪⲀϤ ⲚⲀⲨ ϪⲈ ⲦⲈⲦⲚⲢⲠⲒⲢⲀⲌⲈ ⲘⲠϨⲞ ⲚⲦⲠⲈ ⲘⲚ ⲠⲔⲀϨ ⲀⲨⲰ ⲠⲈⲦⲚⲠⲈⲦⲚⲘⲦⲞ ⲈⲂⲞⲖ ⲘⲠⲈⲦⲚⲤⲞⲨⲰⲚϤ ⲀⲨⲰ ⲠⲈⲈⲒⲔⲀⲒⲢⲞⲤ ⲦⲈⲦⲚⲤⲞⲞⲨⲚ ⲀⲚ ⲚⲢⲠⲒⲢⲀⲌⲈ ⲘⲘⲞϤ ⲢⲰⲘⲈ ⲀϨⲢⲎⲒ ⲚⲀ ⲘⲠⲈⲦⲚⲤⲞⲨⲰⲚϤ

작된다. 누가복음 12장의 병행구에 의하면 그들은 불특정한 사람들 곧 '무리'오클로스다. 이들은 하늘의 변화를 보고 날씨를 예측한다. 바람이 불어오는 방향과 구름의 현상을 보고 그날의 일기를 살핀다. 즉, 자연의 징조 σημεῖον: 세메이온, sign 를 보고 비가 오거나 날씨가 더울지를 판단한다. 자연을 관찰하여 달력과 양력을 만들지 않는가. 여기 하늘과 땅은 '날씨와 계절'을 의미하는 은유다.

> 바리새인과 사두개인들이 와서 예수를 시험하여 하늘로서 오는 표적 보이기를 청하니, 예수께서 대답하여 가라사대, 너희가 저녁에 하늘이 붉으면 날이 좋겠다 하고, 아침에 하늘이 붉고 흐리면 오늘은 날이 궂겠다 하나니, 외식하는 자여! 너희가 천기 πρόσωπον: 하늘의 얼굴, 표정는 분별할 줄 알면서 시대의 표적은 분별할 수 없느냐 ὑποκριταί, τὸ μὲν πρόσωπον τοῦ οὐρανοῦ γινώσκετε διακρίνειν, τὰ δὲ σημεῖα τῶν καιρῶν οὐ δύνασθε; 마 16:1-3; 눅 12:53-56 참조)

> 아비가 아들과, 아들이 아비와, 어미가 딸과, 딸이 어미와, 시어미가 며느리와, 며느리가 시어미와 분쟁하리라 하시니라. 또 무리에게 이르시되, 너희가 구름이 서에서 일어남을 보면 곧 말하기를 소나기가 오리라 하나니 과연 그러하고, 남풍이 붊을 보면 말하기를 심히 더우리라 하나니 과연 그러하니라. 외식하는 자여, 너희가 천지의 기상은 분변할 줄을 알면서 어찌 이 시대는 분변치 못하느냐(눅 12:53-56 참조)

도마복음은 "당신이 누구인지 우리에게 말해주시오"라고 말하지만, 마태에 의하면 예수를 시험하여 하늘로부터 오는 징조를 보여 달라는 것으로 서술한다. 누가복음의 맥락에서 도마복음 91을 살펴보면 매우 중요한 것을 발견할 수 있다. 곧 한 집에서 '다섯'이 분쟁하는 이야기다. 화자 예수와 청자가 말하고 있는 의미 맥락을 규정하는 데 있어, 이 점은 세심히 살펴야 한다. "아비가 아들과, 아들이 아비와, 어미가 딸과, 딸이 어미와, 시어미가 며느리와, 며느리가 시어미와 분쟁하리라." 이것이 바로 그들 앞에 있는 사람, '예수'를 놓고 벌이고 있는 사람들 사이에서의 소용돌이다. 그것은 그들 '속에서' 일어나고 있는 소용돌이이기도 하다. 이 같은 일이 일어나고 있는 사태, 그것이 곧 '남풍이 분다거나' '저녁 하늘이 붉다거나' 혹은 '아침 하늘이 붉고 구름이 끼어 비가 올 징조를 보이고 있듯', 그들 안에서 무슨 일이 일어나게 될지를 보여 주는 매우 중요한 징조인 셈이다. '네 앞에 있는 것'을 알지 못한다고 할 때의 '네 앞에 있는 것' 중 하나다. 흔히 '네 앞에 있는 것'을 '네 앞에 있는 예수'를 알지 못하는 것으로 해석하고 주석하려고 한다. 물론 '네 앞에 있는 존재의 그'를 지시하는 예수로 해석한다면 동의할 수 있다. 그러나 그렇게 흐르지 않는다. '초월자 신의 아들'로 해석하려 드는 것. 동의할 수 없다.

그러므로 여기 중요한 컨셉이 '절기' 혹은 '시즌'을 나타내는 시간 개념인 '카이로스'다. 잎의 계절인지, 꽃의 계절인지, 열매의 계절인지를 알 수 있는 것은 어느 때냐와 관련이 깊다. 초실절인지, 맥추절인지, 초막절인지 곧 '때'가 곧 징조요 그에 따라 결과를 예측할 수 있다. 하이데거의 유명한 저서가 아니라 해도,

존재는 '시간'과 함께 발현된다. 말씀 91은 자연의 징조를 중시하는 인생들이 정작 자신의 '존재의 때'에 대해서는 무감각한 것을 탄식하는 장면이다.

왜 그럴까. 자연에 관해서는 수많은 세월을 반복하며 축적된 관찰과 전승된 지혜를 좇아 판단하지만, '존재의 징조'는 자연의 징조와 같이 외부에서 관찰되는 것이 아니기 때문이다. 징조를 요구하는 바리새인과 사두개인들에게 예수는 단호하다. '시기를 분별할 줄 모르는' 그들에게 '요나의 표적' 외에는 보여 줄 표적이 없다고 말한다. 요나의 표적은 '분쟁의 시작과 끝'이다.

한 집안에서 다섯의 분쟁이 시작되었다는 뜻은 무엇인가. 이것이 '하늘로부터의 징조'다. 아버지와 아들이 분쟁한다. 대타자의 시스템에 반기를 든다. 대타자의 정점에 있는 신에게 더는 복종할 수 없어 '칼'을 겨눈다. 그 아버지는 '살인자'요, '거짓의 아비'라고 규탄한다. 그에게서 태어난 나는 더는 나일 수 없고 '가짜'였다는 사실이 '안에서' 폭로되기 시작한다. 그들의 상징시스템의 언어들—기표와 기의의 연쇄 사슬이 그물망처럼 포획의 도구로 사용되고 있음을 밝히 드러내기 시작한다. 대상 소타자의 구슬이 해체되기 시작한다. 존재의 열매, 실재계의 자신을 얻기 위해 무성한 잎이 찬 서리에 단풍 들고 한 점 바람에도 우수수 떨어지는 낙엽처럼, 존재의 계절에 대한 징조를 읽어내지 못하느냐는 물음이다.

사람들이 묻는다. "당신은 누구인가." 아니 "하늘로부터 오는 징조를 보여 주면, 그대를 믿겠노라." 이 얼마나 터무니없는 문장인가. "당신이 누구인지 알려 주면, 그대를 믿겠노라"는 문장은 전혀 빗나간 화살이다. 미신적인 언어다. 점술과 복술에서나 사용되는 언어다. 그는 '믿음의 대상'이 아니기 때문이다. 천기를 분별하듯 '이 시기'를 분별한다면, "그대를 믿겠습니다"라며 머리를 들이댈 것이 아니라 '존재의 자신'을 향해 나아가야 하기 때문이다.

그때뿐만 아니라, 오늘 이 시대의 철저한 실패는 예수를 '초월자의 아들'로 만들어 놓고 다짜고짜 '예수를 믿겠다'는 무리로 인해서다. 그들은 예수의 말에 귀를 기울이지 않는다. 그의 말을 틀어막기 위해 '초월자'로 만들어 놓고, 그냥 '믿겠다'라는 거다.

아비와 아들이, 어미와 딸이, 시어미와 며느리의 분쟁이 그대 안에 폭풍처럼 시작되었다면 '때'가 찾아온 것이다. 비로소 제대로 '정신분석'이 시작될 수 있다. 무의식에 좌정하고 있는 심원心源의 정체를 드러낼 시기가 찾아온 것이다. 주인과 노예의 '포지셔닝'이 어디서 잘못되었는지 소상하게 드러날 때가 도래한 것이다. '요나의 표적'밖에는 보일 표적이 없는 '하늘의 징조'가 그대 안에서 시작되었다는 뜻이다. '존재의 나'를 향한 여행이 한순간도 멈추지 않았음을 확인하는 시간이 찾아오고 있다는 것 아닌가. '시대'로 번역하고 있지만 오해의 소지가 있다. 차라리 '절기'나 '계절'로 번역하면 오해를 줄일 수 있다. 우리말로 하면 '철'이다. 철καιρος 카이로스을 분별할 수 있는 지혜란, 따라서 '자신의 존재 여행'에 '눈 뜸'의 시작이다.

말씀 92 그때와 지금물을 때와 답할 때

92.1 예수님께서 말했다. "찾으라 ⲱⲓⲛⲉ. 그러면 발견 ϭⲓⲛⲉ 할 것이다. 92.2 그러나 너희가 물었던 그날 ⲉϩⲟⲟⲩ엔 내가 너희에게 말하지 아니하였다. 너희가 내게 물었던 ϫⲛⲟⲩ question 것을 지금 ⲧⲉⲛⲟⲩ 내가 말하고자 한다. 그러나 너희는 그것들을 찾지 않는다."[26]

말씀 92의 핵심은 묻는 때와 대답하는 때, 곧 '카이로스의 분별'에 관한 것이다. 본문은 다음과 같이 요약된다. "찾으라, 그리하면 발견할 것이다. 그러나 너희가 그때 내게 물었던 것들을 나는 너희에게 말하지 않았다. 지금 내가 그것들을 말하고자 하나, 너희는 정작 그것에 관하여 지금은 묻지 않는다."

신약성서의 병행구마 7:7; 눅 10:10 참조에서는 찾아보기 힘든 도

---

26) 92.1 ⲡⲉϫⲉ ⲓ̅ⲥ̅ ϫⲉ ⲱⲓⲛⲉ ⲁⲩⲱ ⲧⲉⲧⲛⲁϭⲓⲛⲉ 92.2 ⲁⲗⲗⲁ ⲛⲉⲧⲁⲧⲉⲧⲛ̄ϫⲛⲟⲩⲉⲓ ⲉⲣⲟⲟⲩ ⲛ̄ⲛⲓϩⲟⲟⲩ ⲉⲙⲡⲓϫⲟⲟⲩ ⲛⲏⲧⲛ̄ ⲙ̄ⲫⲟⲟⲩ ⲉⲧⲙ̄ⲙⲁⲩ ⲧⲉⲛⲟⲩ ⲉϩⲛⲁⲓ̈ ⲉϫⲟⲟⲩ ⲁⲩⲱ ⲧⲉⲧⲛ̄ ⲱⲓⲛⲉ ⲁⲛ` ⲛ̄ⲥⲱⲟⲩ

마복음의 독특함이다. 도마복음은 질문과 답에 시간을 개입시킨다. 존재와 시간의 문제가 명증하게 드러나는 로기온이다. 존재와 시간의 문제는 하이데거 이전, 도마복음 말씀 92가 원형인 셈이다.

"그때 내가 네게 말하지 아니하였거니와, 이제 말하고자 하노라."

말씀 91에서도 유사한 장면이 보인다. 사람들이 예수의 정체를 밝히라고 요구할 때, 예수는 곧장 답하지 않고 "천지의 얼굴은 분별하면서 왜 이 때카이로스를 분간하지 못하느냐"라고 응답한다. 이는 내용 자체보다 때의 분별을 더 중시하는 태도를 보여준다. 곧, 질문의 성격이나 수준보다 "지금이 들을 때인가?"라는 영적 타이밍, 각자의 영적인 시계에 따른 절기의 문제가 핵심이다.

'찾으라'는 말은 질문을 금하는 것이 아니다. 질문하라는 말과 같다. 그러나 찾으라는 말이 함의하고 있는 것은 질문하되 타인의 즉답에 기대지 말고 자신의 탐구로 이어가라는 의미가 더 강하다. 즉, "나에게 곧장 답을 요구하기보다, 네가 너 스스로에게 직접 찾아가라"라는 권고가 화자예수의 태도에 깊이 담겨 있다. 질문은 찾기의 시작이지만, 찾기는 자기 참여와 성찰을 전제한다. 질의와 응답에 임하는 화자와 청자가 갖춰야 할 기본적인 태도요 자세다.

어떤 질문에는 즉답을 주지 않는 때가 있다. 질문자가 아직 소화할 준비가 되어 있지 않거나, 자기 선입견의 틀로밖에 듣지 못할 때가 있기 때문이다. 이때의 무응답은 거절이 아니라 보호며, 성숙을 위한 유예다. 답을 들어도 답이 되지 못하는 시기가 분명 존재한다. 제 듣고 싶은 대로 듣고 엉뚱하게 말한다. 이 같은 일은 일상에서조차 얼마나 비일비재한가.

92번 말씀의 탄식은 여기 있다. "이제는 말해주고 싶은데, 정작 너희는 묻지 않는다." 때가 차 답을 들을 수 있는 상태가 되었음에도 질문이 사라져 버린다. 과거에 던졌던 물음조차 잊고 일상에 묻힌다. 그 결과, 추수할 때가 되었으나 추수가 이루어지지 않는다.

영성은 내용만이 아니라 때의 맞음을 포함한다. 묻지 말아야 할 때가 있고, 반드시 물어야 할 때가 있다. 들을 수 없을 때는 침묵이 복이고, 들을 수 있을 때는 질문이 은총의 문을 연다. 중요한 것은 "지금이 바로 물을 때인가"를 분별하는 일이다.

개인적인 경험을 보더라도, 오래전에 품었던 물음이 당시에는 답이 되지 않았다가 시간이 흘러 텍스트를 다시 읽는 동안 동일한 물음이 새롭게 살아나며 비로소 들리는 경우가 있다. 이는 질문이 사라지지 않고 잠복해 있다가 영적인 절기카이로스에 이르러 다시 떠오르기 때문이다. 텍스트예컨대 도마복음는 그 묻는 마음을 환기하여, 잃어버린 질문을 현재로 소환한다.

"늘 물음 속에서 살아라." 묻고, 찾고, 듣는 과정을 반복하라. 특히 답을 들을 수 있는 때가 오면, 지체하지 말고 물어야 한다. 때가 찼는데도 '넉 달 후'를 꿈꾸며 미루는 태도는 진실로부터 우리를 점점 멀어지게 한다.

장래의 보상만을 붙드는 기대는 종종 허망함을 은폐시킨다. 미래의 판타지를 무기로 지금·여기 노예 상황을 직시하지 않고 자기기만을 계속하며 호도시킨다.

기독교의 종말론은 현재 여기서의 질문과 답을 미래로 유기한다. 복권은 지금 긁어 보아야 꽝인지 아닌지가 드러난다. 꽝의 확인은 좌절이 아니라 각성이다. 헛된 기대의 증강현실과 메타적 환상을 벗기고 '오늘 여기' 임한 하나님 나라를 살아 내라는 호소가 말씀 92에 담겨 있다.

도마복음 92는 단순한 질의응답의 기술이 아니라, 카이로스의 영성을 가르친다. 묻되 들을 수 있을 때 묻고, 찾되 참여하여 찾고, 들을 때 침묵하지 말라. 예수의 탄식은 결국 초대다. "지금은 내가 말하고자 한다. 그러니 지금, 묻고 또 듣자." 이제는 그 물음을 타인에게 향하지 말고 자신 안에 있는 존재 자아에게 묻고 또 들어야 한다. 찾고 또 발견하라. 그때 물었다가 듣지 못하고 묻어 두었던 질문, 잊고 있던 질문을 되살려 다시 묻고 들어라. 들릴 것이고 찾게 될 것이다.

말씀 93 개, 돼지

93.1 "거룩한 것ᴼʸᴀᴀᴮ, be pure, holy 을 개ᴼʸꙄᴼᴼᴾ, dogs 에게 주지 말라. 그들이 그것을 똥 더미ᴷᴼᴨᴵᴀ, hill, mound of manure, dung 에 던질까 두렵다. 93.2 진주ᴹᴀᴩᴦᴀᴨᴵᵀ[ᴴᶜ, pearl 를 돼지ᵉⱽⱽᴀʸ, pigs 에게 던지지 말라. 그들이 그것을 조각낼까ᴬ]ᴬ[ᴷᴹᴱ], fragment 두렵다."27)

콥트어 본문에는 "[예수가 말했다 ⲡⲉϫⲉ ⲓ̅ⲥ̅]"가 없다. 어떤 번역서는 괄호 표시를 하고 [예수가 말했다 ⲡⲉϫⲉ ⲓ̅ⲥ̅]를 넣어 준다. 신약성서의 병행구 맥락으로 보면 예수의 말씀으로 짐작할 수 있기 때문이다.

거룩한 것을 개에게 주지 말며 너희 진주를 돼지 앞에 던지지 말라.

---

27) 93.1 ⲙ̄ⲡⲣ̄ϯ ⲡⲉⲧⲟⲩⲁⲁⲃ ⲛ̄ⲛⲟⲩϨⲟⲟⲣ˙ ϫⲉⲕⲁⲥ ⲛⲟⲩⲛⲟϫⲟⲩ ⲉⲧⲕⲟⲡⲣⲓⲁ 93.2 ⲙ̄ⲡⲣ̄ⲛ ⲟⲩϫⲉ ⲛ̄ⲙ̄ⲙⲁⲣⲅⲁⲣⲓⲧⲏ[ⲥ ⲛ̄]ⲛⲉϣϣⲁⲩ ϣⲓⲛⲁ ϫⲉ ⲛⲟⲩⲁⲁ(ⲩ)˙ ⲛ̄ⲗⲁ[…]

저희가 그것을 발로 밟고 돌이켜 너희를 찢어 상할까 염려하라.(마 7:6)

콥트어 본문에는 훼손된 활자도 보인다. 그 뜻을 새기기도 모호하다. 학자들이 추정해서 단어를 완성하며 대괄호 표시를 해 놓았다. 훼손된 마지막 단어를 완성하는 세 가지 제안이 있다. 마지막 단어에 대한 제안에는 Ṅⲁ[ⲁⲩ](그들을 아무것도 없게 만들다), Ṅⲁ[ⲭⲧⲉ](그들을 진흙으로 만들다), Ṅⲁ[ⲕⲋ] 및 Ṅⲁ[ⲕⲙ](그들을 조각내다) 등.28)

마태복음의 '그들이 그것을 발로 짓밟을까 염려하라'라는 표현과 일치시키기는 쉽지 않다. 훼손되지 않은 활자와 훼손된 활자를 추정해서 조합한 콥트어 단어 중 마태복음 의미와 일치시킬 단어 찾기가 어렵다는 말이기도 하다.

여기 등장하는 개와 돼지는 당연히 비유다. 비유에 등장하는 개의 속성에는 거룩한 것을 거름더미^똥에 일부러 던지는 속성이 있을까. 그러므로 여기 개는 거룩한 것을 거룩한 것으로 알아볼 수 없는 속성을 비유한다. 개로 비유된 종교인들이 거룩한 것^{진주}, ^{보물}을 거룩한 것으로 알아보지 못할뿐더러 그것을 쓰레기 취급하는 것을 비유하는 것이다. 왜 그럴까. 그들은 왜 진주를 알아볼 수 없을까. 보물이 다르기 때문이다. 그들은 땅 위에 있는 보물을 하늘의 진주로 여기고 정작 하늘의 보물은 보물로 취급하지 않는다. 우주를 초월해서 전지전능한 존재로 계신 하나님이 보물

---

28) See Layton & Lambdin, 'The Gospel according to Thomas', Nag Hammadi Codex II, 2–7:Volume One, 86.

이지, 성전-곧 네 안-에 없이 계신 하나님은 간혹 입에 올려 보기는 하지만 거들떠보지 않는다.

안에는 욕심밖에 보이지 않고, 안에 있는 하나님을 떠올리려면 무언가 복잡해진다. 텅 빈 고요 가운데 충만을 경험하려면 가부좌라도 틀어야 할 것 같고, 거기 사유-곧 무엇인가 생각-가 들어가야 하는 것 같아서 귀찮다. 보물은커녕 오물밖에 보이지 않는다. 해서 초월자 하나님이 자신에게는 보물이어야 한다. 그냥 믿으면 되는 것이 필요하다. 얼마나 간편한가. 생각 따위 하지 않아도 되는 쉬운 게 필요하다. 그들에게 전지전능한 하나님은 당위요 필요다. 그러므로 보물이 보물을 가린다. 보물이 보물을 은닉시킨다. 신이 신을 은닉한다. 우상이 신의 자리에 좌정하고 신의 소리, 사람의 소리와 그 입을 틀어막는다. 진주를 쓰레기 취급할 수밖에 없는 까닭이다. 그것은 그때나 지금이나 어느 시대든 동일하다. 개와 돼지는 개와 돼지에게 필요한 것이 보물이지, 그에게 필요 없는 것을 아무리 던져 줘도 쓰레기 취급한다.

가이사의 것은 가이사의 것이고, 하나님의 것은 하나님의 것이다. 개는 개요, 돼지는 돼지다. 사람은 사람이다. 사람의 정신에는 두 가지 속성이 있다. 하나는 짐승개, 돼지의 속성이다. 내 안에는 개와 돼지가 있다. 땅 위에 있는 것을 보물로 삼으려는 속성이다. 그런데도 짐승의 속성만 있는 게 아니다. 그것과 저만큼 떨어져 있는 나의 고요 속에는 그것 너머에 있을지도 모르는 또 다른 나에 대한 열망이 있다. 짐승의 속성에 종속된 정신을 뒤집고 싶은 모반의 충동이 있다. 문·사·철이 명맥을 이어가는 이유다. 소외되더라도 시가 소멸할 수 없는 이유다. 예술이 존재하는 이유다. 물론 개와 돼지의 향유를 위해 봉사하는 문사철이 왜 없겠으며, 하늘과 상관없이 가이사에게 헌신하는 시문이 어찌 없을까. 무늬만 예술, 개와 돼지가 선호하는 보물을 위해 활동하는 짝퉁도 얼마든지 있다.

그럼에도 나뉜다. 내 안에는 둘이 있다. 두 번째가 반란을 일으킨다. 분란의 원인이다. 두 번째는 처음 것으로 채워지지 않는다. 처음 것을 덜어냄으로 숨어 있던 두 번째가 드러난다. 처음 것을 덜어내는 작업이 인을 떼는 것이고, 숨어 있고 감춰 있던 은폐된 두 번째를 드러내는 것이 곧 진리다. 내 안의 어둠, 밤하늘로 은폐된 채 덮여 있던 없이 계신 있음이 드러나는 것, 일러 알레테이아 곧 진리라 한다. 그러므로 숨어 있던 또 다른 나가 진리인 셈이다. 그것이 길이다. 숨어 있던 그가 드러나는 것, 그러므로 진리가 곧 하늘의 생명이다. 이것이 도마복음의 대강령이다.

내 안에는 개와 돼지도 있고, 내 안에는 짐승만 있는 것이 아니라 사람도 있다. 사람을 찾게 되면 너무 어렵게 찾은 사람이어서, 옛사람들은 일러 신이라 했다. 얼 사람을 일러 구전과 구송으로 전승되던 시절에는 깨인 사람이라고 했다. 민간에 떠돌다가 이야기는 알에서 깨어난 사람으로 변용되어 난생설화가 유통된다. 깨인 사람은 난생설화가 잘못된 오류라고 말하지 않는다. 그 이야기 속에 깃들어 있는 얼과 알을 분별하고 알을 얼로 읽어낸다. 이야기의 유통을 훼방하지 않고 보전하는 것이 전통사회에서 공동체를 유지하는 집단 지성이고 지혜였다. 난생설화가 더 흥미롭다. 이야기의 생명력을 높인다는 얘기다. 옛이야기들이 신화의 옷을 입는 까닭이다. 삼국유사에 난생설화로 신라의 건국 신화를 남겨 놓은 까닭이리라.

개와 돼지를 지나서 사람으로 다시 태어나는 서사가 경의 이야기 속 한결같은 주제더라. 그럼에도 여전히 인류는 개선된 것이 없고 개·돼지는커녕 무섭고 두려운 짐승으로 퇴보된 것을 무수하게 본다. 그렇더라도 사람이, 신이 쓸데없는 자기기만의 언어라고 내려놔야 할까. 종교의 언어는 짐승의 언어가 된 지 오래다. 저급을 경쟁하고 짐승의 언어로 하늘을 찌를 듯 더욱 기승을 부린다. 정화는커녕 대명천지에도 중세 암흑세계를 더 크게 구현한다.

종교가 말하는 짐승의 언어는 인류에게 절망을 선물할 뿐이다. 큰 자 이데올로기가 짐승의 세계를 유지하는 근본 이념이다. 사람의 언어-"거룩한 것을 개와 돼지에게 주지 말라"는 진언-조차, 자기기만의 되풀이로 보아야 할까. 사람·신·거룩은 실현될 수 없는 신기루일까. 그럼에도 포기할 수 없는 까닭은 내 안의 혼탁을 가장 잘 정화하는 언어이기 때문이다. 짐승의 세계가 더욱 기승, 절망을 가져다준다 해도 나는 나 자신을 위해 내 안에 보이지 않는 은폐된 그것이 신기루로만 존재하는 것이 아니라는 희망을 놓을 수 없다. 거창하게 인류를 위한 구호로 쓰고 싶은 마음은 추호도 없다. 단지 나 자신을 위해서. 도마복음 말씀 93을 묵상하며 또 풀이 글을 계속한다.

말씀 94 찾는 자와 두드리는 자

예수께서 말했다. "찾는 자는 찾을 것이요, 두드리는 자에게는 열릴 것이다."29)

찾고 발견하는 주제는 도마복음의 핵심 주제2, 76, 92, 107, 97; 마 7:8; 눅 11:10 참조다. 마태와 누가의 말씀에서는 기도는 구하라 - 찾으라 - 두드리라라는 세 단어로 함축할 수 있다.

오늘 본문은 도마복음 94를 중심으로, 앞서 90~93에서 이어진 논의의 맥락을 정리하고자 한다. 앞부분에서는 거룩한 것과 속된 것을 분별하라는 경고가 제시되었으나, 우리는 때가 아닐 때 묻거나, 정작 때가 되었을 때는 묻지 않아 대답을 놓치곤 했

---

29)[ⲡⲉϫ]ⲉ ⲓ̅ⲥ̅ ⲡⲉⲧϣⲓⲛⲉ ϥⲛⲁϭⲓⲛⲉ 94.2 [ⲡⲉⲧⲧⲱϩⲙ̅ ⲉ]ϩⲟⲩⲛ ⲥⲉⲛⲁⲟⲩⲱⲛ ⲛⲁϥ`

다. 이러한 반복된 실패 속에서 94의 문장은 매우 간결하게, 그러나 결정적인 방향을 제시한다. "찾는 자는 발견할 것이며, 두드리는 자에게는 열릴 것이다." 이 구절은 마태복음의 산상수훈을 연상시키지만, 그 의미는 표면적 동기부여를 넘어 앞선 경고도마복음의 의미 맥락인 90-93의 흐름와 결합할 때 비로소 분명해진다. 즉, 무엇을 찾고 어느 문을 두드리느냐가 핵심이다.

역사적 비유로 흔히 언급되는 야곱 가족의 애굽행은, 배고픔 앞에서 가나안을 떠나 애굽의 문을 두드린 사례다. 실제로 그 문은 열렸고, 요셉은 총리로 등용되었다. 물론 이 이야기에서 우리는 두드리면 열린다는 사실을 확인한다. 그러나 그 문이 열렸다는 사실이 곧 거룩의 문이 열렸음을 의미하지는 않는다. 외적 성취의 문은 열릴 수 있으나, 그것이 존재의 진실로 인도하는 문과 동일하다고 단정할 수는 없다. 이 지점에서 오늘의 신앙 또한 종종 애굽의 문, 풍요와 소유, 번영과 안락을 상징하는 문을 그리스도의 이름으로 포장하여 두드리고 있지 않은지 성찰해야 한다. 가시 면류관의 상징을 화려한 왕관으로 대체하고, 그 위에 그리스도와 메시아라는 명칭을 얹어 정당화하는 순간, 신앙은 타자 자아가 설계한 궁궐로 스스로 걸어 들어가는 꼴이 된다. 번영신학의 시선이 여기에 머물러 있다. 출애굽이 아니라 귀애굽이 번영신학의 현주소다.

따라서 94의 명제는 무차별적 탐색과 맹목적 시도를 격려하는 선언이 아니다. "거룩한 것을 개에게 주지 말라"는 직전의 경고와 맞물릴 때, 여기서 말하는 찾음은 밭에 감춰진 보화—곧 존재의 심층에 감추어진 진정한 나를 찾는 행위를 가리킨다. 이

나는 사회적 역할, 외부 권위가 부여한 라벨, 성취의 지표로 환원될 수 없다. "나는 누구인가"라는 물음 앞에서, 우리는 너무 쉽게 남의 입으로 완결된 답을 빌려온다. 종교적 도그마가 "이것이 너다"라고 규정하는 순간, 그 대답은 내면에서 솟구친 것이 아니라 외부에서 주입된 타자 자아의 목소리에 가깝다. 말씀 94의 촉구는 그 주체를 되찾으라는 초대다. 답을 밖에서 긁어오지 말고, 내 안에서 분별하고 확인하라는 요청이다. 멘토의 말과 전통의 가르침은 표지가 될 수 있으나, 최종의 "그렇다"는 승인과 인식은 자기 내면에서 성립되어야 한다.

여기서 중요한 비유가 호흡이다. 생명은 들이쉬고 내쉬는 운동을 멈추지 않는다. 한 번의 호흡으로 생이 완결되지 않듯, 한 번의 깨달음이나 단발의 결심으로 구원이 완결되지 않는다. "아직도 찾느냐, 아직도 두드리느냐"라는 질문은, 생명의 성질을 오해한 물음이다. 어제 밥을 먹었다고 오늘 먹지 않을 수 없듯, 존재로 사는 구원은 매일의 확인과 매일의 깨어남을 요구한다. 구원을 특정한 과거 사건으로 고정하고 더는 묻지 않는 태도는, 생명 대신 도그마를 붙드는 선택이다. 진정한 구원은 애굽―타자 자아가 설계한 번영의 체계―에서 건져냄을 받고, 존재로 살아가려는 현재진행형의 전인적 삶이다. 그러므로 "왜 아직도 찾느냐"는 비아냥은 질문 자체가 빗나가 있다. 찾고 두드리는 행위가 바로 살아 있음의 증거이기 때문이다.

이제 질문의 구분을 다시 확인하자. 두드리면 열릴 수 있다. 그러나 모든 개방이 동일한 성격의 개방은 아니다. 애굽의 총리실 문이 열리는 것과, 존재의 실재로 들어가는 문이 열리는 것은 전혀 다르다. 전자는 외적 조건의 확장, 후자는 내적 진실로의 귀환이다. 전자는 화려함을 약속하지만 길을 잃게 할 수 있고, 후자는 종종 불편과 자아 해체의 통증을 수반하지만 길을 찾게 한다. 가시 면류관을 기억한다는 것은 바로 이 통증의 기억, 즉 존재의 길이 편리함으로만 포장되지 않는다는 사실의 기억이다. 전자는 주인과 노예의 프레임에 갇힌다. 풍요 이데올로기가 주인이고 그 중심에 신이 걸터앉아 있다. 상징계의 대타자 프레임을 벗어나지 못한다. 후자는 뚜벅뚜벅 자신의 실재와 마주하는 걸음을 향해 있다.

이와 연결하여, "어디로 가야 구원이 있다"는 식의 위치·소속 중심 담론은 타자 자아를 강화한다. 구원을 장소·간판·브랜드로 호명하는 순간, 거룩은 거래 가능한 자원이 되고 만다. 종교 비즈니스, 종교 장사―한국은 아직도 여전히 활황이다. 그러나 거룩은 거래나 교환의 대상이 아니라, 존재 방식이며 관계의 질이고, 일상의 호흡 속에서 성립하는 섬세한 질감이다. 그러므로 거룩을 다루는 법도 달라져야 한다. 값싸게 내주지 말고, 내 안의 개와 돼지―탐욕, 과시, 소유 집착―가 거룩을 짓밟지 않도록 경계해야 한다. 이는 타인을 정죄하라는 명령이 아니라, 먼저 자기 내부의 조류를 분별하라는 권고다.

여기서 94의 약속은 이렇게 재정식화 할 수 있다. 제대로 찾으면 반드시 만난다. 제대로 두드리면 반드시 열린다. 여기서 제대로란 방향과 태도의 문제다. 방향은 존재의 깊이 즉, 타자 자아가 씌워 준 가면을 벗겨내고 실재의 나로 향하는 축을 뜻한다. 태도는 호흡과 같은 지속성 즉, 어제의 통찰을 오늘의 삶으로 다시 확인하는 반복의 리듬을 의미한다. 방향이 올바르고 리듬이 유지된다면, 시간은 걸릴지언정 문은 열리게 되어 있다.

그렇다면 실천은 어떻게 구성되어야 하는가.

- 질문의 주어를 전환하라. "누가 정답을 갖고 있는가?"에서 "내 안의 분별은 무엇을 말하는가?"로 중심을 옮긴다.
- 상징의 전치를 경계하라. 면류관을 번영의 보장으로 잘못 읽지 말고, 가시가 동반된 증언으로 읽어라.
- 리듬을 지켜라. 날마다 묻고, 날마다 두드리며, 어제의 확신을 절대화하지 않는다.
- 외적 개방과 내적 개방을 구분하라. 열림 자체를 성취로 동일시하지 말고, 그 열림의 방향을 점검하라.
- 거룩함을 절제된 언어로 다루라. 과장이 아니라 주의와 성실함으로.

말씀 95 '이자놀이'에 담긴 영적 의미

[예수께서 말했다.] '돈 ϨΟΜΝΤ, money 이 있거든 이자 ΜΗCE, offspring of money, usury, interest 를 받고 빌려주지 말고, 오히려 돌려받지 않을 사람에게 주어라.'[30]

'예수가 말했다'는 구절이 괄호 안에 표기된 경우가 있는데, 이는 원문 파피루스나 코덱스의 훼손으로 인해 내용상 예수의 말씀임이 분명할 때 후대에 편집자가 삽입한 것임을 시사한다. 말씀 93 해설에서도 설명했다. 이는 마리아의 질문이나 제자들의 대화 등 다른 인물들의 언급이 명확히 명시되는 부분들과 대조를 이룬다. 95의 공관복음의 병행구는 다음과 같다.

---

30) 95.1 [ΠΕϪΕ ΙC ϪΕ] ΕϢШΠΕ ΟΥΝΤΗΤΝ̄ ϨΟΜΤ ̀ Μ̄ΠΡ̄Ϯ ΕΤΜΗCΕ 95.2 ΑΛΛΑ Ϯ [Μ̄ ΜΟϤ] Μ̄ΠΕΤ[Ε]ΤΝΑϪΙΤϤ(Ϥ) ΑΝ Ν̄ΤΟΟΤϤ ̀

네가 달라는 사람들에게는 주고, 네 꾸려고 하는 사람을 물리치지 마라(마 5:42).

아무것도 바라지 말고 빌려주어라(눅 6:35).

'돈을 가지고 있다면 이자를 받고 빌려주지 말라. 그러나 너희가 그것을 돌려받지 못할 자에게는 그것을 주라'는 예수의 가르침은, 인간 본연의 욕구와 세상을 움직이는 시스템, 그리고 진정한 존재론적 행복'에 관한 지혜를 전한다. 어느 시대나 마찬가지겠지만, 예수 당시에도 이자놀이와 고리대금업이 유행이었던 듯하다.

도마복음 95번 말씀은 금전적인 이자 수취에 대한 금지를 명확히 제시한다. 이는 현대 금융 시스템의 바탕을 이루는 이자 개념과는 정면으로 배치된다. 흥미롭게도 이러한 이자 금지 원칙은 이슬람 문화권에서도 찾아볼 수 있다. 이슬람의 경전인 꾸란 또한 돈을 가지고 있다면 이자를 받고 빌려주지 말라는 유사한 가르침을 담고 있으며, 이는 이슬람 금융 시스템의 비非이자 원칙으로 이어진다. 이슬람 법샤리아에서도 핵심적 금기리바로 자리한다. 이에 따라 이슬람 금융은 원리금 보장 이자 대출을 회피하고, 수익·손실을 공유하는 구조예: 무다라바, 무샤라카, 자산 기반 거래예: 무라바하, 리스이자 대신 임대료 성격을 갖는 이자 등가 구조 등 대체적 메커니즘을 발전시켜 왔다. 실제로 한국에 이란의 원유 대금이 장기간 묶여 있었던 사례에서 보듯, 이슬람 국가들은 이자 대신 부동산 개발 참여와 같은 다른 방식의 이익 추구를 선호한다. 이는 도마복음의 가르침이 단순한 과거의 윤리적 지침을 넘어 현대 사회에도 영향을 미치는 보편적 원리임을 보여 준다.

인간 본연의 '이자놀이' 본능

예수의 "이자를 받고 빌려주지 말라"는 가르침은 비단 금전적인 측면에만 국한되지 않는다. 인간은 관계 속에서 자신이 내준 것에 대한 이자를 돌려받고자 하는 본능적인 속성을 지닌다. 배우자나 친구, 가족 간의 관계에서도 무형의 보답칭찬, 인정, 상호작용을 기대 interest 하며, 이러한 이자가 충족되지 않을 때 실망감이나 분노를 느끼게 된다. 밥을 사고 대접했을 때 보답을 기대하는 마음, 노력에 대한 인정을 바라는 마음 등은 모두 인간관계에서 발현되는 이자놀이의 양상이다. 이러한 현상은 사회생활뿐만 아니라 가장 사적인 영역인 가족 관계에서도 관찰되며, 원활한 관계 유지를 위해 상호 간의 이자 지불칭찬, 인정 등이 필수적임을 보여 준다.

두 종류의 '돈'과 '운영 체제' 비유

- '카이사'Caesar 의 돈: 이는 세상의 가치 질서, 즉 소유와 경쟁, 인정투쟁을 상징한다. 옛 로마 화폐에 카이사의 형상이 새겨져 있듯, 우리의 지식과 가치 판단은 선악을 알게 하는 지식처럼 카이사의 형상이 가득한 돌비石碑에 기록된 것과 같다. 이 세상은 이자를 주고받는 시스템으로 작동하며, 이는 마치 MS-DOS 와 같은 구식 운영 체제와 유사하다. 선과 악, 옳고

그름의 이분법적 사고를 통해 상대를 평가하고 나 자신의 존재 가치를 인정받으려는 행위는 끝없는 인정투쟁을 낳는다. 이러한 삶의 방식은 일시적인 기쁨을 줄지라도, 외부의 평가에 따라 희비가 엇갈리는 불안정한 상태를 일으키며 죽음을 맛보는 삶에 이르게 한다. 이는 우울증이나 조울증과 같은 정신적 고통의 원인이 되기도 한다.

카이사의 화폐는 반드시 이자놀이와 함께 유통된다. 무엇인가 행위 뒤에 베풀었다라는 의식이 자리 잡고 있으면 이자놀이에 참여하는 것이다. 기대를 내려놓으면 실망하거나 노여워하지 않는다. 이자놀이를 넘어서야 관계에서 자유가 찾아온다. 기대가 작용하면 반드시 반작용이 나타난다. 노여움이 찾아온다. 돈을 주고 화를 자초하는 것이다. "내가 네게 어떻게 했는데~"라는 것이 남아 있으면 "아, 나는 사채업자와 다름이 없구나." 그는 이자 받는 것을 공정으로, 사회 정의로 부르짖는다. 그에게 무이자는 불공평이고 부정의가 된다. 이자 요구는 반드시 살인을 불러온다. 이자 요구에는 끊임없이 존재 살해가 진행되고, 정의와 공평의 요구만 앞선다.

말씀 95는 현대 금융산업의 폐해를 염려해서 나온 로기온이 아니다. 의식의 세계에 존재와 생명이 작동하는가, 아니면 살해와 요구, 기대라는 이름의 압박이 작동하는가. 그것은 생명 활동이 아니다. 그러므로 이자놀이에 빗대어 사망의 원리를 언급하는 셈이다.

- 하나님 형상의 돈: 이는 세상의 이자놀이 시스템에서 벗어난, 내면의 마음에 새겨진 돈이다. 마치 윈도우 운영 체제가

MS-DOS 의 명령어를 대체하고 직관적인 인터페이스를 제공했듯, 하나님의 형상은 이자를 주고받는 행위와 무관하게 존재하며, 타인의 칭찬이나 인정으로부터 자유로운 존재 가치를 상징한다. 이는 내 것이라는 소유 의식 자체가 없는 텅 비어 있는 상태이지만, 동시에 모든 것이 있는 공기와 같은 상태를 의미한다. 공기가 누구의 것도 아니지만 모든 생명체에 필수적이듯, 하나님의 형상이 그려진 돈은 소유가 아닌 유통의 원리로 작동한다. 즉, 이자를 기대하지 않고 내어줄 때, 불만이나 서운함 없이 상대를 이해하고 받아들일 수 있는 자유로운 상태에 이르게 된다.

십자가: '죽음을 맛보는 삶'으로부터의 전환

죽음을 맛보는 삶을 청산하고 하나님의 형상으로 작동하는 새로운 운영 체계를 설치하기 위해서는 포맷과 재설치의 과정이 필요하다. 이는 곧 십자가의 의미와 연결된다. 십자가는 이자놀이와 인정투쟁에 매몰된 옛 자아의 죽음을 상징하며, 이를 통해 새로운 운영 체제인 하나님의 형상과 모양의 화폐로 거듭나는 것을 의미한다. 컴퓨터 포맷처럼 즉각적인 변화가 아닌, 오랜 시간과 인내가 필요한 자기 변화의 과정이다.

돌려받지 못할 자에게 줄 때의 행복

도마복음 95번 말씀의 핵심은 돌려받지 못할 자에게 주라는 것이다. 이는 외부의 칭찬이나 보상을 기대하지 않고 주는 행위가 역설적으로 진정한 행복을 가져다준다는 의미다. 자녀에게 베풀 때 이자를 기대하는 어미는 없다. 손주를 향한 할아버지의 눈길엔 이자 요구가 담겨 있지 않다. 모든 할아버지와 할머니가 손주들에게 베푸는 사랑에는 이자 요구가 없다. 그래서 더욱 행복하다.

이자를 기대하지 않고 베풀 때, 마치 샘물이 펑펑 솟아나듯 내면의 생수의 강이 흘러넘쳐 자기 자신을 행복하게 만든다. 이는 타인의 인정 때문에 존재 가치가 흔들리는 삶이 아니라, 스스로 존재의 나가 되어 굳건히 서는 경험이다. "누르고 흔들어 넘치도록" 되돌려받는 원리는 외부의 보상이 아니라 내면에서 충만함이 차오르는 것을 의미하며, 이를 통해 인간은 비로소 진정한 자아를 발견하고 자신만의 카이로스특별한 때를 인식하게 된다. 그러므로 이 경우 주는 것은 주는 것이 아니다. 도리어 받는 것이다. 베푼다는 의식이 작용하지 않는다. 줄 것이 없음에도 준다. 선악을 요구하지 않는 것에서 이미 베풂과 자비는 이뤄진다. 주되 주는 것이 아니며, 베풀되 베푸는 것이 아니다. "주라, 그러면 흔들어 넘치게 채워 주겠다"는 원리도 동일하다. 펑펑 솟아나는 샘물은 길어낼수록 더 맑고 풍성해진다. 길어내는 것을 베푼다거나 준다고 하지 않는다. 그러므로 선생 놀이와 이자놀이는 동의어다.

카이로스와 지혜

도마복음 93("거룩한 것을 개에게 주지 말라")과 94("찾는 사람은 발견할 것이고, 두드리는 사람은 문이 열릴 것이다")는 말씀 95와 연결된다. 계속해서 때의 중요성을 강조한다. 존재와 시간의 문제를 간결한 속담에 자연스럽게 담고 있다. 개와 돼지는 단순히 율법주의자나 기복주의자를 넘어, 거룩한 것이나 진주와 같은 깊은 깨달음을 받아들일 준비가 되지 않은 상태를 상징한다.

예수가 제자들에게 자신이 고난받고 부활할 것임을 비로소 가르쳤던 것처럼, 진리는 준비되지 않은 자에게는 의미가 없거나 오히려 짓밟힐 수 있다. 따라서 무엇인가를 줄 때는 상대방이 찾고 두드리는 때—즉 받을 준비가 되어 있는 카이로스(적절한 시기)—를 분별하는 지혜가 필요하다. 이자 문제 또한 이자를 주고받아야 할 때와 이자와 상관없이 살아야 할 때가 다르듯, 모든 상황에 적절한 때를 파악하는 것이 중요함을 역설한다. 때를 모르는 농부가 작물을 재촉한다. 인간관계에서도 상대방의 성장과 변화의 때를 안내하고 기다리는 지혜가 요구된다.

그러므로 95번 말씀은 단순한 금전적 가르침을 넘어 현대 사회를 살아가는 우리가 추구해야 할 진정한 삶의 가치와 존재 방식에 대한 깊은 통찰을 제공한다. 이자놀이라는 세상의 시스템에서 벗어나 무조건 베풀 때, 비로소 내면의 충만함과 자유를 경험하며 진정한 자아를 확립할 수 있다는 메시지가 담겨 있다.

말씀 96 아버지의 나라와 여자

예수님의 말씀, "아버지의 나라ᵀᴹᴺᵀᴱᴿᴼ ᴹᴾᴱᴵⱲᵀ는 여자ᶜᴴᴵᴹᴱ와 같다. 그 여자가 적은 누룩ᴷᴼⲨᴱᴵ ᴺᶜᴬᴱᴵᴾ을 가져다가 반죽ᴼⲨⳘⲰᵀᴱ 속에 숨겨 큰 빵을 만들었다. 귀 있는 자는 들으라."31)

말씀 92 - 95는 산상수훈에 병행구가 있다. 말씀 96 - 98은 마태복음 13장과 누가복음 13장에 병행구가 나온다. 그 첫 번째가 누룩의 비유인데, 마태복음 13장 33절/누가복음 13장 20 - 21절의 병행구를 참조할 필요가 있다. 97, 98은 아버지의 나라가 등장하지만, 비유로 대두되는 깨진 항아리의 밀가루 누수와 고관 죽이기를 원하는 것의 직접적 표현은 복음서에 나오지 않

---

31) 96.1 ⲡ[ⲉϫⲉ] ⲓⲥ ϫⲉ ⲧⲙⲛⲧⲉⲣⲟ ⲙⲡⲉⲓⲱⲧ` ⲉⲥⲛ̄ⲧⲱ[ⲛ ⲁⲩ]ⲥϩⲓⲙⲉ 96.2 ⲁⲥϫⲓ ⲛ̄ⲟⲩⲕⲟⲩⲉⲓ ⲛ̄ⲥⲁⲉⲓⲣ [ⲁⲥϩ]ⲟⲡϥ` ϩⲛ̄ ⲟⲩϣⲱⲧⲉ ⲁⲥⲁⲁϥ ⲛ̄ϩⲛ̄ⲛⲟ϶ ⲛ̄ⲛⲟⲉⲓⲕ` 96.3 ⲡⲉⲧⲉⲩ ⲙ̄ ⲙⲁⲁϫⲉ ⲙ̄ⲙⲟϥ ⲙⲁ[ⲣⲉ]ϥⲥⲱⲧⲙ̄`ⲙ̄ⲧⲱ[ϥϣ]ⲁⲛ ⲣⲟⲙⲓ ϫⲁⲁⲙ ⲙ̄`

는다.

　누룩의 비유일까. 아버지의 나라와 여자의 비유일까. 여기 주어는 여자다. 세 비유[96-98]에 등장하는 아버지의 나라와 여자를 주목해야 말씀 114가 자연스럽게 주석된다. 98에는 아버지의 나라와 함께, 여자가 특정되지 않고 사람이 등장한다. 모두 아버지의 나라가 등장하고 있다. 여자는 물론 생물학적 여자이지만, 그 비유의 의미는 생물학적인 여자에서 의식의 여성성, 정신의 여성성을 살피지 않으면 이상한 토론으로 진행된다. 다수의 도마복음 주석서나 해설이 이 점에서 매우 모호하고 젠더의 토론으로 빠지는 경우가 허다했다. 아마도 말씀 114의 대단원에 이르기 전에 주목해야 할 본문이 말씀 96-98이 아닐까. 여기서 아버지의 나라와 여자의 정체성에 대한 도마복음의 은유를 알아채야 한다. 물론 힌트는 요한복음에도 나와 있다. 나는 본 풀이에서 누룩에 관한 이야기를 더 많이 하게 될 것이다. 그러나 놓쳐서는 안 되는 것이 주어가 여자라는 사실이다. 그리고 아버지의 나라다. 아버지의 나라는 도마복음에서 57, 76, 97-98, 113에 등장한다. 말씀 99도 참조해야 한다.

　본문은 "아버지의 나라는 작은 누룩을 취하여 가루 반죽 속에 감추어 큰 덩어리_빵를 만든 어떤 여인과 같다. 들을 귀 있는 자는 들으라"는 비유로 요약된다. 동일 주제를 다루는 또 다른 번역 역시 "여자가 작은 누룩을 가루 속에 숨겨 그것을 큰 빵으로 만들었다"는 표현을 사용한다. 요점은 작고 보이지 않는 누룩이 전체 반죽을 변형시켜 전혀 다른 상태로 이르게 한다는 데 있다. 이 비유를 통해 인간 내면의 운영 체계_{세계관}가치 체계의 변화가 어떻게 일어나는지를 알아보자.

우리의 의식푸쉬케을 구동시키는 기존 운영 체계는 가이사의 질서, 곧 세속적 가치 체계로 가득 차 있다. 인간은 그 체계 안에서 더 큰 자가 되고자 물질·지식·명예·영적 깨달음까지도 축적하려 든다. 넓은 집을 소유하거나, 그렇지 못하면 최소한 깨달음이라도 쟁취하려 한다. 그러나 이런 축적 역시 동일한 체계, 즉 외부가 주도하는 가치의 항아리 안에 담겨 있을 뿐이다. 항아리는 광의로는 자기 자신이고, 축소해서 말하면 돌비라고 할 수 있다. 모세가 받았던 돌판처럼 단단히 굳어져 있으며, 부모·사회·종교가 주입한 규범이 이미 운영 시스템처럼 깔려 있다. 무의식의 저층에 운영 시스템이 설치되고, 의식의 표층에서는 다양한 앱application 이 운영 시스템의 원리를 바탕으로 활성화된다.

이 세속 운영 체계의 작동 원리를 누룩의 은유로 확장한다. 성서에서 경계하는 누룩은 헤롯의 누룩권력·정치적 선동, 바리새인의 누룩종교적 형식주의·내세 환상에의 도피, 사두개인의 누룩현세적 실용주의·세속적 합리이다. 각각 인간의 반죽내면·사고 체계을 부풀린다. 이들이 주입한 누룩은 결국 동일한 본질, 곧 가이사의 누룩으로 통합될 수 있다. 그 반죽으로도 빵은 만들어지지만, 그것은 선악의 틀 안에서 팽창한 선악의 양식으로 규정할 수 있다. 요컨대 외부 타자권력자, 종교 권위, 합리의 권위가 말하고, 그 말로 내가 규정되는 상태다.

말씀 96의 비유는 이 기존 반죽 속에 전혀 다른 종균씨는, 생명의 누룩이 들어가는 순간을 가리킨다. 이 생명의 종균은 헤롯·바리새·사두개의 누룩이 아니다. 보이는 재료가 아니라 눈에 보이지 않는 미세한 생명성으로, 내면에서 번개와 천둥처럼 한 번의 각성으로 체험된다.

Ain Sof Aur אין סוף אור 는

헤롯과 바리새인과 사두개인의 누룩에 의해 부풀려진 상징계의 연쇄 고리에 대해 부정 אין: 아인하고, 그 연쇄 고리를 따라 끝없는 부정 סוף אין: 아인 소프이 이뤄진다. 그 끝에 찾아오는 빛 אור: 오르 Aur이 생명의 종균이다. 생명의 종균은 "케테르—호크마지혜, 통찰의 번쩍임—비나"로 세포 분열한다. 종균이 부풀려진다. 외부 타자와 무관하게 내 안에서 "아, 이것이 아니었구나"not: 아인라는 급진적 자각이 일어난다.

이 사건은 돌비가 깨지는 경험, 기존 규범·자아상을 지탱하던 판이 산산이 부서지는 경험이다. 그 뒤 마음이 열리고, 가슴에서 생수의 흐름이 솟듯 새로운 생명의 역동이 시작된다. 히브리 사상으로는 야웨 יהוה 다. 야웨는 사람다운 사람을 이상으로, 사람다운 사람을 신으로 묘사한다. 비록 유대의 작은 부족에서 시작된 운동이나, 신약에서는 예수 ישוע 운동으로 전개된다. 교조화된 유대교의 반동으로 예수 공동체가 태어난다. 예수의 히브리어 이름은 아람어의 영향을 받아 예수아 ישוע고 그 뜻은 그가 구원하신다이다. 여기서 그는 야웨를 일컫는다. 인류가 포기할 수 없는 보편적(?) 가치가 거기에 있어, 지금도 소멸되지 않는 불꽃으로 남아 있다.

물론 유대교가 그랬던 것처럼, 예수 공동체를 표방하는 종교가 변형되어 오늘 저렇게 저급한 이름으로 탈바꿈한 채 인류의 골칫거리가 되어 있지만, 그 본래의 정신을 근본에서 되찾아야 한다. 이는 마치 태극기의 숭고한 정신을 극우 운동이 독점한

듯, 성조기와 다윗의 육각별 이스라엘기와 함께 광화문 한복판에서 저렴하게 취급되고 있는 것과 마찬가지다. 그렇다고 태극기를 없애자고 할 수는 없듯, 본래의 숭고한 정신을 되찾아 회복해야 하듯, 우상으로 변모한 예수의 정신을 근본에서 다시 회복해야 한다. 유대인에 의해 시오니즘으로 타락한 야웨 운동을 그 본래 정신에서 되찾아야 한다. 요드-헤-바브-헤, 신성 네 글자 יהוה를 통해 이루고 싶은 본래 정신은 상징계로 대표되는 네부카드네자르의 신상을 산산조각 낸 자리에 자기 자신으로 우뚝 서서, 나는 나요, 너는 너요, 그대는 그대라는 숭고한 정신을 일깨우려는 것이 본디, 출 3장 14절에서 의미하는 야웨의 본모습이다.

출애굽 전에 모세에 의해 확립된 지고의 정체성이다. 총리대신의 문을 좇아 내려갔던 요셉으로 인해 바로 왕국의 노예로 정착했던 그곳에서 출정식을 하기 전 확립된 확고부동한 정체성이 야웨였다. 후대에 야웨의 이름은 민족주의와 제국주의가 결합하는 잔인하고 엄혹한 신의 상징으로 전치된 것이 사실이다. 혹독하고 잔인한 부족 신의 이름으로 전치가 일어난 것이 사실이다. 이를 되찾아야 한다. 생명의 종균에 의해서 새로 부풀게 될 정신의 핵심은 케테르-호크마-비나의 삼각형으로 확장되는데, 이것이 야웨의 역동적 창조 운동이 나의 내면에서 누룩처럼 시작되는 것이다.

생명의 종균이 반죽 전체를 변형시키는 과정은 서서히, 그러나 전면적으로 일어난다. 다른 비유에서는 손잡이가 깨진 항아리에서 밀가루가 뒤로 흘러나와 도착해 보니 텅 비어 있는 장면이 등장한다. 자신도 모르는 사이 무겁게 채워져 있던 것들이 빠져

나가고, 결과적으로 이전 운영 체계가 사라진다. 이 과정은 물이 포도주로 변하는 사건에 비유된다. 즉 질의 단계 변화 phase change 가 서서히 진행되다가 어느 순간 질적으로 전혀 다른 차원으로 전환된다. 신학적으로는 "함께 죽고 함께 살아남", 곧 옛사람의 소멸과 새사람의 탄생에 해당한다.

케테르와 호크마가 반죽 속에서 발효되면 비나^{이해·통찰의 확장된 품}가 된다. 호크마가 번개 같은 깨달음이라면 비나는 그 깨달음이 반죽 전체를 고르게 부풀리는 과정이다. 비나의 상^象은 어머니의 마음, 넉넉히 품고 알아차리는 이해력으로 제시된다. 이 맥락에서 하나님 나라는 호크마의 씨눈을 받아들인 여인의 형상으로 비유된다. 여인이 누룩을 반죽 속에 감추어 큰 빵을 굽듯, 내면에 들어온 생명의 종균이 전 존재를 부풀려 마침내 양식이 된다. 이 빵은 타자의 권위가 말하는 빵이 아니라 내 안의 생명이 말하게 하는 빵이다. 여기서 로고스는 외부 교설이 아니라 생명의 빛이 내 안에서 발화하게 되는 상태가 된다.

들을 귀의 문제

본문은 "그에게 들을 귀 있는 자는 그에게서 들어라!"고 반복한다.32) 이 표현은 도마복음에 여섯 번 사용되는데, 여기서가 마지막 여섯 번째 등장하는 표현이다. 인간에게 두 개의 귀가 있다. 하나는 헤롯·바리새·사두개가 말하는 소리를 곧장 흡수하

---

32) 김창호, 성서 그리고 도마복음 말씀 1-28, 도서출판 예랑, 2024. p. 247 참조

는 귀다. 이 귀는 세속 권력의 언어, 종교적 환상, 현세 합리의 담론을 자동 변환해 수용한다. 다른 하나는 닫혀 있던 귀-곧 이삭과 야곱의 귀로 비유되는 생명의 귀다. 예수 전승에서 '한눈을 빼라'는 권면처럼, 가짜 빛을 보는 눈을 감고 참된 눈을 뜨는 행위가 요구된다. 진정한 청취는 생명의 귀를 여는 일이며, 그 귀로 들을 때만 누룩의 비유가 내 안에서 현실이 된다.

운영 체계의 전환. 부모·사회·종교가 깔아 준 시스템은 가이사의 운영 체계 OS 다. 이 시스템은 나를 움직이지만, 내가 말하는 듯해도 실제로는 타자가 말하는 구조다. 생명의 종균이 들어오면 운영 체계 자체가 교체된다. 이전의 선악 반죽이 생명 반죽으로 바뀌고, 그 결과로 나는 비로소 나로서 말하기를 시작한다. 내 존재의 근거에서 말하는 상태, 이것이 하나님 나라가 내 안에서 임하는 표지다. 마태복음 13장 또한 같은 구조로 "여자가 가루 서 말 속에 누룩을 넣어 전부 부풀게 하였다"라고 증언한다. 도마복음이 아버지의 나라라 칭하는 바를, 마태는 하나님의 나라라 칭할 뿐, 원리는 동일하다. 작은 누룩이 전부를 바꾸는 방식, 곧 내면의 미시적 생명성이 전체 삶의 거시적 구조를 변환하는 방식이다.

지금까지의 내용을 종합하면 다음과 같다. 인간의 내면은 처음에 타자의 누룩으로 반죽이 되어 있다. 권력의 말, 종교의 말, 합리의 말이 내 반죽을 이미 팽창시켰다. 그 빵은 먹을 수 있으나 생명을 공급하지는 못한다. 그러나 어느 순간 내면에 비가시적 생명의 종균이 들어온다. 그것은 외부 교사나 권위와 무관하게, 번개 같은 통찰로 돌비를 깨뜨린다. 그때부터 케테르-호크마-비나의 발효가 이뤄진다. 넉넉한 이해비나가 반죽 전체를 살린다. 이 과정은 서서히, 자연스럽게, 때로는 내가 인지하지 못한 채 진행된다. 항아리의 밀가루가 어느 순간 비어 있듯, 과거를 채우던 욕망과 환상은 빠져나가고, 마침내 큰 빵, 나와 타인을 살릴 양식이 된다. 그때 나는 더 이상 타자의 목소리를 재생산하지 않는다. 내 안의 로고스가 말하고, 나는 나의 존재로서 말한다. 이것이 '들을 귀 있는 자'가 듣는 내용이며, 하나님 나라가 내 안에서 작동하기 시작했다는 표지다.

본 누룩의 비유는 신앙을 특정 교리의 축적이나 내세 환상으로 대체하지 않는다. 또한 현세의 권력과 성취로 대체하지도 않는다. 누룩은 작고 감추어져 있으나 전체를 변혁한다. 신앙의 변화는 외적 스펙터클보다 내적 운영 체계의 전환으로 드러난다. 가이사의 누룩이 주입한 선악의 반죽에서 벗어나, 생명의 종균이 빚는 반죽으로 바뀔 때 인간은 비로소 자신의 목소리로 말하기 시작한다. 그 결과로 탄생한 큰 빵은 개인의 만족을 넘어서 공동의 양식이 된다. 도마복음 96번과 마태복음 13장은 이 동일한 길을 한 목소리로 가리킨다. 작고 보이지 않는 것이 전부를 바꾼다. 들을 귀가 열릴 때, 그 변화는 이미 시작된다.

말씀 97 깨진 항아리를 등에 진 여인
비워짐을 통해 열리는 아버지의 나라

예수께서 말했다. "아버지의 나라ᵀᴹÑᵀᴱᴿᴼ ᴍ̄ᴘᴇ[ⁱᵂᵀ는 밀가루Ñᴺᴼᴱⁱᵀ가 가득 든 항아리ᵍᴬ[ᴹᴱᴱⁱ를 짊어진 여자ᶜˢⁱᴹᴱ와 같다. 그 여자가 먼 길을 떠나는 동안 항아리 손잡이가 부러져 밀가루가 길에서 그녀의 뒤로 쏟아졌다. 그 여자는 그것을 깨닫지 못했다ᶜᴼᴼʸᴺ ᴬᴺ. 피곤함도 느끼지 않았다. 그 여자가 집에 도착하여 항아리를 내려놓고 보니 비어 ஶᴼʸᴱⁱᵀ 있었다."33)

도마의 열한 번째 비유인 이 비유에는 공관복음과 유사한 점이 없지만, 직전 96에서처럼 '여성' 주인공이 등장한다. 그 독특성 때문에 다양한 해석이 생겨났고, 의견도 분분하다. 항아리를

---

33)97.1 ᴘᴇⲭᴇ ⲒⲤ ⲭⲉ ⲦⲘÑⲦⲈⲢⲞ ⲘⲠⲈ[Ⲓ]ⲰⲦ ⲈⲤⲦÑⲦⲰⲚ ⲀⲨⲤϨⲒⲘⲈ ⲈⲤϤⲒ Ϩⲁ ⲞⲨϬⲀ[ⲘⲈⲈⲒ] ⲈϤ`ⲘⲈϨ ÑⲚⲞⲈⲒⲦ` 97.2 ⲈⲤⲘⲞⲞϢⲈ Ϩ[Ⲓ ⲦⲈ]ϨⲒⲎ ⲈⲤⲞⲨⲎⲞⲨ ⲀⲠⲘⲀⲀϪⲈ ⲘⲠϬⲀⲘ[Ⲉ]ⲈⲒ ⲞⲨⲰϬⲠ` ⲀⲠⲚⲞⲈⲒⲦ` ϢⲞⲨⲞ ÑⲤⲰⲤ [Ϩ]Ⲓ ⲦⲈϨⲒⲎ 97.3 ⲚⲈⲤⲤⲞⲞⲨⲚ ⲀⲚ ⲠⲈ ⲚⲈ Ⲙ̄ ⲠⲈⲤⲈⲒⲘⲈ ⲈϨⲒ- ⲤⲈ 97.4 ÑⲦⲀⲢⲈⲤⲠⲰϨ ⲈϨⲞⲨⲚ ⲈⲠⲈⲤⲎⲈⲒ ⲀⲤⲔⲀ ⲠϬⲀⲘⲈⲈⲒ ⲀⲠⲈⲤⲎⲦ` ⲀⲤϨⲈ ⲈⲢⲞϤ ⲈϤ`ϢⲞⲈⲒⲦ`

채우려는 관점에 서 있는 이들에겐 금이 간 항아리의 누수는 이해하기 어렵다. 분명한 것은 도마복음의 아버지의 나라는 채움이 아니라 비워짐이다.

"아버지의 나라는 어떤 여인과 같다"라는 문장으로 시작한다. 이 여인은 밀가루가 가득 담긴 단지를 등에 지고 긴 길을 걸어간다. 그러나 단지의 손잡이는 이미 부서져 있었고, 여인은 모르는 사이에 밀가루를 길 위에 흘려보낸다. 집에 도착해 단지를 내려놓는 순간, 그녀는 그 단지가 텅 비어 있음을 확인한다. 이 간결한 장면은 아버지의 나라에 이르는 인식의 변화를 상징적으로 드러낸다. 비유의 메시지는 단지의 파손과 밀가루의 소실이라는 사건을 통해, 가득 채움에서 비워짐으로, 무거운 짐에서 가벼움으로, 당위의 질서에서 자유의 질서로 이동하는 의식의 전환을 설파한다.

도마복음에서 "아버지의 나라는 어떤 여인과 같다"는 표현은 96번과 97번 두 차례 반복된다. 반복은 우연이 아니다. 이 반복은 114번에 이르러 "여자가 남자가 된다"라는 역설적 선언을 예고하는 장치로 읽을 수 있다. 즉, 여인이라는 형상은 단지 특정한 성별 정체성의 지칭이 아니라, 신적 임재가 머무는 그릇─곧 '쉐키나'משכן: 신적 임재의 장막, Tabernacle ─의 표상으로 기능한다. 전통적 상징 체계에서 쉐키나는 여성적 이미지로 묘사되곤 한다. 신적 여성성이다. 그 의미에서 여인은 성별을 지시하기보다, 신성이 깃드는 장場, 수용과 잉태, 탄생의 가능성, 그리고 변화의 매개를 은유한다. 따라서 도마복음 후반의 "여자가 남자가 된다."는 명제 역시 생물학적 전환을 암시하는 것이 아니라, 성性

이분법을 넘어 신성의 충만과 균형의 회복, 즉 내적 통합으로 읽어야 한다. 인간 내면에는 남성성과 여성성이 공존하며, 신성은 그 둘의 균형과 상호 침투 속에서 현현한다는 영성의 고전적 통찰과도 맞닿는다. 도마복음을 조금 더 깊은 심층에서 읽어야 하는 까닭이다.

비유에서 '단지'는 율법과 당위, 도덕적 명령, 타인의 시선과 평가, 인정투쟁의 압박 등 머리에 가득 채워진 것들을 상징한다. 사람은 "이렇게 살아야 한다"는 규범의 목소리로 자신을 무장하고, 타자에게 인정받기 위해 행동을 조정하며, 칭찬과 비난에 의해 끌려다닌다. 이 조건은 흔히 당근과 채찍의 질서로 설명된다. 세속적 운영 체계가이사의 세계는 상벌의 효율적 배치를 통해 조직과 개인을 정상화한다. 아이 양육에서도 상벌의 적절한 조합은 일정한 효과를 보여 주고, 사회 통치에서도 보상과 처벌의 시스템은 질서를 유지한다. 그러나 이 비유는 그 시스템 자체를 구원적 질서로 승인하지 않는다. 오히려 아버지의 나라는 그와 다른 운영 체계임을 선언한다. 그 차이는 곧 짐의 성격에서 드러난다. 세속의 질서에서 짐은 더 얹어진다. 비워야 한다는 명령조차 새로운 도덕적 짐이 되어 어깨를 누른다. 겸손해야 한다, 온유해야 한다는 규범 역시 자칫 또 다른 채찍으로 변모한다. 이런 의미에서 "내 멍에는 쉽고 가볍다"라는 예수의 선언은, 동일한 짐 위에 새로운 규범을 더 얹는 것이 아니라, 짐의 성격 자체를 바꾸는 전환, 운영 체계의 교체를 가리킨다.

대전환의 비유는 깨진 손잡이와 알지 못한 사이 흘러 나간 밀가루로 표현한다. 여인은 의도적으로 버리지 않았다. 애써 내려놓으려 하지도 않았다. 오히려 알지 못하는 사이, 균열을 통해 조금씩 빠져나갔다. 여기서 중요한 것은 의식적 노력의 신화가 아니라 틈의 은총이다. 인간은 표어를 붙이고 결심을 다짐하며 의지력을 총동원하지만, 타인의 시선과 인정 욕망은 쉽게 떨어져 나가지 않는다. 다음 날이면 다시 눈치를 보고, 상벌의 그림자 속에서 몸을 사린다. 의지의 반복적 결심으로는 운영 체계가 바뀌지 않는다. 비유는 다른 길을 제시한다. 단지가 깨진다. 균열이 생긴다. 그리고 어느새 가득했던 것들이 새어 나간다. "비우자"라는 새로운 당위를 견디며 또 다른 죄책감을 쌓는 대신, 균열을 통해, 자신도 모르는 사이에, 과잉이 빠져나가게 된다. 그 과정은 바울이 말한 "날마다 죽는다"라는 수행적 표현과 공명한다. 옛사람의 자동 반응, 인정의 노예 상태, 상벌에 길든 심리적 반사들을 하루하루 놓아 보내는 소멸의 리듬. 도마복음 97은 이를 항아리의 누수로 구체화한다.

이때 비워짐은 허무로 귀결되지 않는다. 집에 도착하여 단지를 내려놓았을 때, 여인은 그곳이 텅 비었음을 본다. 공空과 무無에 대한 직면, 즉 아무것도 아니구나의 자각이 일어난다. 그러나 그 자각은 동시에 모든 것이구나로 반전한다. 비어 있음은 결핍의 표지가 아니라 충만의 조건이다. 쉐키나가 머무는 그릇은 가득 찬 그릇이 아니라 여백을 품은 그릇이다. 비워진 공간이 신성의 현존을 맞아들인다. 그러므로 비유의 엔딩은 파산이 아니라 개벽이다. 무가 모든 것의 문이 되는 역설, 이것이 아버지의 나라가 여인의 항아리로 비유되는 이유이다.

이 맥락에서 "여인이 남자가 된다"라는 114번의 선언은, 성별의 상승이나 전환이 아니라, 분열된 상징을 넘어 통합의 자리로 들어가는 완성의 언어다. 여성적 이미지쉐키나, 수용, 잉태, 여백와 남성적 이미지형상화, 분별, 실행가 서로를 침범하고 교호하는 자리에서, 인간은 신성의 형상임재을 닮아간다. 97번의 여인은 아직 길 위에 있다. 그녀의 단지는 고장 나 있고, 아는 사이도 모르는 사이도 아닌 상태로 흘려보낸다. 그러나 바로 그 누수의 길 위에서, 그녀는 아버지의 나라를 산다. 아버지의 나라가 도달점의 보상이라면, 가득 채운 채 도착하는 것이 더 합리적일 것이다. 하지만 비유에서 도착의 표지는 공허다. 도착은 소유의 완결이 아니라 상실의 인식이며, 바로 그 상실을 통해 새로운 충만이 열린다.

이 비유는 또한 우리의 일상적 심성 구조를 해부한다. 우리는 인정받고자 하고 처벌을 두려워한다. 그래서 누군가의 기준에 맞추기 위해 자기 삶을 재단한다. 칭찬을 얻기 위해 "이렇게 해야 한다"를 늘어놓고, 비난을 피하기 위해 "그렇게 하지 않는다"를 반복한다. 이 상태에서 덕목겸손, 온유, 절제조차 성과주의적 점검표로 전락한다. 그러나 항아리가 깨지는 순간, 덕목은 해야 할 항목에서 자연스러운 상태로 비껴다. 겸손해지려고 애쓸 이유가 사라진다. 애씀의 주체, 성취의 자아, 인정 욕망의 연료가 누수되어 고갈되기 때문이다. 그리하여 남는 것은 가벼움이다. "내 멍에는 쉽고 가볍다"라는 말은 덕목의 추가가 아니라 짐의 해체를 뜻한다.

또한 97번의 비유는 신앙의 길이 알아차림의 길임을 강조한다. 여인은 모르는 사이에 흘려보낸다. 신앙은 때때로 의식적 통제의 강화가 아니라 통제의 완화를 통해 성취된다. 자기 감시와 자기 검열이 신앙의 본질이 아님을, 이 비유는 보여 준다. 균열을 받아들이는 용기, 상실을 방치하는 인내, 공허를 직면하는 눈, 이 세 가지가 결합할 때 비워짐은 파괴가 아니라 생성이 된다. 반대로 균열을 막고 가득 채우려 할수록, 항아리는 더 무거워지고 길은 더 길어진다.

마지막으로, 이 비유는 공동체적 함의도 지닌다. 세속의 지도력은 당근과 채찍의 기술로 군중을 운영한다. 그것은 많은 상황에서 불가피하고 유용하다. 그러나 영적 공동체는 다른 질서를 연습한다. 상벌의 교환 대신, 존재의 여백을 서로 인정하고, 규범의 과잉을 덜어내며, 비워짐의 용기를 격려한다. 그래서 영적 길의 동반자는 서로의 항아리에 생긴 균열을 봉합해 주는 사람이 아니라, 그 틈으로 들어오는 바람과 빛을 함께 바라보는 사람이다. 도마복음 97번은 그런 동반자적 시선을 요구한다.

결론적으로, 깨진 항아리를 등에 진 여인의 비유는 아버지의 나라가 채움의 완성으로 열리지 않고 비움의 성숙으로 열린다는 영성의 핵심을 압축한다. 단지의 손잡이가 깨어진 사건은 실패가 아니라 은총이며, 흘려보낸 밀가루는 손실이 아니라 해방이다. 집에 도착했을 때 마주하는 공허는 절망이 아니라 시작이다. 그리하여 우리는 알게 된다. 아무것도 아닌 자리에 모든 것이 깃든다는 것을. 그리고 그 깨달음 속에서, 우리는 더 이상 겸손을 수행하지 않고 자연스럽게 겸손해진다. 더 이상 온유를 목표로 삼지 않고, 스스로 온유해진다. 더 이상 인정받기 위해 살지 않고, 있는 그대로 머무는 법을 배운다. 이 조용한 전환이 바로 도마복음이 말하는 아버지의 나라의 문턱이며, 그 문턱은 채움이 아니라 균열과 여백으로 이루어져 있다.

말씀 98 아버지의 나라와 암살자 비유
내면의 왕좌를 되찾는 길

예수께서 말했다. "아버지의 나라는 고관ⅿⲈⲄⲒⲤⲦⲀⲚⲞⲤ, 귀족을 죽이려는 사람과 같다. 그는 자기 손이 충분히 강한지 시험해 보려고 집에서 칼을 뽑아 벽에 꽂았다. 그러고 나서 그는 귀족을 죽였다."[34]

도마복음에 나오는 열두 번째 비유인 암살자의 비유는 공관복음서또는 다른 어떤 곳에서도에 유사한 내용이 없다. 불의한 청지기눅 16:1-8 비유가 있으나 병행구로 보기는 어렵다.

말씀 35에 유사한 내용이 없는 것은 아니다.

35 예수가 말했다. "누구든지 강한 사람의 손을 묶지 않으면

---

[34] 98.1 ⲡⲈϪⲈ ⲒⲤ ⲦⲘⲚ̅ⲦⲈⲢⲞ ⲘⲠⲈⲒⲰⲦ˙ ⲈⲤⲦⲚ̅ⲦⲰⲚ ⲈⲨⲢⲰⲘⲈ ⲈϤⲞⲨⲰϢ ⲈⲘⲞⲨⲦ ⲞⲨⲢⲰⲘⲈ Ⲙ̅ⲘⲈⲄⲒⲤⲦⲀⲚⲞⲤ 98.2 ⲀϤⲨⲰⲖⲘ̅˙ Ⲛ̅ⲦⲤⲎϤⲈ ϨⲘ̅ ⲠⲈϤⲎⲈⲒ ⲀϤϪⲞⲦⲤ̅ Ⲛ̅ⲦϨⲞ ϪⲈⲔⲀⲀⲤ ⲈϤ- ⲚⲀⲈⲒⲘⲈ ϪⲈ ⲦⲈϤϬⲒϪ˙ ⲚⲀⲦⲰⲔ˙ ⲈϨⲞⲨⲚ 98.3 ⲦⲞⲦⲈ ⲀϤϨⲰⲦⲂ̅ Ⲙ̅ⲠⲘⲈⲄⲒⲤⲦⲀⲚⲞⲤ

그 강한 사람의 집에 들어가서 강제로 그것을 빼앗을 수 없다. 그의 손을 묶고 나서야 그는 그의 집을 강탈할 것이다."

그러나 98은 또 다른 특성이 있다. 다양한 해석이 난무한다. 그만큼 해석의 논란이 많은 텍스트다.

도마복음 98번의 짧은 비유는 처음 접하는 이에게 다소 섬뜩하게 다가온다. "아버지의 나라는 고관을 죽이려는 한 사람과 같다. 어떤 사람이 집에서 칼을 뽑아 벽에 찔러 보며 손의 힘을 시험하고, 마침내 나가 고관을 죽였다"는 이 서술은 표면만 읽으면 폭력을 교사하는 듯한 색채를 띤다. 그러나 도마복음의 맥락과 예수의 비유가 늘 그러하듯, 이 이야기는 외면의 살육을 정당화하려는 메시지가 아니다. 오히려 내면에 자리 잡은 거짓 권위를 단호히 폐위하라는, 영혼의 혁명에 관한 은유다.

이 비유에서 고관은 단순히 역사적 권력자를 가리키지 않는다. 가이사, 바리새인, 사두개인의 누룩으로 상징되던 외부 권위가 내면화되어, 내가 내 삶의 주권을 타자에게 내주고 그들의 시선과 규범을 내 양심의 왕좌에 앉힌 상태─그가 곧 '내 안의 고관'이다. 우리는 종종 그것이 강도임을 알지 못한 채 오히려 그를 흠모하고 모시며, 그의 질서에 편입되기를 욕망한다. 이때 내 안의 성소는 강도의 굴혈로 바뀌고, 참된 자아의 목소리는 미세하게 침묵을 강요당한다.

그렇다면 '칼'은 무엇인가. 이 칼은 난폭한 분노나 물리적 힘이 아니라, 진실을 가르는 분별의 예리함, 곧 지혜와 통찰의 검이다. 오래된 신앙의 언어로 말하자면 관절과 골수를 찔러 쪼개는 말씀의 힘이며, 호크마^{지혜}와 비나^{이해}, 그리고 명철로 벼려낸 정신의 칼이다. 비유 속 인물이 집에서 먼저 칼을 벽에 찔러 보는 장면은 무모한 격정이 아니라 은밀한 수련을 뜻한다. 남 앞에서 의로움을 휘두르기 전에 먼저 자기 내면에서 힘을 재고 칼날을 점검하는 과정—이것이 수련의 비의秘義다. 준비 없는 돌진이 아니라, 자신을 스스로 살피는 검문이 선행되어야 한다.

이 비유에는 두 가지 길이 겹쳐 비친다. 하나는 단칼에 베어 넘기는 결단의 길이고, 다른 하나는 깨진 항아리에서 밀가루가 조금씩 새어 나가듯 서서히 비워지는 길이다. 전자는 번개처럼 찾아오는 깨침, 곧 돈오頓悟에 비길 수 있다. 생명의 누룩이 단번에 종균으로 파종되듯, "아, 그러하구나!" 하고 전 존재를 관통하는 통찰이 열리는 순간이다. 이때 고관은 한칼에 무너진다. 후자는 점수漸修의 길이다. 습관과 집착, 두려움과 체면 같은 잔존 세력이 서서히 힘을 잃고, 일상이 새살로 대체되는 것이 느리되 확실한 변모다. 파종된 종균이 서서히 발효 과정을 거친다. 둘은 대립하지 않는다. 돈오가 방향을 정한다면, 점수는 그 방향을 삶으로 굳힌다. 번쩍임이 진짜를 알아보게 하고, 성실함이 그것을 나의 체온으로 만든다.

이 비유를 외면의 폭력으로 잘못 읽을 때 우리는 '나를 괴롭히는 자를 처단하라'는 얕은 윤리로 기울게 된다. 인류의 역사를 피로 물들인 각종 종교 전쟁이 그러하다. 외부에서 찌를 대상을 찾는 이단 논쟁 또한 그러하다. 방향이 잘못됐다는 얘기다. 타자는 타인을 일컫는 개념이 아니다. 내 안에 들어와 있는 내 안의 타자를 일컫는다. 이를 잘못 읽어 타인을 타자로, 대적해야 할 대상으로 삼는 것은 모든 배타적 종교인의 오류다. 내 안의 타자는 숭배의 대상이 아니라 배척의 대상이다. 밖에 있는 타인은 배척의 대상이 아니라, 그도 하나의 존재로 살아야 할 존중과 존엄과 사랑의 대상이다. 도마복음의 핵심은 일관되게 '나의 회복'에 있다. 아버지의 나라가 "그와 같다"는 말은, 그 나라가 바깥의 정권 교체가 아니라 내면에서의 정권 교체, 곧 주권의 환수를 뜻한다. 내 안의 가짜 왕을 폐위하고, 참된 주체가 왕좌를 되찾는 사건—이때 비로소 내가 길이고, 내가 생명인 길이 드러난다. 명철은 그때 도래한다. '그렇더니, 참으로 그러하구나'라는 내적 확증이 삶의 결을 바꾼다.

바울의 언어로 이 장면을 비추어 보면 더 분명하다. 로마서 7장의 겉 사람과 속사람의 긴장은 곧 고관과 참 주체의 다툼이다. 겉 사람은 외부 규범을 내면화한 체제화된 자아, 속사람은 하나님을 기뻐하는 진실한 자아다. 먼저 와서 자리를 차지한 '도적'—가짜 권위는 겉 사람과 결탁해 왕좌를 점거한다. 속사람은 탄식하며, 그러나 쉼 없이 칼을 간다. 이 구도에서 도마복음 98의 비유와 바울의 내면 투쟁은 충돌이 아니라 상호 조명이다. 예수를 숭배의 대상으로만 고정할 때, 이 내면 혁명의 윤곽은 흐려진다. 바울이 강조하는 것은 우상화가 아니라, 예수의 믿음이 열어 놓은 신실함에의 참여, 그 길을 살아내는 주체의 탄생이다. 이 지점에서 도마복음이 전하는 '예수의 깨달음'은 바울의 '내면 변혁'과 맥을 같이한다.

이제 비유의 장면들을 삶의 언어로 옮겨 보자. 집에서 칼을 시험하는 일은 은밀한 수련의 다른 이름이다. 타인의 시선을 의식하지 않고, 독대하듯 조용히 내 말과 생각, 습관을 점검한다.

벽에 찌르는 행위는 감정의 폭발이 아니라 실력의 점검이다. 내 분별이 사물을 가를 만큼 예리한지, 지금 들리는 이 목소리가 누룩의 속삭임인가, 생명의 부름인가를 가늠하는 훈련이다. 그리고 고관을 베는 순간은 미루던 결단의 시각이다. 비교 중독, 허영, 체면, 거짓 계약을 끊는 선택, 바깥사람을 베는 것이 아니라, 나를 지배하던 허위 권위와 작별하는 단칼이다.

중요한 것은 균형이다. 돈오의 번쩍임은 방향을 주지만, 점수의 생활화 없이는 고관이 다시 복권된다. 반대로 점수만 고집하면 방향 감각을 잃은 성실함이 되기 쉽다. 그러므로 우리는 번개 같은 인식과 이슬 같은 습관을 함께 붙든다. 묵상과 기록, 호흡과 절제, 지속적인 자기 언어의 발화—이 모든 일상적 루틴이 곧 '벽에 찌르는' 연습이다. 그것은 무엇이라 고정할 수 없는 저마다의 방식이라고 할 수 있겠다. 그리고 어느 날 조용하지만, 단호한 순간이 온다. 그때는 망설이지 말아야 한다. 지연된 결단은 고관의 회유를 불러들이기 때문이다.

이 비유가 사회적 현실을 외면하라는 뜻이 결코 아니다. 다만 우선순위를 바로 세우자는 요청이다. 외부 구조와 맞설 용기 또한 필요하지만, 그 구조의 내부화를 끊는 일이 먼저다. 내면의 왕좌가 바뀌면, 관계와 선택, 언행의 결이 달라지고, 그 변화는 현실의 힘의 지형을 서서히 갉아먹는다. 혁명은 대개 안에서 시작해 밖으로 퍼진다.

정리하면, 고관은 내면화된 타자적 권위이며, 칼은 분별의 지혜이자 실천의 힘이다. 벽에 찌르기는 은밀한 수련이고, 참수의 순간은 돈오의 결단이며, 그 뒤를 잇는 생활은 점수의 길이다.

도마복음의 주제는 결국 '나의 회복'이다. 남을 닮아 위로 기어오르는 계단 놀이가 아니라, 내 존재의 빛이 또렷해지는 일. 타자의 권위를 내면의 왕좌에서 끌어내릴 때, 아버지의 나라는 먼 하늘에서가 아니라 지금 여기에서 열린다. 오늘 또한 우리는 집에서 칼을 갈 수 있다. 조용히, 꾸준히, 정확하게. 때가 오면 단칼로, 그리고 다시 일상으로 돌아가 칼날을 닦으며. 그 리듬이 쌓일수록 고관은 설 자리를 잃고, 나는 마침내 나로 선다.

말씀 99 문밖에 서 있는 모친과 형제자매
속죄제물

제자들이 예수님께 "당신의 형제자매들ᶜᴺᴴʸ과 어머니ᴹᴬᴬʸ께서 밖에|ᴺᴮᴼᴸ 서ᴬᶻᵉᴾᴬᵀ 계십니다."라고 말했다. 예수께서 그들에게 말했다. "여기 있는 사람들이 내 아버지의 뜻ᴼʸⱯ을 행하는 사람들이며, 이들은 내 형제자매와 어머니. 바로 그들이 내 아버지 나라ᵉᵀᴹᴺ̄ᵀᵉᴾᴼ ᴹ̄ᴨᴬᵉᴵⱯᵀ에 들어갈 것이다ᵉᵀᴺᴬᴮⱯᴷ ᵉᶻᴼʸᴺ."³⁵⁾

도마복음 99번의 "누가 내 모친이며 형제며 자매냐?"라는 물음이 98번강한 자를 베어 내는 비유과 긴밀히 맞물려 있다는 점, 그리고 공관복음의 병행구ᵐᵃ 12장, 막 3장와의 연결 속에서 밖|ᴺᴮᴼᴸ 엔볼과

---

35) 99.1 ⲡⲉϫⲉ ⲙ̄ⲙⲁⲑⲏⲧⲏⲥ ⲛⲁϥ ϫⲉ ⲛⲉⲕˋⲥⲛⲏⲩ ⲙⲛ̄ ⲧⲉⲕⲙⲁⲁⲩ ⲥⲉⲁϩⲉⲣⲁⲧⲟⲩ ϩⲓ ⲡⲥⲁ ⲛⲃⲟⲗ 99.2 ⲡⲉϫⲁϥ ⲛⲁⲩ ϫⲉ ⲛⲉⲧⲛ̄ⲛⲉⲉⲓⲙⲁ ⲉⲧⲣⲉ ⲙ̄ⲡⲟⲩⲱϣ ⲙ̄ⲡⲁⲉⲓⲱⲧˋ ⲛⲁⲉⲓ ⲛⲉ ⲛⲁⲥⲛⲏⲩ ⲙⲛ̄ ⲧⲁⲙⲁⲁⲩ 99.3 ⲛ̄ⲧⲟⲟⲩ ⲡⲉ ⲉⲧⲛⲁⲃⲱⲕˋ ⲉϩⲟⲩⲛ ⲉⲧⲙⲛ̄ⲧⲉⲣⲟ ⲙ̄ⲡⲁⲉⲓⲱⲧ

집오이코스/בית 베이트의 상징적·실제적 의미를 통합하여 읽어야 한다. 또한 히브리어 알파벳 '베이트'ב,집의 문자적 형태와 경강점의 상징을 통해 집안에 다시 세워지는 집 ב, 곧 속사람의 거처가 어떻게 열리는지를 설명하고, 이 문 안/문밖의 경계에서 혈연과 육신의 언어가 요청하는 바를 예수가 어떻게 단호히 분별하는지 살펴보자.

누가 내 모친이며 형제며 자매인가

도마복음 99번은 예수의 유명한 선언, "여기 내 아버지의 뜻을 행하는 자들이 나의 형제들이고 나의 어머니다. 나의 아버지의 나라에 들어갈 자들은 그들이다"라는 말씀을 중심으로 전개된다. 이 대목은 공관복음의 병행구막 3:31-35; 마 12:46-50; 눅 8:19-21와 본질적으로 같은 메시지를 전하되, 도마복음 특유의 응축된 언어와 앞선 로기온들과의 상호 연결 속에서 읽을 때 의미가 더욱 분명해진다. 특히 98번의 힘센 자를 베어 내는 장면은 99번에서 예수가 보여 주는 관계의 분별과 직결된다. 곧 문밖에서 예수께 말하려는 자들, 모친과 형제와 자매가 상징하는 바가 무엇이며, 예수는 왜 문밖의 목소리에 응답하지 않고 아버지의 뜻을 행하는 자들을 가족으로 선포하는지, ㄱ 긴장이 핵심이다.

병행구들의 묘사는 모두 한 가지 사실을 강조한다. 예수의 모친과 동생들이 '밖에 섰다'라는 점이다. 이 밖이 단지 물리적 위치를 지시하는 부사를 넘어, 신학적·영성적 경계를 드러내는 말이라는 점이 본문의 해석에서 결정적이다. 마태와 마가는 예수 주변에 둘러앉은 제자들을 향해 예수가 손을 들어 가리키며, 진정한 가족의 범주를 새롭게 규정하는 장면을 전한다. 그리고 도마복음은 이 선언을 '아버지의 나라에 들어갈 자들'이라는 종말론·현존론적 지평으로 연결시키며 가족 개념의 재구성이 단순한 우선순위 변경이 아니라 '나라'의 현실, 곧 지금 여기서 진입과 관련되어 있음을 강조한다.

이때 밖 ἔξω 과 집 οἶκος, 오이코스의 상징은 본문 전체를 관통한다. '오이코스'는 집을 뜻하며, 히브리어로는 '베이트'에 해당한다. 흥미롭게도 베이트 ב 는 경강점 유무에 따라 v 와 b 로 발음의 차이가 난다. 여기서 중요한 것은 '집'이라는 개념이 신학적으로 '거처'를 뜻한다는 점이다. 곧 인간이 머무는 외적 삶의 껍질로서의 집(겉사람의 거처)이 있는가 하면, 빛 י, 요드의 점이 찍히듯 내면에 열리는 또 하나의 집, 즉 속사람의 거처 ב 가 있다는 것이다. 이 상징적 독해는 단순한 알레고리로 치부되기 쉽지만, 본문이 지속적으로 '밖'과 '안'의 대비를 통해 신앙적 위치 변화를 요구한다는 점에서 텍스트 자체의 흐름과 부합한다.

> 라반이 가로되 여호와께 복을 받은 자여 들어오소서 어찌 밖에(יהוה) 섰나이까 내가 방과 약대의 처소를 예비하였나이다(창 24:31)
>
> 그 수소의 고기와 가죽과 똥은 진 밖에서(יהוה) 불사르라 이는 속죄제니라(출 29:14)

예수의 말씀에서 밖에 서서 말하려는 모친과 형제들은 혈연 그 자체의 부정이 아니라, 혈연이 '문밖의 언어', 곧 육신의 의식과 욕망, 기존 관계망의 논리로 작동할 때의 한계를 가리킨다. 예수는 내 아버지의 뜻을 행하는 자들을 가족으로 선언함으로써,

가족의 기준을 혈통에서 소명으로, 육신의 친연성에서 하늘 아버지의 뜻을 향한 순종으로 바꿔 놓는다. 여기서 98번의 칼 비유가 힘을 발한다. 강한 자는 우리의 의식과 삶을 지배하는 선행 권력, 곧 익숙한 관계와 정동, 사회적 의무의 언어, 그리고 그 언어가 휘두르는 설득력과 구속력을 가리킨다. 예수는 이 강한 자를 집 안에서 뽑아 든 칼로 단호히 찌르는 비유로 말한다. 이는 잔혹성이 아니라 분별의 단호함, 즉 문밖의 언어가 문 안으로 끌고 들어오려는 힘을 거부하고, 오히려 문 안의 빛, 아버지의 뜻으로 관계들을 재정렬하는 결단이다. "진 밖에서 불사르라, 이는 속죄제다"출 29:14. 예수는 문밖에 서 있는 모친과 형제와 자매를 단칼에 베어 각을 떠서 속죄 제물로 불사르고 있다.

복음서 전반에서 '밖ἔξω 엑소'은 단지 위치 표시가 아니다. 맛을 잃은 소금이 밖에 버려져 사람들에게 밟히는 이미지, 제자들이 영접되지 않을 때 "그 집이나 성에서 나가 먼지를 떨어버리라"라는 명령, 좋은 것을 그릇첩에 담고 못된 것을 밖으로 내어버리는 장면 등에서 '밖'은 분별과 심판, 그리고 소속의 경계로 기능한다. 요한복음 "또한 아버지께서 내게 주시는 자는 다 내게로 올 것이요, 내게 오는 자를 결코 밖으로 내어쫓지 아니하리라"라는 약속을 통해, 밖/안의 경계를 생명을 가진 소속의 문제로 제시한다. 결국 '밖'은 은총의 결핍이라기보다 은총에 응답하지 않는 위치, 곧 문턱을 넘지 않은 자리다. 반대로 '안'은 지성소의 은유처럼 빛과 하나 되는 자리, 속사람의 집이 서는 곳, 아버지의 뜻이 거처를 삼는 영역이다.

예수는 이미 광야의 시험을 통해 안과 밖의 생생한 경험이 있다. 광야의 시험 서사에서 예수는 성전 밖으로, 성전 꼭대기에 이끌려진다. 마귀는 천하 영광을 모두 줄 테니 뛰어내리라고 시험한다. 예수는 성전 밖의 모든 영광, 세상 임금의 권세를 단칼에 베어 버린다. 하나님은 성전밖에는 존재하지 않는다. 무소부재라는 현란한 언어는 기만적인 언어다. 하나님의 집은 곧 성전 안에 있다. 예수의 하나님은 성전 안에 계신 하나님이다. 성전 밖의 어디에나 계신 하나님이 아니라는 혁명적 선언이 있었음에도, 현재의 종교 교리의 신조로 있는 신은 천하 영광으로 꾀는 '마귀'다. 다수의 종교인이 이것에 현혹되어 있고, 언제나 그들이 주류를 이룬다. 예수는 영원한 비주류다. 주류에 속해 있는 예수는 그러므로 '다른 예수'다.

사도 바울이 말하는 외인밖에 있는 자들 역시 이 맥락으로 이해할 수 있다. '밖에 있는 자들'을 판단하는 권한은 하나님께 속한다. 순례를 하는 사람들은 문 안으로 들어온 이들, 곧 그릇 안에 담긴 좋은 것을 분별하며 질서를 세운다. 이 언어는 도마복음 99에서 예수가 가족 개념을 재정의하는 태도와 상통한다. 외인은 단지 비구성원이 아니라 문밖의 언어를 고수하는 자리다. 그들이 사용하는 말은 대개 타자의 언어, 세속의 관습과 기대의 언어이며, 이 언어는 우리를 문밖으로 유인한다. 상징계의 연쇄적으로 연결된 기표와 기의의 사슬들이다. 혈연의 정서가 "우리가 맺은 미운 정 고운 정이 얼마인데"라는 호소로 문 안의 기준을 흔들 때, 예수의 칼은 이 애매함을 가른다. 사랑의 부정이 아니라 사랑의 재배치, 아버지의 뜻 안에서의 관계 재구성이다.

이에 비추어 보면, 말씀 99의 선포는 두 가지를 동시에 수행한다. 첫째, 문밖에서 말하려는 육신적 친연성의 권능을 상대화한다. 둘째, 문 안으로 들어온 자들을 형제, 자매, 모친이라 부름으로써, 가족의 호칭 자체를 공동체적 순종의 호칭으로 재정의한다. 이는 단순 윤리 교훈이 아니라 실존적 이동의 요구다. 다시 말해, 문밖에서 하나님을 알현하려는 모든 종교적 행위, 육신의 생각으로 풍요를 청하는 기도, 외적 성공을 은총으로 동일시하는 요청 등을 멈추고, 문 안으로 들어와 아버지의 뜻과 하나가 되는 곳에서 관계와 욕망, 언어를 다시 배치하라는 권고다. 타자 자아의 언어에서 존재 자아, 자기 언어로의 전환이다. 거기서 로고스의 대방출이 시작된다.

이 과정에서 경강점요드의 상징은 유력한 설명 틀을 제공한다. 집 베이트 안에 점 하나가 찍힐 때, 집은 단순한 외피가 아니라 빛이 깃드는 내적 거처가 된다. 이때 발음의 변화, 문자적 표기, 그리고 '집 안에 집이 생긴다'라는 설명은 단지 언어유희가 아니라 실제 영성의 변화를 가리키는 도상이다. 성전이 성소와 지성소로 구성되듯, 인간의 내면에도 겉 사람의 집과 속사람의 집이 있다. 예수는 지성소의 빛과 하나 된 자리에서 말하며, 그 빛의 자리에서 가족을 부른다. 그러니 문밖에서 외치는 목소리, 사랑의 명분을 두른 요구, 세상의 임금이 부여한 권세의 언어가 아무리 크다 해도, 그 언어가 문 안의 빛을 대체할 수는 없다. 오히려 십자가 사건과 더불어 세상 임금이 밖으로 내던져지는 순간, 처음 집의 주권은 무너지고, 속사람의 집이 세워진다. 돌 하나도 돌 위에 남지 않는 붕괴를 거쳐, 새로운 거처가 열린다.

결국 99번은 98번과 이어질 뿐 아니라 100번 이후의 로기온들과도 구슬처럼 꿰여 있다. 도마복음이 서사 구조가 전혀 없다는 인상은, 각 로기온의 상호 반향을 따라 읽을 때 자연히 수정된다. 앞뒤 문맥이 제시하는, 말하자면 문 안으로 들어옴의 논리는 곧 "가이사의 것은 가이사에게, 하나님의 것은 하나님께, 그리고 내 것은 내게"라는 주제와도 맞닿는다. "내게 주신 자는 내게로 오고, 내게 오는 자를 결코 밖으로 내어쫓지 않는다"라는 약속과 함께, 소속의 재정렬, '무엇이 누구의 것인가?', '나는 어디에 속해 있는가?'가 선명해진다.

말씀 99가 오늘의 신앙과 종교 실천에 던지는 질문은 간명하다. 나는 문밖에서 외치며 하나님을 끌어내려 하고 있는가, 아니면 문 안으로 들어와 아버지의 뜻 안에서 말하고 있는가. 내 기도와 관계, 결정을 지배하는 언어는 육신의 언어인가, 아니면 빛이 비치는 속사람의 언어인가. 예수의 칼은 우리를 공격하기 위한 무기가 아니라, 우리 안의 혼탁함을 가르는 도구다. 모친·형제·자매라는 귀한 이름이 문밖의 구속력으로 작동할 때, 예수는 그 끈을 단호히 정돈하고, 대신 문 안에서 새 가족을 부른다. 그 부름을 따라 들어갈 때, 비로소 아버지의 나라―그곳에 들어갈 자들의 내 안에서의 공동체가족 구성―가 현실이 된다. 욥기에 등장하는 가족의 재구성과 다를 바 없다.

정리하자면, 말씀 99는 혈연의 부정이 아니라 소속의 재정의이며, 사랑의 단절이 아니라 사랑의 재배치다. 문밖에서 안으로, 겉 사람의 집에서 속사람의 집으로, 세상 임금의 언어에서 아버지 뜻의 언어로 이동하라는 부르심이다. 그리고 그 이동은 한 번의 감상적 결심이 아니라, 98번의 강한 자고관를 베어 내는 결단을 동반한다. 이것이야말로 예수가 선언한 새 가족의 조건, 곧 아버지의 뜻을 행하는 자들이 함께 이루는 거처다. 아버지의 뜻을 행한다는 것이 무엇일까. 도마복음의 다른 곳에서 엿본다면, '알다'5, '찾다'76, 92, 94, '네 형제를 사랑하고 지키라'25 등에서 강조한 것들이 아닐까.

말씀100 십일조와 하나님의 것, 나의 것

100.1 그들은 예수께 금화ⁿᴏʸᴮ 하나를 보여 주며 "카이사르ᴷᴬᴵᶜᴬᴾ`의 사람들이 우리에게 세금 ϣⲱᴹ을 요구합니다."라고 말했다. 100.2 예수께서 그들에게 말했다. "카이사르의 것은 카이사르에게 주고 †, 100.3 하나님ⁿᴼʸᵀᴱ의 것은 하나님께 드리고 †, 100.4 내ᴨⲱᴱᴵ 것은 내게ⁿᴬᴱᴵᴾ 주시오."36)

이 문장은 정경 복음서의 전통적 문맥, "셋돈을 내게 보이라. 이 형상과 글이 누구 것이냐?"라는 질문 이후 "가이사의 것은 가이사에게, 하나님의 것은 하나님께"로 귀결되는 단락과 닿아 있으면서도, 마지막 절 "나의 것은 나에게"를 덧붙여 사유의 방

---

36)100.1 ⲀⲨⲦⲤⲈⲂⲈ ⲒⲤ ⲀⲨⲚⲞⲨⲂ ⲀⲨⲰ ⲠⲈⲬⲀϤ ⲚⲀϤ ` ϪⲈ ⲚⲈⲦⲎⲠ ` ⲀⲔⲀⲒⲤⲀⲢ` ⲤⲈϢⲒⲦⲈ ⲘⲘⲞⲚ ` ⲚⲚϢⲰⲘ` 100.2 ⲠⲈϪⲀϤ ⲚⲀⲨ ϪⲈ † ⲚⲀ ⲔⲀⲒⲤⲀⲢ` ⲚⲔⲀⲒⲤⲀⲢ 100.3 † ⲚⲀ ⲠⲚⲞⲨⲦⲈ ⲘⲠⲚⲞⲨⲦⲈ 100.4 ⲀⲨⲰ ⲠⲈⲦⲈ ⲠⲰⲈⲒ ⲠⲈ ⲘⲀⲦⲚ̄ⲚⲀⲈⲒϤ

항을 한 걸음 더 진전시킨다. 즉 통치 질서와 신적 질서의 구분에 더해, 존재의 귀속, 곧 나의 것이 진정 귀의할 자리임을 명시한다는 점에서 독특하다. 다시 말해 '하나님의 것'은 곧 '나의 것'이라는 선명성은 도마복음이 독자들에게 전해주는 도마복음만의 선물이다.

텍스트 전승과 관련하여 앞부분의 헬라어 조각본옥시링쿠스 파피루스과 콥트어 도마복음의 비교는 중요한 배경을 제공한다. 앞쪽 어록들은 헬라어 조각본과의 대조를 통해 의미 확인이 가능하지만, 후반부는 헬라어 대조본이 부재하여 콥트어 본문에 의존해야 하는 한계가 있다. 그럼에도 정경 복음서의 병행구를 통한 상호주석이 가능하며, 바로 이 지점에서 형상의 논리가 핵심 장치로 기능한다.

화폐에 새겨진 황제의 형상은 정치·세속 질서의 기표요, 창세기의 형상과 모양첼렘과 데무트, צֶלֶם דְּמוּת 은 창조 설화가 담아낸 인간의 희망인 신적 표징이다. 정경 복음서가 이 대조를 통해 가이사의 것은 가이사에게, 하나님의 것은 하나님께라는 구분을 요구한다면, 도마복음 100번은 여기에 '나의 것은 나에게'를 덧붙임으로 '존재의 자기 귀속'을 신적 귀속의 열매로 제시한다.

이 대조를 더욱 선명하게 읽기 위해, 먼저 '가이사의 것'의 의미를 정리할 필요가 있다. 세상은 세금, 권력, 제도라는 장치를 통해 유지된다. 화폐의 형상은 그러한 질서의 주권을 드러낸다. 예수의 응답은 이 질서를 부정하거나 무시하자는 뜻이 아니라, 섞지 말라는 뜻이다. 곧 영역의 혼동을 금하는 요청이다. 정치적/세속적 질서의 합당한 몫은 그 체계 속으로 돌려보내되, 그것이 하나님의 몫을 침범하지 못하게 해야 한다. 문제는 늘 섞임에서 발생한다. 외적 권력과 신적 권위를 혼합하여 거대화하는 이데올로기는, 신앙의 이름으로 세상 임금의 힘을 은폐하고 정당화한다.

창세기의 네피림은 거인으로 묘사된다. 정치권력과 종교권력이 야합하면, 신의 뜻이라는 이름의 절대 권력을 지향한다. 무섭고 두려운 짐승의 형상이다. 시대의 흐름과 역행한다. 거인 네피림은 하나님의 아들들과 사람의 딸들의 결합으로 태어난 존재로 서술된다. 반드시 절대 폭력으로 나아간다. 중세의 암흑시대가 이를 잘 증명하고, 작금의 현실에도 이 유혹에 빠져 있는 종교 일부의 현상이 입증한다. 극우 세력과 밀접하게 연동하고 있는 극우 기독교가 모색하는 바가 네피림 현상이다.

초월 신과 세속 권력 의지가이사의 형상를 기반으로 내달리는 모든 종교 현상은 언제나 파괴적이고 폭력을 수반한다. 천박한 신학과 신인식, 배타성과 선민의식의 특권이 그들 정신의 동력이다. 선민의식은 천민 의식이요, 배타성은 자기 존재의 부재와 결핍만을 역으로 드러낼 뿐이다. 신을 우상으로 세워 놓고 하나님이 자기 편이란다. 일어서서 봉기하자고 선동한다. 전 세계 젊은이들의 의식에 파고드는 극우적 바이러스 현상은 존재의 불안과 '소외'의 곰팡이가 순식간에 번지고 있다는 반증이다.

바벨의 문명엔 치유 인자가 없고, 인문 정신 부재의 그늘에서 피어나는 곰팡이라는 것을 집단 지성이 속히 알아차려야 길을 찾을 수 있다. 양극단은 타도와 배제의 방식으로 치유될 수 있는 게 아니다. 인문의 빛이 환히 비춰야 악성 곰팡이 서식을 줄여 갈 수 있다.

예수는 요한복음의 논쟁에서 이러한 혼합을 단호히 파기한다. 혈연, 민족, 종교적 형식으로 연결된 '바깥'의 아비, 바깥에 세운 절대화된 유대교적 초월신의 탄핵을 선언한다. 바깥의 신에서 안의 신으로 혁명적 전환을 선포한다. 이는 곧 문밖에 있는 것을 문 안에 있는 것과 결별시키는 결단, 즉 가이사의 몫과 하나님의 몫을 홍해가 갈라지듯 가르는 행위다.

이제 하나님의 것을 본다. 창세기의 언어로 말하면, 하나님의 형상과 모양으로 빚어진 존재가 곧 하나님의 것이다. 정경 복음서는 화폐에 그려져 있는 형상을 비유로 이 문제를 드러낸다. 가이사의 화폐에 그려져 있는 가이사의 형상은 가이사에게 돌아가야 한다. 돈 얘기가 아니다. 돈은 단지 비유다. 하나님의 형상은 하나님께로 돌아가야 한다. 아담의 이야기에서 하나님의 형상, 하나님의 것, 십일조 '셋'을 낳기 위한 희생 제물이 가인과 아벨이다. 성서의 이야기가 담고 있는 모든 창조는 결국 하나님의 형상과 모양의 사람으로 수렴된다.

여기서 돌려 드림의 상징이 십일조의 원리다. 십일조는 돈의 십분의 일이 아니라, 본질적으로 하나님의 형상으로 지음 받은 자기를 하나님께 돌려 드림의 표징이다. 이 해석을 도와주는 비유가 열 문둥이 이야기다. 열 사람이 모두 치유를 받았으나, 그 중 단 한 사람만 제사장에게 가서 자신의 몸을 보인다. 아홉은 각기 제 길로 흩어진다. 십분의 일이 하나님께로 귀의하고, 아홉은 바깥으로 흩어진다. 이때 하나의 귀의는 돈이 아니라 존재의 귀속을 뜻한다. 제사장 앞에 드러난 몸은 곧 자신이 하나님께

속했다는 사실을 증언하는 산 징표다.

도마복음은 여기에서 더 나아가 '나의 것은 나에게'를 덧붙인다. 이는 오해되기 쉬운 문장이다. 소유의 언어로 읽으면 자기중심적 선언처럼 들리지만, 문맥은 존재론적 귀속을 가리킨다. 요한복음의 언어로 바꾸면 "아버지께서 내게 주신 자는 다 내게로 올 것이요, 내게 오는 자는 내가 결코 내어쫓지 아니하리라"는 약속과 통한다. 아버지께서 주신 자, 곧 하나님께로 드려진 십일조의 존재가 아들의 것이 되어 아들에게로 온다.

다시 말해, 하나님의 것에 대한 귀의가 곧 '나의 것'의 자리를 비춘다. 이는 외인의 소유가 아니라 내면 성소의 만남이다. 휘장이 찢기듯, 성소와 지성소가 만나는 자리에서 하나님의 것이 나의 것으로 확인된다. 아버지의 것이 곧 내 것이라는 예수의 의식, 아버지께서 일하시니 나도 일한다는 연속성은 바로 이 지점에서 이해될 수 있다. 그러므로 '나의 것은 나에게'는 자아의 독립선언이 아니라, 신적 귀속을 통해 비로소 확인되는 참된 자기의 자리 선언이다.

에덴의 이야기에서 '아벨ヘベル'은 헛됨, 곧 진공眞空의 자각이라면, 아벨의 자리에 다시 태어난 하나님의 형상인 '셋'은 묘유妙有다. 묘유가 하나님의 것이고, 묘유가 십일조고, 묘유가 곧 타자의 손길에서 벗어나 홀로 하나로 태어난 신의 형상인 자기 자신이다. 셋은 아벨의 죽음과 함께 가인이 내어쫓긴 속에서 태어난다.

그렇다면 아벨의 죽음은 진공의 죽음인가. 그렇다. 진공조차도 추구의 대상이 아니다. 진공의 이념조차도 떠난 자리에 묘유가 싹튼다. 여기서 묘妙는 묘할 묘자다. 남성성과 여성성의 합일에서 태어나는 생명 현상이다. 여자가 남자가 되는 비법이 거기서 나온다. 만물의 창조는 내 안의 여성성이자 만물의 어머니인 비나이해가 낳는다. 무명천지시無名天地之始요, 유명만물지모有名萬物之母라. 도덕경 1장에 나오는 이 명문은 카발라의 그림에서 아인과 아인 소프, 아인 소프 오르無名天地之始를 지나 케테르, 호크마, 비나有名萬物之母의 삼각형 그림에 대한 노자 도덕경 버전이다. 판박이와 같다.

비나ᇚ가 브리야ᇚ, 야훼의 창조를 탄생시킨다. 거기서 신의 형상이 조금씩 창조가 시작된다. 말씀 114를 읽어 내기 위한 예비적 탐색이다.

십일조는 존재의 귀의이며, '하나님의 것은 하나님께'의 형상이다. 아홉은 각기 제 길로, 가이사에게 간다. 인생은 상상계와 상징계에서 태어난 아홉은 불태우고쭉정이를 갈라내 불태우고 하나를 얻어 실재계의 존재로 귀의하는 것-십일조요, 하나님의 것이요, 그것이 곧 존재의 자기 자신이다. 그것만이 자신의 것이다. 거기서 나는 길이요, 진리요, 생명이라는 예수의 진언이 내게서 비로소 '아무렴!' 하고 화답과 공명이 이뤄지는 것이다. 나도 나는 내게 길이요, 나만이 내게 진리요, 존재의 나만이 나에게 생명이라고 비로소 말할 수 있다. 자신의 것을 잃고 잊고 사는 현대인들에게 '나의 것은 내게로'라는 존재 구호가 도마복음 100번이 쏘아 올리는 빛의 복음이다.

이 관점에서 십일조의 의미가 갱신된다. 십일조는 돈 얘기가 아니라 존재의 호흡을 뜻한다. 열 중 아홉이 바깥으로 흩어질 때, 하나가 제사장에게로 귀의한다. 그 하나가 곧 성전의 양식이 되고, 제사장이 그것으로 산다. 이 비유 언어를 번역하면, 서로가 서로제사장에게 드려진 존재의 십일조가 곧 우리의 양식이라는 뜻이다. 우리는 외적 혈연·관계·명성으로 호흡하지 않는다. 서로의 내면에서 하나님께 드려진 그 한 조각, 분리와 귀속을 통과한 정결한 몫으로 호흡한다. 이것이 공동체의 참된 양식이며, 멜기세덱의 반차처럼 시작과 끝을 특정할 수 없는 은총의 연쇄다. 그것은 어느 단체의 우두머리인 종주宗主를 시작으로 삼지 않는다. 먼지를 문밖에서 털어내고, 안으로 들어와 숨을 고르는 것—그것이 십일조의 내면적 실현이다. 생명의 누룩이 빵을 부풀리듯, 그대의 가슴과 내 가슴에서 시작되고 또 마친다. 그런 점에서 나는 알파요 오메가다.

여기서 섞지 말라는 경고는, 세속과 성스러움의 경계를 공포로 관리하자는 말이 아니다. 오히려 혼합을 통해 힘을 증폭시키는 종교적 이데올로기를 경계하는 요청이다. 외적 권력가이사의 형상과 신적 이름엘로힘을 혼입한 거대한 종교 비즈니스, 이를 예수는 단칼에 끊어 낸다.

바깥의 신용의 형상은 그 이름이 무엇이든이름에 속지 말자 문밖으로 내보내고, 안의 하나님—너희가 성전임을 깨닫게 하는 깨침—앞에 자신을 드러내는 것, 이것이 '하나님의 것은 하나님께'의 방향이다. 그리고 그 귀속을 통과해 드러나는 나, 아버지께서 주신 자로서 아들에게 오는 자가 곧 '나의 것은 나에게'의 내용이다. 요컨대, 하나님의 것이 내 것이고, 내 것이 나에게 돌아온다. 이 순환은 소유가 아니라 존재의 확인이다.

이른바 하나님의 것은 다 내 것이니, 이 세상의 모든 것은 하나님의 손길 아래 있고, 그것은 하나님의 자녀인 우리 것이다는 식의 천박한 신의식이 아니다. 하나님의 것과 가이사의 것이 홍해처럼 갈라져야 하나님의 것이 곧 나의 것이 분명해진다. 십일조가 하나님의 것이다. 십의 구조는 가이사의 것이다. 아홉 문둥이는 각기 제 길로 간다. 문둥병은 치유되었다. 죄의식은 사라져 해방과 자유의 노래는 부르고 있으나, 각기 제 갈 길로 흩어져 간다. 제사장에게 몸을 보이는 이는 오직 한 사람뿐이었다. 그것이 하나님의 것이고, 내 것이다.

가이사의 것도 하나님의 것이요, 하나님의 것은 내 것이니 모든 게 내 것인가. 네 것도 내 것이고 내 것도 내 것이라는 종교인의 천박한 인식이 오늘 기독교 정신인가. 그런 걸 얘기하는 게 아니다.

도마복음 말씀 100은 이 귀속의 선을 나의 것은 나에게로 더 깊게 안으로 끌어들인다. 하나님께 드려진 그 하나가 아들에게로 오고, 아들은 절대로 내어쫓지 않는다. 외인의 이름과 섞이지 않은 내면의 호흡, 그 분리와 귀속을 통해 비로소 나가 드러나며, 이 나는 곧 하나님의 형상으로 확인된다. 그러므로 가이사의 것은 가이사에게, 하나님의 것은 하나님께, 그리고 나의 것은 나에게라는 세 겹의 명제는, 바깥과 안을 분별하고, 하나님께 드려진 존재가 아들에게 귀의하며, 그 자리에서 참된 자기가 확인되는 길의 구조를 한 문장으로 압축한 선언이라 할 수 있다.

이 구조를 따라갈 때, 신앙은 혼합을 통한 거대화가 아니라 분별과 귀속을 통한 정화이며, 궁극적으로 나의 회복, 아버지의 것이 곧 내 것이 되는 생명의 호흡으로 완성된다. 하나님의 것은 하나님께 드려졌을 때 나의 것은 나에게가 선명해진다. 이때의 나는 바깥의 이름이 아니라, 휘장 너머에서 불어오는 내면의 이름이다.

말씀 101 부모, 미움과 사랑의 딜레마

101.1 [예수께서 말했다], "나와 같이 그의 아버지ϵ[ιωτ와 어머니ⲘⲁⲁⲨ를 미워하지 않는 이는, 나의 제자Ⲙ[ⲁⲐⲎⲦⲎⲤ가 될 수가 없다. 102.2 그리고, 나와 같이 그 아버지와 그 어머니를 사랑하지 않는 이는, 나의 제자가 될 수 없다. 102.3 왜냐하면, 나의 어머니는 (…, 그러나 나의 진실한Ⲙⲉ, true 어머니는 나에게 생명ⲱⲛⳅ을 주었다."37)

말씀 101도 ⲠⲈⲬⲈ ⲒⲤ ⲬⲈ가 없다. 101.3에는 판독이 불가능할 정도로 훼손된 부분이 있고, 이 부분은 괄호 처리한 채 […] 콥트어 텍스트를 제공한다. 단지 해석하는 이들이 맥락을 따라 추

---

37) 101.1 ⲠⲈⲦⲀⲘⲈⲤⲦⲈ ⲠⲈϤⲈⲓ[ⲰⲦ] ` ⲀⲚ ⲘⲚ ⲦⲈϤ`ⲘⲀⲀⲨ ⲚⲦⲀϨⲈ ` ϤⲚⲀϢⲢ̄ Ⲙ[ⲀⲐⲎⲦⲎ ⲤⲚⲀⲈⲒ Ⲁ(Ⲛ) 101.2 ⲀⲨⲰ ⲠⲈⲦⲀⲘⲢⲢⲈ ⲠⲈϤ[ⲈⲒⲰⲦ ⲀⲚ Ⲙ]Ⲛ̄ ⲦⲈϤⲘⲀⲀⲨ ⲚⲦⲀϨⲈ ϤⲚⲀ ϢⲢ̄ Ⲙ[ⲀⲐⲎⲦⲎⲤ ⲚⲀ]ⲈⲒ ⲀⲚ 101.3 ⲦⲀⲘⲀⲀⲨ ⲄⲀⲢ ⲚⲦⲀⲤ[…]ⲞⲖ [ⲦⲀⲘⲀⲀⲨ] ⲆⲈ ⲘⲘⲈ ⲀⲤϮ ⲚⲀⲈⲒ ⲘⲠⲰⲚϨ

론으로 [⋯]을 채워야 한다. 학자들의 다양한 의견이 존재한다.

(1) Layton 의 판은 ⲚⲦⲀⲤ[† ⲚⲀⲈⲒ ⲘⲠϬ]ⲞⲨ '나를 속인'을 조심스럽게 제안한다. (2) Plisch 는 ⲚⲦⲀⲤ[ⲀⲠⲞⲒ ⲀⲤⲂⲞⲨⲦ ⲈⲂ]ⲞⲨ '나를 낳고 파괴한'을 제안한다. (3) DeConick 은 ⲚⲦⲀⲤ[ⲀⲠⲞⲒ †ⲰⲬ ⲈⲂ]ⲞⲨ '나를 낳은 이가 나에게 죽음을 주었다'. (4) 헤드릭의 주석은 조심스럽게 빈칸을 남겨 놓는다. 플리쉬와 데코닉의 제안은 빈칸 채우기에 너무 길다. 코덱스의 훼손된 공간에 들어갈 문자를 추론해야 하기 때문이다.38) 빈칸으로 두고 독자들에게 맡길 수밖에 없다.

이 말씀은 표면적으로 보면 상호 모순되어 이해하기 어려운 역설적인 명제처럼 보인다. 한 문장 안에서 부모를 '미워하라'는 요구와 '사랑하라'는 명령이 섞여 있기 때문이다.

정경 복음에는 제자가 되려면 부모와 본토 친척 아비 집을 버리고 나를 좇아야 한다고 하는가 하면, 부모를 공경하라고 한다. 미워해야 제자가 될 수 있고, 사랑해야 제자가 될 수 있다는 명제의 모순.

그러나 이 두 문장은 각기 다른 차원의 부모, 그리고 자아에 대한 예수의 깊은 통찰을 담고 있으며, 이는 도마복음 전체의 맥락 속에서 비로소 명확한 의미를 찾을 수 있다. 독자가 수많은 해석의 날개를 달아 볼 수 있는 텍스트다.

'누구든지 자기 아버지와 어머니를 미워하지 아니하면 능히 내 제자가 될 수 없다.' 101.1에 있는 '내가 하는 것과 같이'라는 추가 구절은 공관복음서의 병행 구절에는 없다.마 10:37; 눅 14:26.

---

38) <Gathercole S. - The Gospel of Thomas. Introduction and Commentary. p. 566>

무릇 내게 오는 자가 자기 부모와 처자와 형제와 자매와 및 자기 목숨까지 미워하지 아니하면 능히 나의 제자가 되지 못하고, 누구든지 자기 십자가를 지고 나를 좇지 않는 자도 능히 나의 제자가 되지 못하리라 (눅 14:26-27)

말씀 99에서 문밖에 서 있던 어머니와 형제, 자매의 거부 이야기가 있었다고 해서, 즉 생물학적 부모의 거부와 영적 부모의 사랑을 대조하는 것으로 해석하는 것은 대단한 오류다. 예수의 서사에 등장하는 모친과 형제, 자매는 은유다. "누가 내 어머니냐?"고 반문하던 예수는 다른 곳에서는 모친을 바라보면서 "보라, 네 어머니다" 요 19:27라고 하고 제자들에게 어머니를 부탁하는 장면도 나온다. 물론 혈연을 넘어서서 "여자여!" 요 2:4라고 호칭하는 경우도 나온다. 상호 모순되고 충돌하는 듯한 장면들은 독자의 해석 영역이다.

말씀 99에서 예수께서 가족의 요청을 무시하는 부분과 증오의 언어로 표현된 말씀 101은 같은 맥락에서 읽어야 한다. 99보다 101은 더 심화 강화된 표현이다. 무엇을 전하고 싶은 것일까.

'문밖의 부모'와 자아의 초월

첫 번째 문장, "아버지와 어머니를 미워하지 않는 이는 나의 제자가 될 수가 없다"에서 언급되는 '아버지와 어머니'는 우리가 통상적으로 생각하는 육체적 혈연관계의 부모를 의미하지 않는다. 이는 오히려 우리가 세상 속에서 형성하는 '타자 자아'를 상징하며, 이를 가능하게 하는 외부적 요인들을 총칭한다고 볼 수 있다. 정신분석의 관점에서 이 어머니와 아버지를 조명해 볼 수 있다. 초기 유아기, 아이는 어머니의 품 안에서 자신을 세계의 중심이라 여기며 '거울 단계'를 통해 '상상계 Imaginary Order'의 자아를 형성한다. 이는 자기애적 충동에 기반한 자기상으로서, 타자와 자신을 명확히 구분하지 못하는 미분화된 상태의 자아다. 이때 그의 정신은 어머니라는 거울 단계를 통해 태어난다. 상상계의 자아는 어머니가 낳는다. 언제까지나 상상계에 머물 수 없다. 사회화 과정을 통해 아버지가 대변하는 언어와 법의 세계, 즉 '상징계 Symbolic Order'로 진입하게 된다. 아버지가 끌어들인 상징체계에 의해 그의 정신은 새로 구축된다. 아버지는 사회적 규범과 언어를 통해 상징계의 '나'를 낳는다. 그러므로 아버지가 상징계의 정신으로 나를 낳는다. 그러므로 미워해야 할 어머니와 아버지는, 나를 낳고 나를 노예로 만드는 상상계와 상징계의 어머니와 아버지다. 나를 낳고서 나를 파괴하는 존재가 처음 어머니와 아버지다.

그러므로 주석가 중 […]의 부분을 ⲚⲦⲀⲤ[ϯ ⲚⲀⲈⲒ ⲘⲠϬ]ⲞⲖ '나를 속인' 혹은 ⲚⲦⲀⲤ[ⲬⲠⲞⲒ ⲀⲤⲂⲰⲖⲦ ⲈⲂ]ⲞⲖ '나를 낳고 파괴한'의 제안은 매우 유효하게 여겨진다. 나의 해석도 그 같은 맥락에서 읽어야 한다는 점에 전적으로 동의한다.

'상상계'와 '상징계'를 통해 형성된 자아는 본질적으로 '타자에 의해 규정되고 형성된 나', 즉 '문밖의 나'다. 이는 외부의 시선과 기대, 혹은 사회적 역할을 통해 규정된 자아이며, 예수께서 말씀하신 "가이사의 것은 가이사에게" 돌려주어야 할 '가이사의 형상'으로 태어난 나다. 우리가 흔히 '나'라고 인식하는 많은 부분이 사실은 이러한 외부적 요인들에 의해 구축된 '타자 자아'로 난다. 그러므로 미워해야 할 부모, 버려야 할 부모, 떠나야 할 부모는 육신의 혈연관계 부모를 말하는 게 아니다. 상상계와 상징계에 의한 타자 자아의 첫 번째 정신을 낳은 존재 — 그 어머니와 아버지를 떠나야 하고, 미워해야 한다. 정신분석의 관점에서 보면 명료하다. 상상계와 상징계는 내가 그곳에서 태어나고 그곳에서 발을 딛고 있으며, 여전히 상징계의 바다에서 살고 있고 그곳을 떠나지 못하고 있다. 분명한 것은 그곳의 부모가 도적이고 나를 낳고 죽이는, 타자 자아의 부모라는 사실이 선명하게 드러나지 않으면 떠날 수 없다. 그곳에서 아무리 '부모를 공경하라' 한들, 더 깊은 늪이다. 그곳의 부모는 나를 낳고 죽이는, 타자 자아의 부모라는 '현타'가 찾아오기 전에는 그곳을 떠날 수 없다. 문밖에 서 있는 어미요 아비며, 형제요 자매라는 '현실 자각 타임'이 찾아오기 전에는 미워할 수도 떠날 수도 없다. 거기서의 부모 공경은 깊은 늪이다.

예수는 이러한 '타자 자아'에 갇혀, 그것이 전부라고 여기는 상태에서 벗어나야 비로소 참된 제자의 길에 들어설 수 있다고 역설하고 있다. '미워한다'는 것은 단순히 감정적인 적대감을 의미하기보다, 그 자아로부터의 '분리'와 '초월'을 의미한다. 마치 애굽이라는 익숙하지만 속박된 세계를 벗어나 진정한 자유를 찾아 나서는 여정과 같다. '문밖'에 있는 부모, 즉 허상에 가까운 자아를 미워하고 떠나지 않는 한, 우리는 결코 '참된 나'를 발견하고 예수의 제자로서의 새로운 삶을 시작할 수 없다. 바울의 기표에 의하면 여기서의 어머니는 '하갈'이다. 여기에서 아버지는 '아브람'이다. 어머니 하갈과 아버지 아브람은 문밖의 '외인'이다.

'문 안의 부모'와 존재 자아의 회복

두 번째 문장, "아버지와 어머니를 사랑하지 않는 이는 나의 제자가 될 수 없다"라는 첫 번째 문장과 대척점에 서 있는 듯 보이나, 실제로는 '참된 부모'를 통해 '존재 자아'를 회복하는 과정에 대한 선언이다. 여기서 말하는 '아버지와 어머니'는 '문 밖'의 부모와는 근본적으로 다른, '문 안'에 거주하는 존재들이다. 종교적인 기표로는 '지성소'다. 바울의 언어를 빌려 쓰면 참된 어머니와 아버지는 '사라'요 '아브라함'이다. 부모 미움은 하갈과 아브람이라면, 부모 공경의 대상은 '사라와 아브라함'이다. 명료하지 않은가. 하갈은 이스마엘을 낳지만 종으로 낳는다. 이 모두는 우리 정신의 여정에 대한 비유다.

이슬람과 기독교를 대조해서 이 이야기를 읽을 필요가 없다. 역사적 이슬람은 이스마엘이 시조이니, 그들의 관점에서는 매우 불쾌한 읽기다. 단지 비유일 뿐이다. 이슬람을 지칭하는 게 아니라, 우리 정신의 초기 속성을 말하는 것이고, 바울의 해석을 빌려오는 것일 뿐이다. 우리의 정신은 처음에는 하갈의 태에서 태어난다. 두 번째는 사라의 태에서 태어난다. 이것은 성서의 이야기에서 한결같이 드러내려는 것이고, 정신을 분석하는 이들도 같게 파악한다.

예수는 이 두 과제를 몸소 실천(?)한다. 모두 보여 준다. 도마복음의 기록대로 '내가 하는 것과 같이'가 강조하고 싶은 부분이다. 예수께서는 실제로 "누가 내 어머니이며 형제들인가?"라고 질문한다. 예수의 서사에서는 육체의 혈연관계를 부정하는 것처럼 보여 출가의 전통이 생겨나지만, 그것은 오해다. 혈연관계를 부정하려고 이 이야기가 등장하는 게 아니다. 이 같은 이야기를 통해 전하려는 바가 명확하다. 도마복음 101번 말씀의 두 번째 문장은 이러한 '새로운 가족', 즉 영적 차원에서 나를 다시 낳고 길러 주는 '참된 부모'에 대한 사랑을 안내하는 것이다.

이 '참된 아버지'는 우리 내면 가장 깊숙한 곳, 즉 '지성소'에 거하는 본질적인 존재, 신성한 생명의 원천을 의미한다. 이는 '텅 비어 있지만 모든 것을 포함하는' 진공묘유眞空妙有의 자리이며, 이 빛에 의해 비로소 우리는 '새로운 나'로 태어난다. 예수께서 언급하신 '아버지의 나라王國'는 바로 이 '참된 아버지'를 통해 우리의 주권이 회복되고, 타자에 의해 규정되지 않는 독립된 존재로서의 '나'가 펼쳐지는 영토를 상징한다.

그리고 이 '참된 어머니'는 그 '아버지의 씨앗'이 뿌려진 이후, '새로운 나'가 무럭무럭 자라나도록 양육하고 성장시키는 존재를 뜻한다. 참된 어머니 사라는 나를 낳은 생명의 태이며, 내면에서의 사라는 어머니다. 어머니를 공경하는 것이 어떻게 확장될까.

'사라'는 예수의 제자들이 예수를 '예수 되게' 한 것처럼, 우리의 '존재 자아'를 발견하고 그것이 완성되는 과정에 지대한 영향을 미치는 타인 혹은 공동체로 확장할 수 있다. 예를 들어, 예수의 제자들이야말로 예수를 예수되게 한다. "누가 모친이며 형제며 자매냐"라고 반문하며 "하나님의 뜻대로 하는 자가 모친이며 형제요 자매"라고 재설정한 것처럼, 예수의 제자들이 있어서 예수는 예수가 된다. 제자들이 어머니요 형제요 자매다. 비록 예수를 세상 임금 삼으려는 모순과 오류가 가득하지만, 그로 인해 세상 임금 예수는 십자가에 달리고, 예수의 정신이 제자들에게서 꽃핀다. 서로는 서로를 낳는 어머니며, 형제며, 자매인 셈이다. 관계와 인연에서 존재는 언제나 새로 태어난다. 지금, 이 글을 읽고 해석하며 연주할 수 있게 하는 분들이 내게는 '어머니'다. 우리의 영적인 성장을 돕고 진정한 생명을 불어넣는 이들이 바로 '문 안의 어머니'인 것이다. 언제나 나를 새로 태어나게 하는 것은, 그것이 무엇이든 나의 정신을 새로 낳는 어머니요 아버지다. 그들은 우리 안의 생명력을 울리게 하고, 우리가 우리 자신으로 설 수 있도록 지지하며 양육하는 역할을 한다. 그것이 가능하게 하려면, 앞서 우리가 사라의 태에서 구분되어야 하고, 내 안에 만물의 어머니요 창조자인 비나가 나를 낳아야 공동체로 확장할 수 있다.

십계명의 "부모를 공경하라"는 단순히 혈연적 부모에 대한 당위를 넘어선다. 육신의 부모를 공경하는 것은 짐승들도 한다. 십계명 부모 공경은 그 결과 자기 존재의 창조와 맞닿아 있다. 이 '참된 아버지'와 '참된 어머니'로부터 온 '생명의 노래'를 이해하고 그 원리를 따르는 것. 도마복음 말씀 101을 읽으면서 선명해져야 하지 않을까. 육체의 부모를 공경하는 것 그것은 인간의 기본 덕목을 넘어, 우리의 참된 존재를 일깨우고 완성으로 이끄는 근원적 생명 원리를 존중하라는 깊은 의미가 내포된 것이다.

두 문장의 화해: 초월과 성숙을 통한 통합

그러므로 도마복음 101의 두 문장은 서로를 부정하는 것이 아니라, 영적인 성숙의 두 단계를 제시한다. 여기에도 시간이 개입한다. 존재는 시간쩔기과 함께 찾아온다. 첫째, '문밖의 나'를 미워하고 벗어나는 용기 있는 초월의 단계. 타자의 시선과 상징계의 속박에서 벗어나 진정한 '자기'를 찾기 위한 첫걸음. 둘째, '문 안의 나'를 사랑하고 그것을 낳고 기르는 참된 원천과 관계를 맺는 성숙의 단계. 지성소의 아버지로부터 새로운 생명을 얻고, 그 생명을 양육하는 공동체 또는 관계를 통해 온전한 존재로 성장해 나가는 과정이다.

이처럼 도마복음 101번 말씀은 우리에게 자기 성찰과 존재론적 질문을 던진다. '나'는 과연 어디에 속해 있는가? '나'를 낳고 기르는 진정한 부모는 누구인가? 이 질문들을 통해 우리는 외피적인 자아를 넘어선, 우리 존재의 근원적인 실재와 마주하게 된다. 이는 현대 정신분석학과 철학에서도 다루고자 하는 '실재계 The Real'의 영역이며, 도마복음은 이를 명확하고 생생한 '생명의 실제'로 제시하고 있다. 이 말씀은 단순한 종교적 가르침을 넘어, 우리 삶의 본질을 꿰뚫는 귀하고 소중한 통찰을 제공한다. 그녀는 우리에게 생명을 주었다.

II,<49>→

ⲙ̅ⲡⲏⲉⲧⲙ̅ⲙⲁⲩ
96 ⲧⲛⲁϫⲓⲧⲟⲩⲁⲛ ⲛ̄ⲧⲟⲟⲧ︤ϥ︥
    ⲧⲉϩⲉⲥⲓⲛⲉ
    ⲁⲥϫⲓ ⲛ̅ⲟⲩⲕⲟⲩⲉⲓ ⲛ̅ⲥⲁⲉⲓⲣ
    ⲁⲥϩⲟⲡ︤ϥ︥ ϩⲛ̅ ⲟⲩⲛⲟⲉⲓⲛ
    ⲡⲉⲧⲉⲩⲙ̅ⲙⲁⲁϫⲉ ⲙ̅ⲙⲟϥ ⲙⲁⲣⲉϥ
97 ⲡⲉϫⲉ ⲓ︤ⲥ︥ ϫⲉ ⲧⲙⲛ̅ⲧⲉⲣⲟ ⲙ̅ⲡ
    ⲉⲓⲱⲧ ⲉⲥⲧⲛ̅ⲧⲱⲛ ⲉⲟⲩⲥϩⲓⲙⲉ
    ⲉⲥϥⲓ ϩⲁ ⲟⲩϭⲗⲙⲉⲉⲓ ⲉϥⲙⲉϩ
    ⲛ̅ ⲛⲟⲉⲓⲧ ⲉⲥⲙⲟⲟϣⲉ ϩⲓ ⲧⲉ
    ϩⲓⲏ ⲉⲥⲟⲩⲏⲟⲩ ⲁ ⲡⲙⲁⲁϫⲉ ⲙ̅ ⲡϭⲗ
    ⲙⲉⲉⲓ ⲟⲩⲱϭⲡ ⲁⲡⲛⲟⲉⲓⲧ ϣⲟⲩⲟ ⲛ̅ⲥⲱⲥ
    ϩⲓ ⲧⲉϩⲓⲏ ⲛⲉⲥⲥⲟⲟⲩⲛ ⲁⲛ ⲡⲉ ⲛⲉⲥ
    ⲙ̅ⲙⲉ ⲉⲙⲡⲁⲧⲉ ⲥⲡⲱϩ ⲉϩⲣⲁⲓ̈
    ⲉⲡⲉⲥⲏⲉⲓ ⲁⲥⲕⲁ ⲡϭⲗⲙⲉⲉⲓ ⲁⲡⲉⲥⲏⲧ ⲁⲥϩⲉ ⲉⲣⲟϥ ⲉϥ
    ϣⲟⲩⲉⲓⲧ·
98 ⲡⲉϫⲉ ⲓ︤ⲥ︥ ϫⲉ ⲧⲙⲛ̅ⲧⲉⲣⲟ ⲙ̅ⲡⲉⲓⲱⲧ
    ⲉⲥⲧⲛ̅ⲧⲱⲛ ⲉⲩⲣⲱⲙⲉ ⲉϥⲟⲩⲱϣ ⲉⲙⲟⲩ
    ⲟⲩⲧ ⲛ̅ⲟⲩⲣⲱⲙⲉ ⲙ̅ⲙⲉⲅⲓⲥⲧⲁⲛⲟⲥ ⲁϥϣⲱⲗⲙ̅
    ⲛ̅ⲧⲥⲏϥⲉ ϩⲙ̅ ⲡⲉϥⲏⲉⲓ ⲁϥϫⲟⲧ︤ⲥ︥ ⲉⲛⲧⲟϫⲟ
    ϫⲉ ⲕⲁⲥ ⲉϥⲛⲁⲉⲓⲙⲉ ϫⲉ ⲧⲉϥϭⲓϫ ⲛⲁⲧⲱⲕ
    ⲉϩⲟⲩⲛ ⲧⲟⲧⲉ ⲁϥϩⲱⲧ︤ⲃ︥ ⲙ̅ ⲡⲙⲉⲅⲓⲥⲧⲁⲛⲟⲥ
99 ⲡⲉϫⲉ ⲙⲙⲁⲑⲏⲧⲏⲥ ⲛⲁϥ ϫⲉ ⲛⲉⲕⲥⲛⲏⲩ
    ⲙⲛ̅ ⲧⲉⲕⲙⲁⲁⲩ ⲥⲉⲁϩⲉⲣⲁⲧⲟⲩ ϩⲓ ⲡⲥⲁ ⲛ
    ⲃⲟⲗ ⲡⲉϫⲁϥ ⲛⲁⲩ ϫⲉ ⲛⲉⲉⲧⲛ̅ⲛⲉⲉⲓⲙⲁ
    ⲉⲧⲓⲣⲉ ⲙ̅ ⲡⲟⲩⲱϣ ⲙ̅ ⲡⲁⲉⲓⲱⲧ ⲛⲁⲉⲓ ⲛⲉ
    ⲛⲁⲥⲛⲏⲩ ⲙⲛ̅ ⲧⲁⲙⲁⲁⲩ ⲛ̅ⲧⲟⲟⲩ ⲡⲉ ⲉⲧⲛⲁ
    ⲃⲱⲕ ⲉϩⲟⲩⲛ ⲉⲧⲙⲛ̅ⲧⲉⲣⲟ ⲙ̅ ⲡⲁⲉⲓⲱⲧ
100 ⲁⲩⲧⲥⲉⲃⲉ ⲓ︤ⲥ︥ ⲁⲩⲛⲟⲩⲃ ⲁⲩⲱ ⲡⲉϫⲁⲩⲛⲁϥ
    ϫⲉ ⲛⲉⲧⲏⲡ ⲁⲕⲁⲓⲥⲁⲣ ⲥⲉϣⲓⲧⲉ ⲙ̅ⲙⲟⲛ ⲛ̅
    ⲛ̅ϣⲱⲙ ⲡⲉϫⲁϥ ⲛⲁⲩ ϫⲉ ϯ ⲛⲁⲕⲁⲓⲥⲁⲣ
    ⲛ̅ ⲕⲁⲓⲥⲁⲣ ϯ ⲛⲁⲡⲛⲟⲩⲧⲉ ⲙ̅ ⲡⲛⲟⲩⲧⲉ
    ⲁⲩⲱ ⲡⲉⲧⲉ ⲡⲱⲉⲓ ⲡⲉ ⲙⲁ ⲛⲁⲉⲓϥ
101 ⲡⲉⲧⲁⲙⲉⲥⲧⲉ ⲡⲉϥⲉⲓⲱⲧ ⲁⲛ ⲙⲛ̅ ⲧⲉϥ
    ⲙⲁⲁⲩ ⲛ̅ⲧⲁϩⲉ ϥⲛⲁϣ ⲣ̅
    ⲁⲩⲱ ⲡⲉⲧⲁ ⲙ̅ⲣⲣⲉ ⲡⲉϥ
    ⲙⲁⲁⲩ ⲛ̅ⲧⲁϩⲉ ϥⲛⲁϣⲣ̅
    ⲉⲓⲁⲛ ⲧⲁⲙⲁⲁⲩ ⲅⲁⲣ ⲛ̅ⲧ

말씀 102 소 여물통에 누워있는 개

102. 예수께서 말했다. "바리새인들ⲫⲁⲣⲓⲥⲁⲓⲟⲥ에게 화가[ⲟ]ⲩⲟⲉⲓ 있다. 그들은 소ⲉⲥⲟⲟⲩ 여물통ⲟⲩⲟⲛⲉϥ에서 자는 개ⲟⲩϩⲟⲣ와 같다. 그 개는 먹지도 않고 소가 여물 먹는ⲟⲩⲱⲙ 것도 허락[ⲕⲱ하지 않는다."39)

말씀 39.1-2에서도 매우 유사한 내용을 담고 있다. 공관복음 병행구로 마 23:13; 눅 11:52를 참조하라.

화 있을진저 외식하는 서기관들과 바리새인들이여 너희는 천국 문을 사람들 앞에서 닫고 너희도 들어가지 않고 들어가려 하는 자도 들어가지 못하게 하는도다(마 23:13)

---

39) ⲡⲉϫⲉ ⲓⲥ ϫⲉ ⲟ]ⲩⲟⲉⲓ ⲛⲁⲩ ⲙ̅ⲫⲁⲣⲓⲥⲁⲓⲟⲥ ϫⲉ ⲉⲩⲉⲓⲛⲉ [ⲛ̅ⲛ]ⲟⲩⲟⲩϩⲟⲣ ⲉϥ`ⲛ̅ⲕⲟⲧⲕ` ϩⲓϫⲛ̅ ⲡⲟⲩⲟⲛⲉϥ` ⲛ̅ϩ[ⲛ̅ⲛ]ⲉⲥⲟⲟⲩ ϫⲉ ⲟⲩⲧⲉ ϥⲟⲩⲱⲙ ⲁⲛ ⲟⲩⲧⲉ ϥⲕ[ⲱ] ⲁⲛ ⲛ̅ⲛⲉⲥⲟⲟⲩ ⲉⲟⲩⲱⲙ

화 있을진저 너희 율법사여 너희가 지식의 열쇠를 가져가고 너희도 들어가지 않고 또 들어가고자 하는 자도 막았느니라 하시니라(눅 11:52)

말씀 102는 공관복음(마태 23:13, 눅 11:52)과 내용상 유사한 문제를 제기한다. 마태복음에서는 "화 있을진저 외식하는 서기관들과 바리새인들이여"라며 천국에 들어가는 문을 닫는 자들을 책망하고, 누가는 "지식의 열쇠를 가져가고" 사람들의 입장을 막는 자들을 비난한다. 도마복음의 이미지는 이 같은 비판을 보다 직관적이고 시각적인 장면으로 전환한 것으로 볼 수 있다. 즉, 서로 다른 복음 전승들이 동일한 윤리적·신학적 문제, 권위의 독점과 그로 인한 생명의 차단을 반복해서 문제 삼고 있음을 확인하게 된다.

도마복음 102를 다시 읽어보자. 예수는 바리새인들에게 화가 있다고 말한다. 여러 번역본을 보면 이 구절은 대체로 같은 이미지를 중심에 둔다. 바리새인들을 "여물통에 누워 있는 개"에 비유한다는 점이다. 어떤 번역은 "사료 더미 위에 앉은 개"라 하고, 또 다른 번역은 "소의 구유에 드러누운 개"라 한다. 공통된 핵심은 명료하다. 그 개는 자신은 먹지 않으면서, 정작 먹어야 할 소가 먹지 못하게 막는다. 예수는 이 비유로 바리새인의 종교적 태도를 비판하고, 그 태도가 공동체의 생명과 진리를 가로막는다는 점을 날카롭게 지적한다.

이 한 구절은 짧지만 강렬한 이미지를 통해 종교 권위의 문제를 적나라하게 드러낸다. 핵심 비유는 단순하다. 구유는 소가 접근해야 할 자리, 즉 공동체의 생명을 지탱하는 일상적 접속점이다. 소는 생계와 생존에 기여하는 존재로, 구유에서 먹이를 얻어야 노동하고 번식하며 공동체를 지탱한다. 그런데 개가 그 자리를 차지해 드러누워 있다. 개 자신은 그 먹이를 먹지 않으면서 소가 접근하지 못하게 막는다. 이 장면은 권위자들이 실질적 필요를 막는 자리에 앉아 있음을 은유적으로 보여준다. 예수의 "화가 있으리라"라는 선언은 단순한 저주가 아니라 현 상태에 대한 단호한 윤리적·영적 진단이다.

먼저 번역의 뉘앙스를 짚어볼 필요가 있다. '사료'라는 말은 다소 기계적이고 산업화한 느낌을 주어, 본래의 상징을 거칠게 만들 수 있다. 반면 '여물' 혹은 '소먹이'는 전통적 이미지에 가깝고, 구유와의 결합도 자연스럽다. 여물통(구유)은 소가 생존을 위해 반드시 접근해야 하는 자리다. 그런데 개가 그 안에 누워 있다. 개는 그 먹이가 필요하지도 않은데, 자기도 먹지 않고 소도 못 먹게 한다. 이 장면은 단지 비위 상한 장면이 아니라, 종교적 권위가 생명의 양식을 차단하는 구조를 상징적으로 드러낸다. 예수의 "화 있을지어다"라는 표현은 이 차단 행위를 겨냥한다.

여기서 '바리새인'은 특정 역사적 집단을 넘어, 종교 제도나 관념의 수호자라는 유형으로 확장해 읽을 수 있다. 그들은 규범과 교리를 통해 사람들을 길들이고, 그 틀 안에서만 구원과 행복이 가능하다고 설득한다. 말하자면 상징계의 언어, 곧 선악의 지식으로 세계를 재단하고, 그 지식의 열쇠를 자신들이 쥐고 있다고 선언한다. 이 지식은 나름의 질서와 안정감을 준다. 그러나 예수가 문제 삼는 지점은 바로 그 안정감이 실제의 생명, 곧 하나님과의 살아 있는 만남으로 나아가는 길을 막을 때다. 바리새인은 자신들이 제공하는 지식과 규범을 '양식'이라 부르지만, 그것은 여물통을 틀어막는 개의 자세와 다르지 않다. 스스로는 그 생명을 먹지 못하고, 먹을 수도 없고, 남이 먹는 것까지 방해한다.

바리새인은 특정한 유대교 종파를 지칭했지만, 복음서 속 묘사들, 특히 비판적 문맥에서의 묘사는 바리새인을 단순한 역사적 집단을 넘어선 상징으로 만들었다. 즉, '바리새인'은 교리적 권위를 통해 타인을 통제하거나, 외형적 준수에 집착하여 사람들의 내적·공동체적 생명을 막는 모든 태도를 대표하는 유형으로 읽혀야 한다. 규범과 질서는 사회적 안정에 기여하지만, 그것이 권력 유지의 수단으로 변질될 때는 약자와 생명의 통로를 차단하는 기제로 작동한다. 도마복음은 이 구조적 문제를 지적한다: 규범이 생명을 돕지 못할 때 규범 자체가 문제의 일부가 된다.

문헌학적으로 흥미로운 점은 도마복음이 공관복음과 달리 예수의 발언을 비교적 간결하고 직설적으로 남긴다는 것이다. 도마의 많은 말은 비유와 경구 형식으로 존재하며, 여기서도 구유 이미지 하나로 강력한 비판을 전달한다. 공관복음의 서술은 종종 맥락적 서사장면, 반응, 대화 등를 함께 제공하는 반면, 도마는 경구 자체의 농밀함을 통해 독자에게 즉각적 자각을 촉구한다. 이런 형식적 차이는 독자가 받는 인상에도 영향을 미치는데, 도마의 문장은 날카롭고 해부적이며 독자를 그 자리에서 판단하도록 요구한다.

이 비유에는 또 다른 층위가 있다. 상징계의 언어, 즉 선악의 지식은 인간 사회를 조직하고 문명을 유지하는 힘이다. 하지만 그 언어는 언제든지 '가상'을 강화하는 장치로 변할 수 있다. 종교가 이 장치를 이용하면, 사람들은 당장의 실제를 외면하고 미래의 환상에 매달리게 된다. "언제, 누가 온다"라는 날짜 예언이나, "지금은 고난을 견디고 그날을 준비하라"는 조급한 증강현실의 감정은, 결국 현재의 책임과 생명 활동을 마비시킨다. 예수가 가리키는 실제의 먹거리는 지금 여기의 생명, 나눔, 숨 쉬는 삶의 호흡 속에 깃든 하나님이다. 부모와 가족, 공동체와 자원, 일상과 노동을 통해 마주하는 그 실제의 자리에서, 우리는 진리를 먹는다. 그런데 바리새인의 종교는 그 실제를 차단하고, 상징과 가상을 증폭시켜 사람들이 지금의 생명을 놓치게 만든다. 바로 그 차단 행위가 "화로다"이다.

더 나아가, "화 있을지어다"라는 표현은 미래형 경고로 보기보다는, 본문 맥락에서 보면 이미 진행 중인 심판의 선언으로 읽는 편이 타당하다. 그들이 지금의 실제를 막고, 상징과 가상 속에서 자기만족을 누리는 바로 그 상태 자체가 화다. 구유를 막은 개는 소를 굶긴다. 공동체의 생명력이 메말라 간다. 그 과정에서 종교적 권위는 자신을 정당화하기 위해 더 많은 규범과 더 촘촘한 경계를 만들어낸다. 그러나 그 정교함은 생명과 멀어질수록 공허를 키운다. "자기도 먹지 않고 남도 못 먹게 하는" 구조, 이것이 곧 화의 현재형이다.

'화 있을지어다'는 단순히 미래의 저주를 예고하는 말이 아니다. 문맥상, 이 표현은 현재의 상태에 대한 즉각적이고 현실적인 진단이다. 즉, 이미 권위자들이 공동체의 먹거리를 차단하고 있으며, 그 차단 행위 자체가 곧 '화'의 현현이라는 것이다. 예수는 권위의 부당한 독점이 초래하는 결과, 생명의 고갈과 공동체의 약화를 가져온다는 점을 지적하며 그것을 도덕적·영적 재난 수준으로 규정한다. 권위의 목적은 보호와 길 열기여야 하는데, 권위가 스스로를 보존하기 위해 더 많은 규범과 경계를 만든다면 그것은 역으로 공동체를 해치는 힘이 된다.

오늘날에도 비슷한 형태의 문제가 흔히 관찰된다. 특정 집단이나 지도자들이 미래의 보상이나 심판을 과도하게 강조하여 현재의 책임을 회피하도록 만드는 경우가 있다. 예를 들어, 빈곤 문제 앞에서 "믿음만 있으면"이라는 식의 해결 모형은 제도의 실패를 개인의 신앙 부족으로 전가하는 식으로 작동할 수 있다. 또한 일부 종교 기관이 외형적 의식이나 충성 요구에만 집중하면서 공동체 내 약자의 요구를 소홀히 하는 경우도 있다. 이러한 현상은 도마복음이 비판하는 '구유를 막는 행위'와 본질적으로 같다. 진정한 영성은 현실적 연대와 돌봄을 통해 드러난다.

이 지점에서 말씀 101과의 연결도 빛을 발한다. "부모를 미워하지 않으면 내 제자가 될 수 없다"라는 도발적 진술은, 문자적 미움의 선동이 아니라, 상징계의 뿌리 깊은 동일시를 벗어나 실재의 하나님을 사랑하는 우선성을 회복하라는 부름이다. 그런데 바리새인 적 가르침은 오히려 기존 질서의 효孝와 관습을 절대화하며 그 동일시를 강화한다. 결과적으로 제자도의 길, 곧 생명의 자유로 나아가는 길을 더 단단히 봉쇄한다. 예수의 비유에 따르면, 이것이 바로 구유를 틀어막는 행위다. 부모 공경이라는 선한 가치조차, 절대화되고 체제 유지의 수단이 되는 순간, 생명으로 가는 길을 막는 도구가 될 수 있다. 예수는 그 변질을 겨냥해 "이미 화로다"라고 진단한다.

"부모를 미워하지 않으면 내 제자가 될 수 없다" 같은 표현들은 기존의 정체성가족·전통·사회적 동일시을 우선시하는 태도를 재고하고, 새로운 정체성에 대한 우선성을 확보하라는 요구로 읽어야 한다. 바리새인 적 가르침은 종종 전통과 제도의 동일시를 강화함으로써 사람들을 그 틀 안에 고착시키고, 결과적으로 제자가 되어야 할 자유와 사랑의 실천을 봉쇄한다. 예수는 그러한 동일시를 깨뜨리고 진정한 제자의 길, 현실을 사랑하고 돌보는 길로 나아가라고 요구한다.

여물은 구유·소·농경의 이미지와 자연스럽게 맞물린다. 또한 '개'라는 동물 선택도 의미심장하다. 개는 구유의 주인이 아니다. 그곳에서 먹을 이유도 권리도 없다. 그럼에도 자리를 차지하고 통로를 막는다. 종교적 권위가 자신을 생명의 원천인 양 과대평가하며 통제권을 행사하는 장면이 겹친다. 그러므로 예수의 비유는 조롱이 아니라 정확한 해부다. 누가 생명의 자리에 앉아 있고, 누가 그 자리를 점거한 채 가로막고 있는지를 적나라하게 보여 준다.

이 모든 논의를 오늘의 현실로 가져오자. 특정 날짜에 초점을 맞춘 종말론적 열광이나, 현세의 고난을 과도하게 미화하며 일상의 책임을 유예하게 만드는 설교는, 구유를 막는 행위와 닮았다. 지금 여기에서 이루어져야 할 사랑과 정의, 자비와 나눔이 미뤄지고, 사람들은 가상의 시나리오에 몰입한다. 신앙은 실제를 두텁게 만드는 힘이어야 한다. 호흡하듯 자연스럽게, 일상의 관계와 노동과 봉사 속에서 생명을 키우는 힘이어야 한다. 예수가 말한 양식은 바로 그 실제의 자리에서 먹는 생명의 빵이다. 상징의 언어와 교리는 그 빵을 돕는 도구일 뿐, 빵 자체가 아니다. 도구가 목적을 가로막는 순간, 우리는 구유에 드러누운 개가 된다.

교리적 언어의 이중적 성격을 분별해야 한다. 상징과 교리는 공동체의 의미 형성, 정체성 유지, 윤리적 안내에 필수적이다. 그러나 상징계가 현실을 가리거나 현실적 책임을 대체하면 왜곡이 발생한다. 예컨대, 종말론적 선포가 개인과 공동체의 실제적 돌봄을 미루게 만들 수 있다. "언제가 올 것이다"라는 미래 지향적 언어는 현재의 실천을 지연시키는 근거가 될 수 있다. 도마는 오히려 '양식'을 현재의 사랑과 나눔에서 찾을 것을 촉구한다. 교리는 도구여야지 목적이 되어서는 안 된다. 교리가 목적이 되면 교리는 곧 담벼락이며, 그 담벼락은 사람들을 가두고 먹을 것을 차단하는 구실을 한다.

이 비유는 단순한 종교 내부의 문제를 넘어 사회적·정치적 차원에서도 적용 가능하다. 권위가 자기보존을 위해 제도를 설계하고 자원을 독점할 때, 약자들은 먹을 기회를 잃는다. 현대의 관점에서 보면 이 문제는 경제적 불평등, 교육·의료 접근성의 차별, 행정 권력의 남용 등과 연결된다. 즉, '구유를 막은 개'는 종교 지도자뿐 아니라 제도적으로 자원을 독점하거나 분배를 차단하는 모든 행위자관료, 경제적 엘리트, 독점적 기관 등를 가리킬 수 있다. 도마복음의 비유는 그런 구조적 불의에 대해 윤리적 경각심을 일깨운다.

결국 말씀 102는 간명하게 묻는다. 당신의 종교는 실제의 생명을 먹게 하는가, 아니면 길을 막고 있는가? 당신이 말하는 진리의 열쇠는 누군가를 자유롭게 하는가, 아니면 더 단단히 묶는가? 스스로와 공동체가 그 질문 앞에 서야 한다. "화로다"는 먼 미래의 벼락이 아니라, 지금 우리의 구조와 선택 속에서 작동하는 상태 진단이다. 여물통을 비워 소가 먹게 하라. 지식과 규범이 길이 아니라면 비켜서라. 신앙의 권위는 길을 여는 봉사일 때만 정당하다.

따라서 이 구절의 핵심은 셋이다. 첫째, 바리새인의 종교가 생명의 양식을 차단한다는 상징적 비판. 둘째, 상징과 가상의 과도한 증폭이 현재의 실제를 무력화한다는 경고. 셋째, 심판은 미래의 선언이 아니라 현재의 상태라는 자각이다. 이 자각에 서는 순간, 우리는 개가 차지하던 구유를 비워낼 수 있다. 그때 비로소 공동체는 먹고, 자라고, 숨 쉬며, 하나님을 산 자의 하나님으로 만난다. 이 만남이야말로 예수가 가리킨 '생명의 양식'이며, 도마복음이 독자에게 요구하는 결단이다.

신학적으로 말씀 102는 권위의 본질을 묻는다. 권위는 통제와 명령의 기능 외에도 섬김과 길 여는 기능을 가져야 한다. 예수의 가르침 전체는 권위의 전복, 약자의 해방과 구유의 개방을 지향한다. 하나님 나라의 실현은 형식적 준수나 독점적 지식의 소유로 이루어지지 않는다. 그것은 오히려 사람들 사이의 나눔, 돌봄, 그리고 서로를 위한 길을 제거하는 권력 구조의 극복을 통해 드러난다. 도마복음은 이 점을 강하게 상기시킨다. 진정한 신앙은 권력을 휘두르는 것이 아니라 길을 여는 섬김이다.

도마복음 말씀 102는 단순한 비유 이상의 요구를 우리에게 던진다. 그것은 종교적 권위가 사람들의 생명을 차단할 때 발생하는 윤리적·영적 위기를 고발하고, 공동체가 자기반성과 변화를 통해 구유를 비우고 소가 먹을 수 있도록 하라고 촉구한다. 이 메시지는 역사적 바리새인을 넘어서 오늘날의 모든 권위와 제도에 적용될 수 있다. 권위는 길을 여는 봉사로 정당화될 때만 존립할 가치가 있으며, 그렇지 않다면 그것은 언제든 '화'를 초래할 수 있다. 너의 신앙과 공동체는 지금 어디에 앉아 있는가? 너의 '진리의 열쇠'는 사람들을 자유롭게 여는가, 아니면 더 단단히 묶는가? 이 질문 앞에서 솔직해지는 것이 회복의 시작이다.

말씀 103 '도적' 비유의 뜻을 묻다

예수께서 말했다. "도둑들ᴧHCTHC, λῃστής이 어느 시간ᴍᴇƿoc에 올 것을 아는 사람ƿѡᴍᴇ은 복이 있나니ᴍᴀ[ᴋᴀ]ƿɪoc, 그가 일어나ᵀѡoyɴ 자기 나라를 정돈하고ᶜѡoyƧ 그들이 들어오기 전에 허리띠 †ⲡⲉ를 맬 수 있기 때문이다."40)

도마복음 102에서는 "소의 여물통에 누운 개"라는 비유가 나온다. 여기서 개는 바리새인을 가리키는 상징으로, 성스러운 양식십일조에 접근하면서도 실제로는 먹지도 못하고 남도 못 먹게 막는 존재를 풍자한다. 소송아지는 제사장을 상징한다. 자신을 바쳐 타인을 살리는 소명을 지닌 존재라는 뜻이다. 이런 상징 구

---

40) ⲡⲉϫⲉ ⲓ̅ⲥ̅ ϫⲉ ⲟⲩⲙⲁ[ⲕⲁ]ⲣⲓⲟⲥ ⲡⲉ ⲡⲣⲱⲙⲉ ⲡⲁⲉⲓ ⲉⲧⲥⲟⲟⲩ(ⲛ) ϫⲉ ϩ̅[ⲛ̅ ⲁϣ] ⲙ̅ⲙⲉⲣⲟⲥ ⲉⲛⲗⲏⲥⲧⲏⲥ ⲛⲏⲩ ⲉϩⲟⲩ(ⲛ) ϣⲓⲛⲁ [ⲉϥ]ⲛⲁⲧⲱⲟⲩⲛ ` ⲛ̅ϥⲥⲱ[ⲩ̅]ⲟⲩϩ ⲛ̅ⲧⲉϥ `ⲙ̅ⲛ̅ⲧⲉ[ⲣⲟ] ⲁⲩⲱ ⲛ̅ϥⲙⲟⲩⲣ ⲙ̅ⲙⲟϥ ⲉϫⲛ̅ ⲧⲉϥ [ⲁ] ⲧⲡⲉ ϩⲁⲑⲏ ⲉⲙ`ⲡⲁⲧⲟⲩⲉⲓ ⲉϩⲟⲩⲛ

도가 머릿속에 깔린 상태에서 103번의 "도적" 비유가 등장한다.

메로스시간μερος에는 공간적 의미가 더 일반적이지만, 시간적 의미는 공관복음의 병행 구절마 24:43; 눅 12:39과 일치한다. '너희가 아는 바와 같이, 만일 집주인이 밤 몇 경눅 몇 시에 도둑이 올 줄 알았더라면그는 깨어 있어 자기 집에 도둑이 들어오지 못하게 하였으리라.'

본문은 "예수가 말했다. 어느 밤, 어느 때에 도적들이 올 것을 아는 자는 행복하다"로 시작한다. 여기서 '행복하다'는 표현이 헬라어 마카리오스μακάριος 에 해당한다. 우리는 흔히 "복이 있다"로 번역한다. 문제는 '도적이 온다'를 아는 것이 왜 복인가 하는 점이다. 도적이 올 줄 안다면 방비하느라 불안하지 않겠는가? 싸움을 준비하는 게 과연 행복인가? 이런 의문이 자연스럽게 생긴다.

이어지는 문장은 "그는 일어나 기운을 차리고, 도적들이 들기 전에 허리띠를 맬 수 있었기 때문이다"라고 덧붙인다. 얼핏 보면 전투태세처럼 읽히지만, 정말로 물리적 격퇴를 가리키는가? 아니면 내적 준비와 각성을 말하는가? 이 지점이 해석의 관건이다.

> 허리에 띠를 띠고 등불을 켜고 서 있으라. 너희는 마치 그 주인이 혼인집에서 돌아와 문을 두드리면 곧 열어 주려고 기다리는 사람과 같이 되라. 주인이 와서 깨어 있는 것을 보면 그 종들은 복이 있으리로다. 내가 진실로 너희에게 이르노니, 주인이 띠를 띠고 그 종들을 자리에 앉히고 나아와 수종하리라. 주인이 혹 이경에나 혹 삼경에 이르러서도

종들의 이같이 하는 것을 보면 그 종들은 복이 있으리로다. 너희도 아는 바니 집주인이 만일 도적이 어느 때에 이를 줄 알았더면 그 집을 뚫지 못하게 하였으리라. 이러므로 너희도 예비하고 있으라. 생각지 않은 때에 인자가 오리라 하시니라(눅 12:35-40)

복음서 병행구와의 연결: 왜 '도적'인가

이 비유는 공관복음의 경계 권면과 연결될 때 선명해진다. "그날과 그때는 아무도 모른다." "노아의 때와 같이 인자의 임함도 그러하다." 사람들은 먹고 마시고 장가가고 시집가며 일상을 이어가지만, 심판의 때는 예고 없이 덮친다. 노아의 홍수처럼 말이다. 밭에서 일하는 두 사람, 맷돌을 가는 두 사람 중 하나는 데려감을 당하고 다른 하나는 남는다. 핵심은 "깨어 있으라"는 권고다. 도적의 이미지는 바로 '예고 없이, 갑자기' 임하는 성격을 압축한다. 도적은 방문 시간을 미리 알리지 않는다. 그렇기에 이 비유는 "인자의 임함은 특정 시점을 알리지 않는다"라는 사실을 상징한다.

이 맥락에서 "도적이 어느 때에 올 줄 알았다면, 그 집을 뚫지 못하게 했으리라"는 구절이 나온다. 그러나 실제로는 그 때를 모른다. 모른다는 사실이 오히려 메시지의 중심이다. 그래서 표면적 의미를 곧이곧대로 "도적을 막아라"로만 읽으면 비유가 뒤틀린다. 초점은 전투가 아니라 각성이다. 허리띠를 맨다는 말은 내적 준비, 마음의 긴장과 주의, 즉 깨어 있음의 표상이다. 이렇게 해석하게 된 계기는 마카리오스 μακάριος 에서 비롯되었다.

그렇다고 이렇게 해석해야 한다는 게 아니다. 이런 해석의 동의는 동시에 독자 각자의 판단이다. 나는 그렇게 해석되고 이렇게 기록으로 남긴다.

'마카리오스' μακάριος 의 번역 갈등

여기서 번역의 갈등이 발생한다. 어떤 역자는 원문을 따라 "행복하다/복이 있다"를 지키고, 어떤 역자는 "다행이다/운이 좋다"로 완화한다. 이유는 직관적 불일치 때문이다. 도적과 행복이 어울리지 않기 때문이다. 하지만 복음서 전체 맥락에서 보면 복의 이유는 분명하다. '때를 안다'의 복이 아니라, '때를 알 수 없음'을 아는 데서 비롯된 '깨어 있음' 때문이다. 곧 시간을 특정할 수 없음을 아는 자가 복이 있는 자다. 예고 없는 임함 앞에서 마음의 허리를 동이고, 등불에 기름을 준비하며, 방향성을 잃지 않는 자가 복되다.

그러니 어느 때 도적이 올지 아는 자를 문자적으로 시각을 알아맞힌 자로 이해하기보다, "알 수 없음을 알아 늘 준비하는 자"로 읽어야 비유가 자연스럽게 맞물린다. 열 처녀 비유에서 기름을 준비한 다섯이 상징하듯, 준비된 각성의 상태가 바로 복의 실체.

노아의 때: 심판의 급작스러움과 각성의 지향성

노아의 홍수 이야기는 깨닫지 못함과 갑작스러움을 강조한다.

홍수가 도적처럼 덮쳤고, 그제야 사람들이 깨달았다. 이 비유의 날은 이 세대가 지나가기 전에 실현될 사건과 맞물린다. 하늘과 땅이 사라져야 율법도 지나간다. 하늘과 땅은 사라져도^{선악의 나무는 베어져도} 말씀은 사라지지 않는다. 이 확실성에 대한 자각 자체가 깨어 있음이다. 일상을 멈추라는 말이 아니다. 먹고 마시고 일하고 결혼하며 살아가되, 마음의 허리는 늘 동여매고, 의식은 '그분의 임함'을 향해 있어야 한다. 식물이 태양을 향해 잎을 기울이듯, 영혼의 지향성^{프로스 톤 데온} πρὸς τὸν Θεόν이 말씀과 하나님을 향해 있다는 상태, 그것이 깨어 있음이다.

'문밖/문 안'의 역전 비유도 같은 축에 놓인다. 어떤 이들에게 '자기 집 안'이라고 여겨지는 자리^{상상계·상징계의 질서}가 사실은 문밖일 수 있다. 가려진 휘장 바깥에서 안이라 착각하는 것이다. 두드림은 밖에서 안으로만 향하는 단순한 도식이 아니다. 서 있는 자리의 전도 때문에, 안팎이 바뀐다. 줄탁동시의 이미지처럼, 안과 밖에서 동시에 깨뜨려야 한다. 껍질이 여러 겹 벗겨지듯, 의식의 층위가 하나하나 열리며 진짜 안으로 나아간다. 이 여정 역시 깨어 있음의 다른 표현이다.

'도적'과 '신랑': 막으라는가, 맞이하라는가

도적 비유는 '막으라'가 아니라 '깨어 맞이하라'는 역설을 품는다. 신랑은 도적처럼 온다. 예고되지 않기에 허리띠를 동이고 등불을 밝힌다. 막음의 자세는 두려움과 전투의 상상으로 흐르기 쉽다. 그러나 본문의 의도는 방향이 다르다. 임함을 알려고 애쓰는 대신, 임함을 '향해' 사는 일. 시간 계산을 포기하고, 방향을 고정하는 일. 그래서 복은 감정의 쾌락이 아니라 존재의 상태다. 늘 깨어 준비된 존재, 그 지향의 평형 속에 있는 상태가 '마카리오스'다.

부활을 "죽은 자들 가운데서 위로 세워짐"으로 이해하는 관점도 이 맥락과 이어진다. 깨어 있음은 단지 방어적 경계가 아니라, 위로 세워지는 생명성이다. 인자의 임함은 시간표를 공지하지 않는다. 그러나 약속은 있다. 그러니 '언제인지 모름'을 아는 자는 늘 예비한다. 이 준비는 외적 무장보다 내적 각성, 방향의 고정, 마음의 허리띠를 동이는 태도다. 그 태도가 바로 복μακάριος 이다.

정리해 본다.
- 도적은 예고 없는 임함의 표상이다. 핵심은 전투가 아니라 각성이다.
- 복이 있다마카리오스는 '때를 안다'의 복이 아니라, '때를 알 수 없음을 알아 늘 깨어 있는' 존재 상태의 복이다. 때를 알 수 없으나 언제나 '지금'이라는 사실을 동시에 자각한다. 언제든 그를 영접한다. 오소서, 말씀이여 임하소서. 언제든 듣겠나이다.
- 노아의 때처럼 임함은 갑작스럽다. 일상을 살되 마음의 허리는 늘 동여매라. '문밖/문 안'의 역전은 자리를 바꾸라는 것이다. 껍질을 벗기듯 의식의 층위를 통과해 '진짜 안'으로 들어가라. 신랑은 도적같이 온다. 막으라는 것이 아니라, 맞이하도록 준비하라는 뜻이다.

- 밤 어느 때 도적이 올 것을 아는 자는 복이 있다μα[κα]ριος 마카리오스는 말은 시각을 맞춘 자의 운수를 말하는 문장이 아니다. 예고되지 않는 임함 앞에서 "알 수 없음을 아는 지혜"로 늘 깨어 사는 자의 상태를 가리킨다. 그래서 '행복'이라는 번역이 더 어울린다. 다행이나 운보다는, 존재의 방향이 바르게 세워진 상태, 마음의 허리가 동여매진 각성의 평형. 그것이 바로 도마복음 103번이 말하는 복μακάριος이다.

말씀 104 거부된 기도와 금식

104.1 그들이 [예수]께 말하였다. "오늘 기도하고 ϣλΗλ` 금식ΝΗⲤⲦⲈⲨⲈ합시다." 104.2 예수께서 말했다. "내가 무슨 죄를ΝΟΒⲈ 지었는가? 무엇이 부족한가 그들이 승리했는가? 어떻게 패배했습니까? 104.3 그러나 신랑이 신방ΝΥΜΦⲰΝ, νυμφών에서 나오면 금식하고 기도한다."41)

도마복음 104번 말씀을 중심으로 예수의 기도와 금식 가르침을 차분히 살펴보려 한다. 도마복음에는 금식에 관한 말씀이 여

---

41) 104.1 ⲡⲉϫⲁⲩ ⲛ̄[ⲓ]ⲥ̄ ϫⲉ ⲁⲙⲟⲩ ⲛ̄ⲧⲛ̄ϣⲗⲏⲗ` ⲙ̄ⲡⲟⲟⲩ ⲁⲩⲱ ⲛ̄ⲧⲛ̄ⲣ̄ⲛⲏⲥⲧⲉⲩⲉ 104.2 ⲡ ⲉϫⲉ ⲓⲥ̄ ϫⲉ ⲟⲩ ⲅⲁⲣ` ⲡⲉ ⲡⲛⲟⲃⲉ ⲛ̄ⲧⲁⲉⲓⲁⲁϥ` ⲏ ⲛ̄ⲧⲁⲩϫⲣⲟ ⲉⲣⲟⲉⲓ ϩⲛ̄ ⲟⲩ 104.3 ⲁⲗⲗⲁ ϩⲟⲧⲁⲛ ⲉⲣϣⲁⲛ ⲡⲛⲩⲙⲫⲓⲟⲥ ⲉⲓ ⲉⲃⲟⲗ ϩⲙ̄ ⲡⲛⲩⲙⲫⲱⲛ ⲧⲟⲧⲉ ⲙⲁⲣⲟⲩⲛⲏ`ⲥⲧⲉ ⲩⲉ ⲁⲩⲱ ⲙⲁⲣⲟⲩϣ- ⲗⲏⲗ`

러 군데 등장한다. 초반부에서는 "자기 자신을 해하는 금식은 하지 말라"는 취지로, 억지로 육체의 음식을 끊는 행위를 경계한다. 반면 27번 말씀에서는 "이 세상에 대하여 금식하지 않으면 아버지의 나라에 들어갈 수 없다"는 엄중한 경고가 나온다. 겉으로 보기에는 상충하는 두 진술처럼 보이지만, 실제로는 "무엇을 금식할 것인가"를 분별하라는 방향으로 통합된다. 곧 육체의 음식을 끊는 외형적 금식이 아니라 "선악을 알게 하는 지식의 나무 열매"를 양식 삼아 사는 방식을 끊으라는 것이다. 선악 판단과 도덕적 우월감, 관습화된 종교 행위에 의존하는 낡은 삶의 방식을 끊어 내는 금식이 핵심이라는 뜻이다.

이 주제는 도마복음 104번에서도 다시 등장한다. 어떤 이들이 예수께 와서 "함께 기도하고 금식하자"고 제안하자, 예수는 "내가 무슨 죄가 있기에 기도하며, 무엇이 부족하여 금식하느냐"라고 되묻는다. 이 반문은 죄책감이나 부족감 때문에 행위를 덧씌우는 종교적 습관을 겨냥한다. 이어서 예수는 신랑과 신부의 비유를 든다. "신랑이 신부 방에 함께 있을 때 사람들은 금식하거나 기도하지 않는다. 그러나 신랑이 신부 방에서 떠날 때, 그때 단식하고 기도하게 될 것이다."막 2:18-20; 마 9:14-15; 눅 5:33-35 참조

이 말씀이 뜻하는 바는 분명하다. 충만과 임재의 때에는 금식이 필요하지 않다. 그러나 그 충만이 거두어지고 결핍이 찾아올 때 사람은 자연스럽게 금식하고 기도하게 된다. 여기서 금식은 "해야만 한다"는 율법적 명령이라기보다 "그럴 수밖에 없게 되는" 내적 필연의 사건으로 이해된다. 이 대목은 사복음서의

병행 구절과 함께 읽을 때 더 선명해진다. 마태복음 9장 14~17절에서 요한의 제자들이 "우리와 바리새인들은 금식하는데 당신의 제자들은 왜 금식하지 않느냐"고 묻는다. 예수는 "혼인집 손님들이 신랑과 함께 있을 동안에 슬퍼할 수 있느냐. 그러나 신랑을 빼앗길 날이 이르리니, 그때는 금식할 것이다"라고 답한다. 이어 생베 조각을 낡은 옷에 붙이지 말라는 비유와 새 포도주는 새 부대라는 말씀을 덧붙인다. 이 연결은 의미심장하다. 요한의 제자들과 바리새인들이 행하는 금식은 낡은 옷, 묵은 포도주에 해당한다. 그것은 과거 방식, 곧 외형적 절제와 관습화된 경건에 묶인 금식이다. 반대로 예수가 전하는 길은 새 옷과 새 포도주다. 혼인 잔치의 기쁨 속에서 누리는 임재, 생명의 역동이 핵심이며 이때는 금식이 어울리지 않는다. 다만 신랑이 빼앗기는 순간이 올 때, 곧 충만이 거두어지는 결핍의 때가 도래하면 사람은 자연히 금식하게 된다.

도마복음이 말하는 금식은 명령이 아니라 사건이라는 통찰과 맞닿는다. 여기서 신랑-신부 비유는 신앙의 성숙 과정을 드러낸다. 혼인 잔치의 시간은 달콤하다. 그러나 그 달콤함은 끝이 아니다. 오히려 시작이며 견인의 시간이다. 우리는 종종 이 초기의 충만에 집착하고, 오직 이것만이 진짜라며 붙들고 늘어진다. 하지만 그 신랑내가 붙들어 온 예수 이해, 내가 경험한 은혜의 방식은 언젠가 "빼앗긴다". 여기서 빼앗김은 배신이 아니다. 낡아진 표상을 떠나보내고 더 넓고 깊은 실재로 이끌리는 과정이다.

초기에 내게 생명의 떡처럼 달던 가르침이 어느 순간 쥐엄열매처럼 느껴지는 때가 온다. 그때 많은 이들은 당혹과 상실을 겪는다. "왜 예전만 같지 않지?" 그러나 바로 그 결핍이, 선악 판단과 율법적 열심을 먹고 살던 낡은 자아옛 사람를 벗고 더 큰 생명으로 건너가게 하는 통로다. 이때의 금식은 억지로 수행하는 행위가 아니라, 이전 양식이 더는 '양식'이 되지 못할 때 자연스럽게 찾아오는 생의 몸짓이다. 이 과정은 옛 것과 새것의 변증법 속에서 반복된다. 처음에 낡은 옷옛 사람을 벗고 새 옷새 사람을 입었다고 생각하는 순간, 그 새 옷도 시간이 지나면 다시 낡아간다. 한때 생베였던 것이 다른 시점에는 낡은 베가 된다. 그래서 예수는 "생베 조각을 낡은 옷에 덧대지 말라"고 말한다. 옛 것과 새것을 억지로 섞어 봉합하려는 시도는 결국 더 큰 찢어짐을 낳는다. 신앙은 고정된 상태를 완성으로 삼지 않는다. "섰다 생각하는 자는 넘어질까 조심하라"는 말처럼, '이제 알았다.', '이제 완성되었다'라는 확신은 곧 굳어짐, 사물처럼 고착된다는 신호일 수 있다.

깨달음은 고착이 아니라 이동이며, 생명은 정태가 아니라 순환이다. 그래서 혼인 잔치의 기쁨도, 신랑이 떠나는 상실도 모두가 우리를 더 깊은 생명으로 이끄는 리듬이다. 이 리듬 안에서 '세상에 대하여 금식하라'는 요청은 더욱 분명해진다. 여기서 '세상'은 단순히 물질적 삶이나 일상 그 자체가 아니다. 선악의 판단과 도덕적 우월감, 율법적 수행을 통해 자신을 정당화하고 안심시키는 낡은 구조를 가리킨다. 그 구조에 기대 먹고 사는 것을 끊는 것, 곧 그것을 양식 삼지 않는 것이 금식의 핵심이다.

반대로 억지로 음식을 끊으며 자기 학대를 경건으로 포장하는 행위는 경계한다. 그런 금식은 몸을 해칠 뿐만 아니라 오히려 아버지의 나라에 들어가는 길을 가로막기도 한다. 왜냐하면 그것은 여전히 선악의 열매를 형태만 바꿔 섭취하는 방식이기 때문이다. 도마복음과 사복음서는 이 문제에서 충돌하지 않는다. 도마복음이 압축적으로 던진 비유와 질문은 사복음서에서 더 서사적으로 전개된다. 예수의 공생애는 혼인 잔치의 시간으로 묘사된다. 그러나 그 끝은 십자가와 부재의 경험이다. 제자들은 통곡하고 흩어진다. 이때 그들에게 찾아온 금식은 명령의 결과가 아니라 상황 자체가 빚어낸 내적 필연이다. 그리고 바로 그 결핍의 골짜기에서 새로운 이해와 더 깊은 생명이 열린다. 초기의 예수 이해가 깨지고 빼앗기고, 부활의 다른 차원으로 건너가듯 우리의 신앙도 반복해서 낡은 표상을 떠나보내며 성숙한다.

도마복음이 말하는 금식은 두 갈래로 요약된다.

첫째, "하지 말아야 할 금식": 육체를 해치는 율법적 금식, 선악 판단에 자신을 묶어 세우는 낡은 경건.

둘째, "사건으로 찾아오는 금식": 신랑의 부재가 찾아올 때, 이전 양식이 더는 양식이 아니게 될 때 자연스레 시작되는 내적 금식. 이때 금식은 외형적 절제가 목적이 아니라, 낡은 의식의 양식을 끊고 새로운 생명을 맞아들이기 위한 공간 만들기다.

그러므로 우리의 과제는 단순히 금식의 횟수나 방식이 아니다. 무엇을 양식으로 삼아 살아왔는지를 성찰하고, 그것이 더는 생명을 주지 못한다면 담담히 내려놓는 용기다. 혼인 잔치의 달콤함에 머물고자 하는 마음을 이해하면서도, 신랑이 떠나는 상실을 두려움이나 배신으로만 해석하지 않는 통찰이다. 떠남은 유익할 수 있다. 그것이 우리를 더 깊은 자리로 이끄는 길목이기 때문이다. 옛것을 애지중지 붙들고 있으면 새 포도주는 쏟아지고 옷은 더 찢어진다. 반대로 떠나보낼 줄 알면 새 부대는 새 포도주를 온전히 담아낸다.

이 여정은 일회성이 아니다. 새것이 된 줄 알면 다시 낡아지고, 또다시 새로워지는 반복 속에서 신앙은 조금씩 넓어지고 깊어진다. 금식은 그 반복의 문턱에서 우리에게 찾아오는 신호다. 더 이상 유효하지 않은 양식을 끊고, 아직 이름 붙이지 못한 양식을 기다리는 태도, 바로 그 자리가 아버지의 나라를 향한 열린 문이다.

말씀 105 창기의 아들이라는 호칭

예수가 말했다. "아버지와 어머니를 아는 자ⁿᴇⁿᴛᴀ²ᶜᴏʸⱳⁿ ᴨᴇⁱⱳᴛ ᴍ̄ ᴛᴍᴀᴀʸ는 창기의ᵐ̄ᴨᴏᴩⁿᴎ, ἐκ πόρνης 아들ᴨϣᴎᴩᴇ이라 불릴 것이다."[42]

도마복음 105번째 말씀은 매우 짧지만, 그 안에 담긴 의미는 전혀 가볍지 않다. 이 한 문장을 제대로 이해하기 위해서는 앞선 말씀들과의 연결을 살펴볼 필요가 있다. 특히 "나를 본받아 자기의 아버지와 어머니를 미워하지 않는 사람은 내 제자가 될 수 없다"는 구절과, 곧이어 이어지는 "나를 본받아 자기의 아버지와 어머니를 사랑하지 않는 사람은 내 제자가 될 수 없다"는

---

[42] ⲡⲉϫⲉ ⲓⲥ ϫⲉ ⲡⲉⲧⲛⲁⲥⲟⲩⲱⲛ ⲡⲉⲓⲱⲧ ⲙⲛ̄ ⲧⲙⲁⲁⲩ ⲥⲉⲛⲁⲙⲟⲩⲧⲉ ⲉⲣⲟϥ ϫⲉ ⲡϣⲏⲣⲉ ⲙ̄ⲡⲟⲣⲛⲏ

역설적 진술은, 여기서 말하는 '부모'가 단순히 육친의 부모를 뜻하지 않음을 암시한다.

이 대비는 서로 다른 두 종류의 '부모'가 있음을 전제하며, 하나는 미워해야 하고 다른 하나는 사랑해야 한다고 말한다. 결국 관건은 '부모'가 누구인가, 무엇을 가리키는가? 하는 점이다. 이 지점에서 흔히 빠지는 오해가 있다. 어떤 이들은 이 말씀을 문자적으로 받아들여 실제 부모를 미워해야 제자가 된다고 하고, 또 어떤 이들은 반대로 육친의 효를 지나치게 강조하며 신앙의 핵심을 흐리기도 한다. 그러나 본문의 요구는 생물학적 관계가 아니라, 우리 존재가 무엇으로부터 '태어났는가'에 대한 근원적 성찰을 요구한다.

다시 말해 우리의 정신이 어떤 체계와 질서로부터 형성되었는가. 그 상징과 상상, 그리고 그것을 뒷받침하는 권위의 체계가 무엇인가를 묻는 것이다. 이 맥락에서 나는 '상상계의 어머니'와 '상징계의 아버지'라는 도식을 빌려, 우리를 규정해 온 낡은 체계-오래된 신념과 관습의 권위-를 첫 번째 부모하갈과 아브람로 본다. 이때 정신의 존재 상태는 '이스마엘'로 은유된다. 아들이 아니라 종이다. 이 부모는 사랑의 대상이 아니라 넘어야 할 대상, 즉 미워해야 할 대상이다.

왜냐하면 그 체계는 우리를 잠시 보호하는 듯 보이지만 결국 자유로운 생성을 막고, 새로운 생명을 품는 길을 가로막기 때문이다. 그렇다면 두 번째 부모는 누구인가. 이는 종교나 문화의 경계를 넘어 우리 안에서 생명을 낳고 자라게 하는 내적 원리로 이해할 수 있다. 우리는 이 부모를 '참 부모'라 부르며, 예수가

"누가 내 어머니며 누가 내 형제냐"라고 물으며 새롭게 정의했던 그 관계로 읽을 수 있다. 하나님의 뜻을 행하는 자가 곧 형제요 어머니라는 말씀은, 외적 혈연이 아니라 내적 순종과 실천이 관계의 본질을 이룬다는 선언이다. 이때의 어머니는 개인 안에서 깊은 이해와 성찰로 익어가는 '비나'와 같은 차원으로 비유될 수 있다. 지혜가 씨앗처럼 던져지고 이해 속에서 숙성될 때 우리 안에서는 새 생명이 움튼다. 이 생명은 과거에 낡은 권위가 이식한 허구의 정체성이 아니라, 진리와 자유를 향한 존재의 참된 탄생이다. 아브라함 서사에서는 사라와 아브라함과 이삭이다.

이제 다시 105번째 말씀으로 돌아가 보자. "아버지와 어머니를 아는 자는 창녀의 아들이라 불릴 것이다." 여기서 '창녀의 아들'이라는 표현은 자극적인 비난이 아니라 영적 분열 상태를 가리키는 상징으로 읽을 수 있다. 율법과 그리스도를 동시에 남편으로 섬기려는 모순, 서로 다른 권위를 둘 다 절대화하려는 태도는 결국 영혼 안에 분열을 일으킨다. 어느 때는 이전의 질서를 부모로 공경하고, 또 어느 때는 새로운 진리를 부모로 모시려 하면서 마음은 갈라지고 길을 잃는다. 이 모순을 예수는 '음란'이라는 강한 말로 드러낸다. 남편이 둘인 상태가 음란이듯, 부모가 둘이라고 믿는 상태도 음란이다. 왜냐하면 궁극적 근원은 하나이기 때문이다. 낡은 권위와 참된 근원을 동시에 붙들면 결국 어느 쪽에도 진정으로 귀속되지 못하고 분열의 아픔을 겪는다. 이것이 창기의 자녀라는 말이 겨냥하는 영적 상황이다.

그렇다면 해결의 길은 무엇인가. 첫 번째 부모, 곧 우리를 가

두는 낡은 권위와 상상적 동일시는 단호히 떠나야 한다. 이것이 미워해야 할 부모다. 여기에서 '미움'은 감정적 적개심이 아니라 결단과 단절의 언어다. 더 이상 그 질서를 '절대적인 것'으로 삼지 않겠다는 단절의 의지, 내 안에서 새로운 생명을 위한 자리를 비우겠다는 단호함이 찾아온다. 동시에 두 번째 부모, 곧 내면에서 하나님의 뜻을 낳고 키우는 깊은 이해와 순종을 향해 서게 된다. 이것이 사랑해야 할 부모다. 이렇게 부모를 알게 되면 우리는 자신이 지금까지 어떤 자녀였는지를 고백하게 된다. 두 권위를 동시에 붙든 채 분열 속에 살아왔음을, 그래서 '창기의 자녀'처럼 흔들려 왔음을 인정하게 된다.

그러나 이 인정이 끝이 아니다. 바로 그 지점에서 새로운 깨달음이 열린다. 이제 나는 '사람의 아들'임을, 거룩한 곳에서 태어난 생명임을 알게 된다. 참 부모를 만날 때 비로소 참된 탄생이 일어나기 때문이다. 상상계와 상징계에서는 이를 놓고 자신의 정통성을 떠난 사생아요, 아비를 알 수 없는 창기의 아들이라고 부르게 될 것이다. 그들의 의미 체계로는 이해할 수 없기 때문이다. 상징계의 아비 외에 다른 어버이를 알 수 없기 때문이다.

이런 관점에서 보면 105번째 말씀은, 도발적 표현을 통해 근원적인 재정렬을 촉구한다. 무엇이 나를 낳았는가? 나는 어떤 권위를 부모로 모시고 살아왔는가? 그 부모가 나를 자유롭게 했는가, 아니면 구속했는가? 이런 질문 앞에서 우리는 종종 불편함을 느낀다. 왜냐하면 익숙한 질서를 떠난다는 것은 곧 정체성의 지지대를 놓는 일이기 때문이다. 하지만 예수의 초대는 명확하다. 낡은 지지대에 기대어 생명을 소모하지 말고, 내면에서 진리가 빚어내는 새로운 생명으로 서라는 것이다. 그 과정은 때로 가족 간의 오해와 갈등 같은 현실적 고통을 동반하기도 한다. 그러나 그것은 육친을 향한 무례나 파괴가 아니라, 존재의 근원을 재정의하는 영적 이동이여야 한다. 실제 부모에 대한 사랑과 책임은 사람됨의 기초로서 여전히 존중받아야 한다. 다만 그 사랑이 우상이 되지 않도록, 참 부모를 향한 순종 아래에서 제자리를 찾아야 한다. 결국 105번째 말씀이 겨누는 핵심은 '분별'이다. 누구를 미워하고 누구를 사랑할 것인가? 무엇을 떠나고 무엇을 붙들 것인가? 이 분별이 선명해질 때 '창녀의 아들'이라는 규정은 더 이상 우리를 규정하지 못한다.

우리는 자신을 동정하거나 과장되게 죄책감에 빠질 필요가 없다. 분열의 기원을 알아차렸다면 이제는 방향을 돌리면 된다. 첫 번째 부모를 떠나 두 번째 부모에게로, 허구의 권위를 내려놓고 내면에서 익어가는 뜻으로, 그렇게 길을 돌이킬 때 우리는 더는 타인의 시선이나 전통의 관성에 휘둘리지 않고, 조용하지만 단단한 자유의 자리로 나아간다.

요약하자면 "아버지와 어머니를 아는 자는 창녀의 아들이라 불릴 것이다"라는 말은 우리 내면의 분열을 드러내는 경고이자, 참된 근원으로 돌아오라는 권고다. 낡은 권위를 부모로 섬겨 온 습속을 떠나 하나님의 뜻이 우리 안에서 이해와 지혜로 숙성되도록 허락할 때 우리는 비로소 거룩한 곳에서 태어난 '사람의 아들'임을 자각한다. 이때의 공경은 더 이상 외적 규범에 끌려다니는 도덕이 아니라, 생명을 낳는 근원을 향한 사랑과 경외다. 그리고 그 사랑은 우리를 분열에서 통합으로, 혼란에서 평화로 이끈다. 그렇게 우리는 짧은 한 구절 속에서 오래된 자신을 떠나 새로운 자신으로 태어나는 길을 본다. 이 길 위에서 우리는 묻는다. 나는 누구의 자녀인가? 나는 어디에서 태어나고 있는가? 그 질문에 대한 답이 우리를 내일로 이끌 것이다.

말씀 106 둘을 하나로 만들 때
묵언과 단일자

예수가 말했다. "너희가 둘^CNAY을 하나^OYA로 만들 때, 너희는 사람^PWME의 아들들 ^ШHPE이 될 것이다. 그때 너희가 '산아^TOOY, 밖으로^EBOλ 움직여라^ΠWXNE!'라고 말하면 ^XOO, 산이 움직일 것이다."[43]

이 말씀은 공관복음의 여러 곳에서 평행을 이루며^막 11:23; 마 21:21; 참조 17:20, 말씀 48.2의 내용을 상당 부분 반복한다. 예수께서는 "두 사람이 한 집에서 화평을 이루면 산더러 '옮겨져라.' 하면 옮겨질 것이다"라고 말했다^말씀 48.2. 다른 번역은 이렇게 전한다. 너희가 두 사람을 하나로 만들면 사람의 아들들이 될 것이며, 산에게 멀리 옮겨 가라고 명령하면 그 산이 옮겨 갈 것이

---

[43] 106.1 ΠЄϪЄ ΙС ϪЄ ϨΟΤΑΝ ЄΤЄΤÑШΑΡ ΠСΝΑΥ ΟΥΑ ΤЄΤΝΑШΩΠЄ ÑШΗΡЄ ΜΠΡΩΜЄ 106.2 ΑΥΩ ЄΤЄΤÑШΑΝ`ϪΟΟС ϪЄ ΠΤΟΟΥ ΠΩΩΝЄ ЄΒΟλ` ϤΝΑΠΩΩΝЄ

다. 또 다른 번역은 말한다. 너희가 둘을 하나로 만들면 인자가 되리니, 산에게 "여기서 움직여라"라고 말하면 산이 움직일 것이다. 여기서 핵심은 산이 무엇이며, 둘을 하나로 만든다는 뜻이 무엇인가다. 결국 요점은 둘을 하나로 만드는 것이다. 도마복음은 일관되게 둘을 말해 왔다. 이 복음이 쌍둥이의 복음이라 불렸던 이유도 같다.

앞선 105 말씀에도 '둘'이 등장한다. 이를 설명하기 위해 부모를 예로 들었다. 첫째 부모와 둘째 부모가 있다. 첫째 부모는 미워해야 제자가 되고, 둘째 부모는 사랑해야 제자가 된다고 했다. 여기서 첫째 부모를 미워한다는 것은, 그 세계에 예속된 타자 자아의 삶에서 벗어나는 것을 뜻한다. 첫째 부모를 미워하지 못하고 그곳에 머물면 결국 자기 자신으로 살 수 없다. 그 세계를 떠나는 행위는 상상계 상징계로부터의 분리이며, 비록 상징계 안에 있더라도 분리되어 홀로 있음, 즉 단독자싱글원로 서는 일이다. 골방에 들어가듯 그 세계에서 분리되어 하나의 '나'로 서게 되는 것이다. 여기를 떠나지 못한 채 이리저리 휘둘리는 말은 나의 말이 아니다. 그것은 타자의 언어, 상징계의 언어일 뿐이다. 그로부터 분리되어 고독한 자가 된다. 단독자가 되기 전, 먼저 고독자가 된다.

그들로부터 추방되었다기보다 내가 스스로 그들로부터 이탈하는 것이다. 그리고 비로소 혼자가 된다. 이때 처음 시작되는 나의 말은 더듬거리는 말이다. 이전의 유창함은 사라지고 내 말은 어눌하다. 왜냐하면 그 세계의 언어를 금식하기 시작하기 때문이다. 언어를 끊는 일이 시작되는 것이다. 이 금식의 징표가 바로 침묵이다. 이전 유창한 말이 내게서 떠나가야 하기에 한동안 할 말이 없어지게 된다. 그 할 말 없음이 바로 침묵이다. 침묵은 웅변보다 크고, 금보다 값지다. 침묵은 이 세계를 떠나는 과정이며, 내 말이 시작될 토대를 마련하기 때문이다. 이때는 글을 쓰지 않는 것이 좋다. 쓰기 시작하면 예전의 문장과 타인의 언어를 흉내 내기 쉽기 때문이다. 그 모방이 드러나면 더는 그 말로 말할 수 없다.

그래서 우리는 침묵으로 들어간다. 침묵이 위대한 까닭이 여기에 있다. 누가복음의 한 장면을 떠올릴 수 있다. 예수보다 여섯 달 먼저 잉태된 요한의 아버지 사가랴는 이상을 보고 말을 잃는다. 새로 태어날 거룩한 생명을 보는 순간, 이전의 언어가 끊어지는 체험을 하게 된다는 뜻이다. 미워해야 할 첫째 부모에게서 배운, 너무도 익숙한 그 언어를 끊어 내는 과정, 곧 벙어리같아지는 침묵의 시간이 우리에게 찾아온다. 앞에서 말한 '금식'이 바로 이것이다. 이 침묵의 세계에 억지로 들어가려 애쓸 필요는 없다. 침묵은 어느 순간 우리에게 찾아온다. 순례자라면 누구나 맞이하게 되는 과정이다.

성서는, 도마복음은 그런 점에서 수태를 알리는 수태고지의 책이다. 침묵의 시기는 듣기의 시기이기도 하다. 수태의 시간이다. 위대한 침묵은 단지 말이 없다는 뜻이 아니라, 비로소 듣기가 시작되었다는 증거다. 들은 것을 곧장 말하려 하면 예전의 말이 튀어나와 엉키기 마련이라 침묵할 수밖에 없다. 새롭게 보고 듣는 바를 혀가 아직 전달하지 못하기 때문이다. 이때 무리해서 말하게 되면 의도한 말이 나오지 않는다. "어… 이게 아닌대" 하며 더듬게 된다. 상징적인 여섯 달이 지나면 그제야 입이 조금씩 풀리기 시작한다. 자기 말하기와 쓰기가 시작된다. 글쓰기는 이때 시작해야 한다. 그때 사람은 시인이 되고, 작가가 되며, 자기 세계가 열린다.

도마복음 106은 이를 산을 옮기는 일로 비유한다. 산은 안에서 밖으로ΕΒΟΛ outward 옮기는 것이다. 안에는 수미산보다 더 높아진 타자의 산이 진을 치고 있다. 침묵은 산을 옮기는 과정이다. 상상계와 상징계의 세계가 쌓아 올린, 넘을 수 없을 듯한 높은 산을 깎아 옮기는 일이다. 우리 앞을 가로막는 장벽, 곧 음란에서 태어난 존재론적 굴레 같은 것들이다. 오늘날 굴착기가 산을 깎아 골짜기를 메우듯, 높은 산을 낮추고 골짜기를 메우는 일, 성서가 말한 그 길 평탄화가 바로 금식과 침묵, 묵언의 과정이다.

이것은 결심한다고 되는 게 아니라, 때가 되면 우리에게 찾아온다. 그래서 위대한 일이다. 종교는 이를 수행법으로 도구화한다. 붕어빵에 붕어가 없듯, 묵언 정진 수행에는 침묵의 모방만 있을 뿐 묵언이 없다. 묵언 정진 수행으로 '묵언'을 대체할 수 없다. 그저 그렇게라도 해 볼 뿐이다. 이러한 묵언의 길을 지나면 드디어 둘이 하나가 된다. 높아진 것과 깊어진 것, 일(1)과 이(2)가 하나가 된다. 고독과 침묵, 홀로임을 지나 '싱글 원'으로 나아간다. 쌍둥이로 남지 않고 온전한 하나가 된다. 이스마엘과 이삭, 야곱과 에서의 반목을 지나 얍복 강의 화해처럼, 자유와 사랑이 하나가 된다. 산을 옮겨 바다를 메우듯, 마침내 이원성이 극복되고 하나가 된다. 이 과정을 통과한 이를 성서는 '사람의 아들'이라 부른다. 둘을 하나로 만들면 비로소 '사람의 아들'이 된다. 곧 신적인 말, 신언神言이 시작되고 신언은 신언信言이 된다. 로고스의 말, 믿을 만한 말이 입에서 흘러나온다.

벙어리 같은 침묵을 거쳐, 자기의 말이 시작되는 것이 구원의 서정이다. 모든 나라와 언어에 복음이 전해진다는 말의 깊은 뜻도 여기에 있다. 앞선 금식104의 가르침과 지금의 말씀은 이렇게 한 줄로 이어진다. 105번 '창기의 아들'이라는 말도 "네 족보가 누구냐? 네 아비가 누구냐?"라는 물음에서 듣게 되는 소리다. 밖의 아버지는 아버지가 아니다. 그런 점에서는 족보도 없고 시작도 없다. 거기서 '사람의 아들'은 멜기세덱의 반차에 속하게 된다. 우리는 도마복음을 구슬처럼 꿰어 읽고 있으며, 모든 말이 결국 하나로 수렴됨을 보게 된다.

말씀 107 아흔아홉보다 한 마리 양

예수가 말했다. "그 나라ᴹᴺ̄ᵀᴱᴾᴼ는 백 마리 ϣε 양ᴱᶜᴼᴼʸ을 가진 목자 ϣωc와 같다. 그 양 중 가장 소중한ᴺᴼᴳ, ᵍʳᵉᵃᵗ 한 마리가 길을 잃었다. 목자는 다른 아흔아홉 마리를 남겨두고 그 한 마리를 찾았다. 고생 끝에 그 양을 찾아내자, 목자는 양에게 말했다. 나는 너를 다른 아흔아홉보다ᴨᴀᴘᴀ ᴨᴄᴛᴇϥⁱᵀ 더 사랑한다.ᴼʸωϣ, ʷⁱˢʰ, ᵈᵉˢⁱʳᵉ, ˡᵒᵛᵉ"44)

여기서 '가장 중요한'이라고 번역된 것은 'ᴺᴼᴳ'에 해낭한다. 목자는 다른 아흔아홉 마리를 뒤로하고 길 잃은 중요한 양 한 마리를 찾아 나선 것이다. 이 '잃은 양' 이야기는 마태복음과 누

---

44)107.1 ⲡⲉϫⲉ ⲓ̄ⲥ̄ ϫⲉ ⲧⲙⲛ̄ⲧⲉⲣⲟ ⲉⲥⲧⲛ̄ⲧⲱ(ⲛ) ⲉⲩⲣⲱⲙⲉ ⲛ̄ϣⲱⲥ ⲉⲩⲛ̄ⲧⲁϥ ⲙ̄ⲙⲁⲩ ⲛ̄ϣⲉ ⲉ ⲛ̄ⲉⲥⲟⲟⲩ 107.2 ⲁⲟⲩⲁ ⲛ̄ϩⲏⲧⲟⲩ ⲥⲱⲣⲙ̄ ⲉⲡⲛⲟϭ ⲡⲉ ⲁϥⲕⲱ ⲙ̄ⲡⲥⲧⲉϥⲓⲧ ⲁϥϣⲓⲛⲉ ⲛ̄ⲥⲁ ⲡⲓⲟⲩⲁ ϣⲁⲛⲧⲉϥϭⲉ ⲉⲣⲟϥ 107.3 ⲛ̄ⲧⲁⲣⲉϥϩⲓⲥⲉ ⲡⲉϫⲁϥ ⲙ̄ⲡⲉⲥⲟ[ⲩ]ⲟ'ⲩ' ϫⲉ ϯⲟⲩⲟϣⲕ̄ ⲡⲁⲣⲁ ⲡⲥⲧⲉϥⲓⲧ

가복음에도 등장하지만마 18:12~14; 눅 15:3~7 참조 도마복음의 내용과는 차이가 있다. 말씀 8, 76도 참고할 필요가 있다.

그렇다면 도마복음에서 언급된 아흔아홉 마리와 한 마리중 가장 중요한 한 마리는 무엇을 의미할까? 바로 '나'다. 길이 되고, 진리가 되고, 생명이 되는 나를 잃어버렸다는 것이다. 이것이 가장 중요한 부분이며, 내면의 왕국을 완성하는 열쇠다. 아흔아홉 마리는 잠시 제쳐 두고, 이 한 마리를 더욱 사랑한다고 표현하고 있다. 한 마리는 진정한 주이상스쾌락, desire의 대상이요 주체다.

이는 표면적으로 아흔아홉 마리에게 소홀해 보이는 언급일 수 있다. 그러나 '자기 자신'이라는 가장 소중한 한 마리가 비로소 아흔아홉을 완성한다. 아흔아홉 마리가 완전해지는 것은 이 한 마리에 의해 가능하며, 백이라는 온전한 숫자가 됨으로써 의의 나라가 완성된다. 아흔아홉이 하찮게 묘사된 듯 보이나, 그들이 완성되려면 이 '나'가 판타모든 것가 되어야 한다. '나는 만유다!'라고 선언하는 것이다. 이 나가 아흔아홉을 비로소 만유로 만든다. 그를 일컬어 성서는 '옳다義'고 표현한다.

그 '나'는 무엇인가? 여러분 각자 안에 있는 그 나는 여러분의 생명이고 길이며 진리이다. 이 나가 곧 한 마리의 양이며, 이것이 드러나는 것은 내 안에 감추어져 있던 나가 드러나는 과정이다. 그 소중한 양을 찾는 것이 곧 나가 드러나고 계시되는 것이다. 감추어져 있던 '나'가 밝히 드러나는 것, 비로소 알려지는 것이다. 이는 잃어버린 드라크마를 찾고, 아흔아홉 마리보다 한 마리 양을 찾아내는 것과 같은 이치다. 내가 나에게 길임을 믿고, 그와 같은 그의 믿음이 내게 찾아와 내가 나에게 길임을 알게 되면, 더 이상 타인의 시선을 의식하거나 위축되거나 주저하지 않는다. 어떠한 외부의 영향도 받지 않고 당당하게 살아가게 된다. 이것은 기쁨이나 당당함 같은 단어로는 형용할 수 없는, '이것이 바로 내가 살아가는 삶의 길이다! 옳다!'라는 옳음의 향기가 솟아나는 순간이다. 이때 드러나는 것이 바로 '디카이오쉬네'이며, 나는 이를 '의정義情'으로 번역한다. 우정이나 모정과 부정이 꽃피는 것과 같다는 뜻에서 '의정義情'이라는 번역어를 가져왔다.

다른 아흔아홉 마리는 무엇을 의미할까? 도마복음의 흐름을 보면, '하나님 나라는 어부가 그물을 던져 물고기를 잡은 것과 같다'는 비유가 있다. 그물이 찢어질 정도로 많은 물고기가 잡혔으나, 어부는 그중 큰 물고기 한 마리만 건져내고 나머지는 다 버렸다고 한다. 좋은 물고기만 그릇에 담았다고 말한다. 여기서 아흔아홉 마리보다 '더 사랑한다'라고 언급된 '이 큰 양'이 바로 진정한 양이다. "내 양을 치라, 내 양을 먹여라. 네가 나를 사랑하느냐? 내 양을 먹여라, 내 양을 치라." 우리는 무엇을 먹여야 할까?

아흔아홉 마리는 우리가 굳이 돌보려 하지 않아도 된다. 그동안으로 충분하다. 아흔아홉은 요한복음에서 "여기까지는 너희가 나를 따랐으나, 지금부터는 나의 가는 길을 너희가 알지 못한다"라고 할 때 '지금까지 따라온 것'을 상징한다. 베드로가 그물을 내던지고 예수에게 "당신을 위해 목숨을 바치겠습니다!"라고 하며 따라온 것이 바로 '아흔아홉'이다. 그 아흔아홉은 버려져야 한다. 그물에 잡힌 작은 물고기가 버려지듯이 버려지는 것이다. 그러나 여기서 그 아흔아홉, 즉 율법의 세계에서 우리가 방황하며 혼란스럽게 살았던 그 삶이 어디서 완성되는가? 요한복음 21장에 이르러서야 베드로는 예수의 그 길을 깨닫게 된다.

"나는 무엇이다? 나는 길이다, 진리다, 생명이다!" 이미 앞에서 이 이야기를 했지만, 비로소 이 큰 물고기, 큰 양을 21장에서 만나고 찾고 건져 올리게 되는 것이다. 그때 작은 물고기들을 모두 버리는 것을 통하여 작은 물고기 아흔아홉 마리가 완성된다. 이것이 부활이 된다. 그러므로 아흔아홉은 결코 하찮은 것이 아니다. "아흔아홉보다 더 사랑한다"로 서술되어 있다. 당연하다. "네가 나를 위해 목숨을 바친다고? 어리석은 소리! 네가 닭 울기 전에 세 번 나를 부인하리라" 하시며 그를 받아들이지 않고 그물 밖으로 내던지며 하찮게 여긴 것은, 한 마리 양을 더 소중히 여겼기 때문이다. 그러나 그것을 거절하고 버렸을 때, 그때까지는 모든 것이 홍해처럼 둘로 나뉘어 있었다. 그런데 이 한 마리 양으로 인해 아흔아홉이 다시 하나가 된다. 그것 또한 생명으로 살아난다. 무엇 때문에? 바로 하나 때문에! 그리하여 율법의 시대와 복음의 시대가 더 이상 구분되지 않는다.

이 복음으로 인하여 율법의 본질이 몽학 선생의 역할이었음을 깨닫고, 그 고단했던 삶과 수고를 포용하게 된다. 때로는 그물 밖으로 내던지기도 한다. 부정해야 할 때는 부정하고, 버려야 할 때는 버리지 않을 수 없다. 그러나 한 마리를 찾기 위해 모든 것을 부정하고 나면, 그 모든 것이 둘이 아니라 하나임을 깨닫게 되는 것이 도마복음에서 끊임없이 반복하여 말하고자 하는 감추어진 세계이다.

도마복음은 그런 책이다. "나는 너를 다른 아흔아홉보다 더 사랑한다"라는 것은 아흔아홉에 집착하던 마음을 단번에 끊어 내는 결정적인 순간인 것이다. 확실하게 단절시키는 시점이다. 마태복음 18장 12절~14절에는 이렇게 기록되어 있다. "너희 생각에는 어떠한가? 만일 어떤 사람에게 양 백 마리가 있는데, 그 중 하나가 길을 잃으면 그 아흔아홉 마리를 산에 두고 가서 길 잃은 양을 찾지 않겠는가? 진실로 너희에게 이르노니, 만일 찾으면 길을 잃지 아니한 아흔아홉 마리보다 이것을 더 기뻐하리라. 이와 같이" 이어서 "소자 중 하나라도 잃는 것은 하늘에 계신 너희 아버지의 뜻이 아니니라"라고 말한다.

'소자小子'는 어린아이를 의미하며 얼핏 약자로 보일 수 있다. 그러나 도마복음과 연결하면 어린아이는 곧 '산 자'를 뜻한다. "때가 찬 노인은 어린아이에게 생명의 처소 묻기를 주저하지 말라"는 말씀과 같이, 이 '소자 중 하나라도 잃는 것은 하늘에 계신 너희 아버지의 뜻이 아니니라'는 말씀은 사회적으로 약자를 버리지 않으려는 보편적인 원리를 보여 주는 듯하다. 이는 도마복음 백일곱 번째 말씀과는 뉘앙스가 다른 듯 보인다. 누가복음을 보면 더욱 그러하다. 누가복음의 뉘앙스는 마태복음과도 또 다르다. "예수께서 그들에게 이 비유로 말씀하시되, 너희 중에 어떤 사람이 양 백 마리가 있는데 그중 하나를 잃으면…" 여기서 '잃으면'이라는 것은 '진정으로 중요한 것을 내가 놓치고 있었다'라는 큰 자각이 찾아왔을 때 비로소 성립된다.

그전에는 잃었는지조차 알지 못한다. 장롱 밑에 드라크마 하나가 떨어져 있어도, 장롱을 치우다 우연히 발견하기 전까지는 잃어버린 줄 모르는 것과 같다. 인생도 이 '자신'을 잃어버렸는 지조차 모르고 살아간다. 그러나 '하나를 잃었다'라는 서술은 비로소 '아, 내가 중요한 것을 잊고 아흔아홉에 매몰되어 살았구나'라는 큰 자각이 찾아왔음을 의미한다. 이러한 이야기 속에서 우리는 그 의미를 읽어내야 한다.

'회개할 것 없는 의인 아흔아홉'이란 바리새인들을 일컫는 것으로, 그들은 스스로를 옳다고, 회개할 필요가 없는 의인이라고 여겼다. 이들과의 대화에서 나오는 이야기인 것이다. 그러므로 회개할 필요 없는 의인 아흔아홉보다 죄인 하나가 회개할 때 하늘에서 더 기뻐한다고 말하고 있다. 이는 도마복음의 어조와 다르게 느껴질 수도 있다. 누가와 마태는 동일한 이야기를 놓고도 각자의 공동체에서 이야기가 변형되어 나타나는 경우가 있다.

그렇다고 해서 어느 한쪽이 '틀렸다'고 할 수는 없다. 도마복음이 틀린 것일까? 마태복음이나 누가복음과 다르다고 해서 틀린 것이 아니다. 판소리 춘향전의 묘사 방식이 스승마다 다르고, 경기민요 창부타령 역시 소리꾼마다 그 맛이 다르듯이, 이야기도 전수되는 과정에서 변형될 수 있다. 이를 이야기의 묘미라고 할 수 있다. '일점일획도 틀려서는 안 된다'는 강박에 갇혀 어느 텍스트가 진짜인지 논쟁할 필요는 없다. 도마복음 로기온 107번째 말씀의 해석이 우리 안에 확고히 자리 잡는다면, 마태복음이나 누가복음 식으로 표현되는 외부 원리에도 전혀 불편을 느끼지 않을 것이다.

각 복음서는 서로를 보완해 준다. 잃은 양 비유에서 도마복음이 더 원형적인 텍스트를 담고 있다는 의견에 공감한다.

말씀 108 그는 나와 같이 나는 그와 같이

108.1 예수께서 말했다. "내 입ᵀᵃⁿᵖᵒ에서 나오는 것을 마시는ᵀᵃˢᵉ 자는 나와 같이 될 것이다. 108.2 내가 그와 같이 될 것이요 †ⁿᵃⱲⱲⁿᵉ ᵉⁿᵀᵒᑫ ⁿᵉ, 108.3 숨겨진ᴴⁿ 것들이 그에게 드러날ᵒʸⱲⁿˢ 것이다."⁴⁵⁾

이 말씀은 서론과 로기온 1의 흐름과도 연결된다. "감추어진 것, 숨겨진 것을 해석하여 발견하는 자는 죽음을 맛보지 않는다"라는 주제와 맞물려, 숨겨진 것이 드러나는 변화의 순간을 가리킨다.

먼저 "나의 입으로부터 마신다"는 표현은 직역하면 낯설게 들릴 수 있다. 일상적으로 우리는 잔으로 마신다고 말한다. 그러

---

45)108.1 ⲡⲉϫⲉ ⲓⲥ ϫⲉ ⲡⲉⲧⲁⲥⲱ ⲉⲃⲟⲗ ϩⲛ ⲧⲁⲧⲁⲡⲣⲟ ϥⲛⲁϣⲱⲡⲉ ⲛ̄ⲧⲁϩⲉ 108.2 ⲁⲛⲟ ⲕ ϩⲱ ϯⲛⲁϣⲱⲡⲉ ⲉⲛⲧⲟϥ ⲡⲉ 108.3 ⲁⲩⲱ ⲛⲉⲑⲏⲡ` ⲛⲁ`ⲟⲩⲱⲛϩ ⲉⲣⲟϥ`

나 여기에서 마신다는 말은 물리적 행위를 넘어 상징적 차원을 지시한다. 예수의 입에서 나오는 것은 결국 말씀이며, 그 말씀을 받아들여 내면에 새기는 행위를 '마신다'라고 비유한 것이다. 따라서 '나의 입으로부터 마시는 자'는 예수의 말씀을 생명수처럼 받아들이는 자를 뜻한다. 그렇게 받아들인 자는 나처럼 될 것이고, 더 나아가 "나 자신이 그가 될 것이다"라는 일치를 향한다. 이는 단순한 모방이 아니라, 믿음으로 인한 내적 변형과 일치를 말한다. 그 결과로 감추어진 것들이 그에게 드러날 것이라는 선언이 뒤따른다. 숨겨졌던 진리, 그동안 보지 못했던 핵심이 비로소 밝히 드러난다는 의미다.

여기서 우리는 매우 신중한 독법이 필요하다. 그 예수를 우상의 자리에 세워 놓게 되면 결국 예수는 내 안의 타자 지배 원리가 되어버린다. 내보내야 할 타자 질서가 내 안에 형성된다. 나는 그의 앵무새가 되어버린다. 이것을 반복하는 악순환을 108이 지시하는 것일 수 없다. 당시의 어법으로는 108의 서술 방식이 불가피하다. 앵무새처럼 예수의 말을 되풀이하는 것이 그와 하나 되는 것일 수 없다. 따라서 '나의 입으로부터 마시는 자'는 각자 자신의 내밀한 곳에 있는 각자의 '나', 타자 지배 질서를 극복한 자리의 '나'로부터 마시는 자를 일컫는다. 그의 배에서 흘러넘치는 생수를 마시는 자는 나와 하나임을 선언하는 것으로 독해해야 한다.

나는 너이고 너는 나다ἐγὼ σὺ καὶ σὺ ἐγώ. 그리고 네가 어디에 있든 나는 거기에 있고, 모든 것 안에 뿌려진다…'는 것은 누구든지 '자기 입으로부터 마시는 자'는 결국 '자기 자신이 된다'는 이야기로도 연결된다.

이 대목을 이해하려면 앞선 비유들, 잃었다가 찾은 한 마리 양, 잃어버렸다가 다시 찾은 드라크마를 떠올릴 필요가 있다. 아흔아홉 마리의 양이 멀쩡히 있었지만, 목자는 잃은 한 마리를 찾아 나섰다. 그 하나가 돌아와야 비로소 전체가 완성된다. 처음에는 우리 눈이 아흔아홉에 익숙하고 밝았다. 충분해 보였기 때문이다. 그러나 잃었던 하나를 찾는 순간, 가치는 역전된다. 이전에 중요해 보였던 것이 상대적으로 하찮아지고, 하찮아 보였던 하나가 결정적 가치를 드러낸다. 이 역전은 단순한 가치 교체가 아니라, 감추어졌던 것이 드러나는 계시의 사건이다. "감추어진 것들이 드러난다"는 말은 바로 이 전환을 가리킨다.

여기서 "입에서 나온다"는 동사는 흐름을 강조한다. 말씀은 고여 있지 않고 흘러나와 전해진다. 이 흐름을 받아 마시는 자에게 동일한 생명의 흐름이 샘솟는다. 다른 곳에서 "내가 주는 물을 마시는 자는 그 배에서 생수의 강이 흘러나리라"는 문장과도 통한다. 말씀을 받아들임으로써, 그 사람 안에서도 동일한 말씀이, 동일한 생명의 강이 터져 나온다. 그래서 그의 믿음이 나의 믿음과 연결되고, 믿음에서 믿음으로 옮겨 가는 운동이 일어난다. 믿음은 고립된 섬이 아니라, 전해지고 응답하며 확대되는 생명의 연쇄다. 나의 입으로부터 마시는 자가 나처럼 되며, 나 자신이 그가 되는 상호 내재의 표현은 이 연쇄의 정점에 있다. 말씀이 나를 통해 너에게, 너를 통해 다시 나에게 돌아오는 원환圓環을 그리며, 그 가운데 감추어진 것이 드러난다.

그렇다면 무엇이 감추어져 있었는가. 겉으로는 충분해 보였던 아흔아홉의 세계, 율법의 질서, 익숙한 규범과 체계가 있다. 처음에는 그것이 전부처럼 보였고, 눈도 그쪽에 밝았다. 그러나 하나가 사라진 상태였다. 사라진 하나가 복음의 빛으로 다시 찾아질 때, 이전의 질서는 상대적으로 퇴색한다. 이때 '버려진다'거나 '하찮다'라는 표현은 파괴의 언어가 아니라 우선순위의 전환을 뜻한다. 감추어졌던 복음의 핵심이 드러나는 순간, 아흔아홉은 결핍을 드러내고, 잃었던 하나는 전체를 완성하는 열쇠로 떠오른다. 그 순간 우리는 아흔아홉을 부정적으로 폐기하는 데 머물지 않는다. 상징계의 전복은 회복이다. 오히려 그 아흔아홉이 하나를 찾게 만드는 필요의 시간, 준비의 질서였음을 깨닫게 된다. 그래서 끝내 율법과 복음이 날카롭게 갈라져 대립하는 단계에서 서로서로 완성으로 이끄는 통합의 단계로 나아간다.

이 흐름을 "믿음에서 믿음으로" 나아가는 원리로 설명할 수 있다. 처음의 믿음은 미완의 믿음일 수 있다. 그러나 말씀이 내 안에 흘러 들어오고, 다시 내 입술과 삶에서 흘러나오는 과정을 거치며 믿음은 성숙해진다. 그의 믿음이 나의 믿음이 되고, 나의 믿음이 다시 그의 믿음을 견인한다. 이 상호성 속에서 주체와 객체의 경계가 옅어진다. "나는 그가 되고, 그는 내가 된다"는 말은 동일시의 환상이나 자아 소멸을 뜻하지 않는다. 오히려 진리 안에서의 일치, 말씀이 매개하는 인격적 연합을 가리킨다. 연합의 자리에서 감추어졌던 것이 제 빛을 얻는다. 이것은 복제가 아니다. 서로는 각각의 뚜렷한 자기 자신으로 있다.

결국 하나와 아흔아홉이 합하여 백이 된다. 그러나 그 백은 단순한 산술의 합이 아니다. 잃었던 하나가 돌아와 전체의 결을 바꾸는 충만이다. 율법과 복음도 마찬가지다. 어느 때는 구분이 필요하고, 또 어느 때는 버림의 결단이 필요하다. 그러나 궁극에는 둘을 갈라놓을 이유가 사라진다. 율법은 복음으로 이끌었고, 복음은 율법의 참 의미를 비추었다. 그렇게 전체가 하나의 원으로, 단일한 충만으로 회복된다. 이때 '감추어진 것'은 더 이상 숨겨진 비밀이 아니다. 살아 있는 생수로 흘러나와 많은 이의 입술과 심장으로 들어간다.

도마복음 108은 그래서 짧지만 농밀하다. 말씀을 마시는 은유를 통해, 외부의 진리가 내면의 생명으로 전환되는 과정을 보여 준다. 또한 잃어버린 하나의 귀환을 통해, 익숙한 다수의 세계가 새롭게 해석되는 역전을 드러낸다. 그리고 마지막으로, 믿음이 관계와 흐름 속에서 성숙해지는 원리를 제시한다. 말씀이 입에서 흘러나오고, 그 말씀을 마신 자가 다시 말하게 될 때, 우리는 서로의 믿음 속에서 자라고, 그 자리에서 감추어진 것이 드러난다. 이 깨달음이 선행될 때 107절의 의미도 더욱 분명해진다. 앞선 말씀이 씨앗이었다면, 108절은 그 씨앗이 터져 흐름이 시작되는 순간이다. '숨겨진 것'이 드러난다는 주제는 말씀 109로도 이어진다.

말씀 109 가치를 모르는 보화

예수는 말했다. "왕국은ᵀᴹⁿ̄ᵀᴱᴿᴼ 밭에ᶜⱽⱬᴱ 감추어진ᵉ[ᴴᴨ] 보화ᵉᵒ³를 갖고 있으면서도 그 사실을 알지 못한ᵃᵀᶜᴼᴼʸⁿ 사람과 같다. 그 사람이 죽자, 그는 보화에 대해 아무것도 모르는 아들에게 그 밭을 남겼다. 아들은 그 밭을 상속받았으나, 역시 보화의 존재를 알지 못했기 때문에 그 밭을 팔았다. 그런데 그 밭을 산 사람이 밭을 갈던 중에 감추어진ᵉ[ᴴᴨ] 보화를 발견했다. 그러자 그는 자신이 호의적으로 대하던 모든 사람에게 이자ᴹᴴᶜᵉ를 주며 돈을 ℓᴼᴹᵀ 빌리기 시작했다."46)

109는 도마복음 14개 비유 중 마지막이며, 대부분의 비유와 마찬가지로 다양한 해석을 낳는다. 마태복음 13장 44절이 병행

---

46)109.1 ⲡⲉϫⲉ ⲓ̅ⲥ̅ ϫⲉ ⲧⲙⲛ̄ⲧⲉⲣⲟ ⲉⲥⲧⲛ̄ⲧⲱⲛ ⲉⲩⲣⲱⲙⲉ ⲉⲩⲛ̄ⲧⲁϥ [ⲙ̄]ⲙⲁⲩ ϨⲚ̄ ⲧⲉϥ`ⲥ`ⲱϣⲉ ⲛ̄ⲛⲟⲩⲉϨⲟ ⲉϥ[ϨⲎⲠ ⲉ]ϥⲟ ⲛ̄ⲁⲧⲥⲟⲟⲩⲛ` ⲉⲣⲟϥ 109.2 ⲁⲩⲱ ⲙ̄[ⲙⲛ̄ⲛⲥⲁ ⲧ]ⲣⲉϥ ⲙⲟⲩ ⲁϥⲕⲁⲁϥ `ⲙⲡⲉϥ`[ϣⲏⲣⲉ ⲛⲉ] ⲡϣⲏⲣⲉ ⲥⲟⲟⲩⲛ ⲁⲛ` ⲁϥϫⲓ ⲧⲥⲱϣⲉ ⲉⲧⲙ̄ⲙⲁⲩ ⲁϥⲧⲁⲁⲥ [ⲉⲃⲟ]ⲗ 109.3 ⲁⲩⲱ ⲡⲉ[ⲛ]ⲧⲁϨⲧⲟⲟⲩⲥ ⲁϥⲉⲓ ⲉϥⲥⲕⲁⲓ ⲁ[ϥϨ]ⲉ ⲁⲡⲉϨⲟ ⲁϥⲁⲣⲭⲉⲓ ⲛ̄ϯ ϨⲞⲘⲦ ⲉⲧⲙⲏⲥⲉ ⲛ̄[ⲛⲉ]ⲧϥ̄ⲟⲩⲟϣⲟⲩ

구다. 다른 곳에서도 느슨한 병행구가 있지만, 그 중 어느 것도 도마복음에서 찾아야 하는 의미에 대한 실질적인 해결책을 제공하지는 않는다.

이 비유는 간단한 듯 보이지만, 일반적으로 알려진 보화의 비유와 비슷하면서도 어딘가 어조와 흐름이 다르다. 핵심은 '알지 못한 채 보화를 갖고 있다'는 점에 있다. 어떤 이는 소유하고 있으나 그 가치를 모른다. 그는 죽고, 모르는 상태는 아들에게까지 그대로 이어진다. 아들은 그 밭을 팔아버리고, 결국 전혀 다른 이가 그 가치를 발견한다. 발견 이후의 장면에서 이야기는 예기치 않게 궤도를 튼다. 도마복음은 발견과 찾음이 전체의 주제다. 2, 8, 27, 38, 49, 56, 58, 77?, 80, 90, 92, 94, 97?, 107, 110, 111.

보화를 발견한 사람은 그 보화를 바탕으로 관계망을 구축하듯 사람들에게 이자를 주고 돈을 빌리기 시작한다. 여기에는 보화의 발견이 곧장 영적 자유나 존재 사건으로 이어지지 않고, 오히려 새로운 거래와 계산의 장으로 이행되는 아이러니가 들어 있다. 그에게 보화 혹은 깨달음은 자유와 진리 사건이 아니라, 독이 되고 감옥이 된다. 도마복음 109의 비유는 무엇을 겨냥하는 걸까.

이 대목을 이해하기 위해 출애굽의 여정을 떠올릴 수 있다. 애굽에서 벗어난 이들은 광야로 들어가 만나와 메추라기를 먹으며 살아간다. 애굽이라는 물리적 공간은 벗어났지만, 마음의 세계는 여전히 이전의 습속과 집착을 벗어나지 못한 상태일 수 있다. 보화는 이미 약속으로 주어져 있으나, 여전히 '알지 못한 채' 지나간다. 아들은 상속을 받았지만, 그 의미와 가치를 깨닫지 못한다는 점에서 광야 세대와 닮았다. 출애굽 한 이들 모두는 여호수아와 갈렙 외에 모두 광야에서 죽는다. 보화를 알지 못하고 죽은 아버지가 방불하다. 보화가 있는 땅을 단지 언약으로만 취했다. 가나안의 보화를 알지 못하고 광야에서 죽는다.

109의 비유가 출애굽 이야기와 아귀가 맞으려면, 아버지는 동시에 광야의 아들이다. 출애굽 전에 노예 생활을 하던 존재가 아버지라면, 출애굽 후 광야에 당도한 존재는 아들인 셈이다. 아들들은 모두 광야에서 죽는다. 광야에서 새로 태어난 아들이 가나안에 들어가 상속을 받는다. 광야의 시간은 땅을 가는 시간으로 비유할 수 있다. 표면을 뒤집고, 굳은 덩어리를 깨며, 보이지 않던 것을 드러내는 과정이다. 그렇게 가나안에 이르러 각자 자기의 땅을 분배받고 농사를 시작하며 포도와 무화과, 대추야자의 열매가 풍성해질 때 비로소 보화가 흙 속에서 모습을 드러낸다. 그러나 바로 그 지점에서 또 다른 위험이 시작된다. 보화의 발견이 새로운 속박으로 바뀔 수 있기 때문이다. 풍성한 포도의 수확은 은총이다. 먹고도 남아 포도주를 담고 이웃과 나누고도 넘친다. 이때 은총의 포도주는 진노의 포도주로 바뀐다.

보화를 발견한 이가 이자를 주며 돈을 빌리기 시작했다는 대목은, 깨달음이 곧장 해방이기보다 오히려 거래의 언어로 흡수되는 위험을 지적하는 듯하다. 보화가 머리의 지식으로 굳어지고, 깨달음이라는 이름의 상품이 되어버리는 순간이다. 신흥종교의 발흥이 여기서 시작된다. 그때 사람은 진리의 감각이 아니라, 진리를 둘러싼 제도와 계산 속에 갇힌다. 어떤 이들은 "이 보화가 참된 진리다, 이 길이 구원이다"라고 말하며 값을 요구한다. 값은 헌신이라는 이름으로 치른다. 진리의 언어를 통해 권위를 세우고, 그 권위를 통해 이익을 취한다. 그렇게 깨달음은 자유를 주는 대신 감옥이 된다. 바벨론 포로기의 서사처럼, 스스로가 지닌 보화를 앞세워 세속적 장부를 채우는 순간 사람은 북방의 포로가 되고 깨달음보화가 진노의 잔의 지배를 받는다. 항아리에 물이 차듯, 그릇이 가득 차야만 비로소 자신이 갇혀 있음을 알아차리는 역설이 여기 있다.

그제야 사람은 "이것깨달음이 또 하나의 감옥이었구나" 하고 놀라며, 갇힌 자리에서 나올 길을 더듬기 시작한다. 출바빌론을 모색한다.

이 비유는 존재와 인식의 간극을 드러낸다. 이미 존재한 것을 알지 못하면, 그 가치는 남에게 넘어간다. 아버지는 몰랐고, 아들도 몰랐다. 알지 못한 채 소유하는 시간은 결국 상실로 귀결된다. 반대로 알게 된 자는 발견을 통해 주체가 되지만, 그 발견을 무엇으로 삼는지에 따라 길이 갈린다. 발견이 거래의 논리로 흡수되면, 보화는 곧 이자와 채무, 유·불리를 가르는 삭막한 장부의 언어로 변질된다. 신흥종교시장이 즐비하게 형성된다. 영혼의 양식이 시장의 통화로 바뀌는 순간이다. 그러면 깨달음 자체가 목적이 아니라 수단이 된다. 더 많이 빌리고, 더 높은 이자를 주며, 더 긴 줄을 세우는 것에 관심이 쏠린다. 진리가 상품이 되면, 신념은 구호가 되고 공동체는 시장이 된다. 결국 그곳에는 자유가 아니라 또 다른 예속과 종속이 기다린다. 지배와 피지배의 종교 질서가 형성되고 권력의지의 시장이 열린다.

광야의 이미지는 이 긴장을 세밀하게 비춘다. 광야의 하늘

아래로 옮겨왔으나, 마음의 하늘은 여전히 애굽의 구름 아래 머문다. 그때 필요한 것은 '팔아치우는 상속'이 아니라 '갈아내는 인내'다. 땅을 가는 행위는 보화를 얻기 위한 즉각적 수단이 아니라, 보화와 내가 맺는 관계를 바꾸는 과정이다. 땅을 가는 자는 표면의 화려함 대신 내면의 결을 본다. 그는 보화를 발견하더라도 그것을 거래의 잣대로 환산하지 않는다. 보화는 생명의 양식이고, 진리의 빛이며, 타자와 나를 함께 살리는 은혜이기 때문이다. 반면, 보화를 판매품으로 삼는 순간 타인은 고객이 되고, 관계는 이해타산으로 재편된다. 이때 비유는 우리에게 묻는다. 너는 보화를 무엇으로 삼을 것인가. 발견이 너를 자유롭게 하는가, 아니면 너를 또 다른 장부에 묶어두는가.

"이자를 주며 돈을 빌리기 시작했다"는 문장은 어떤 경고처럼 울린다. 깨달음으로 권위를 만들고, 그 권위로 값을 매기며, 그 값으로 다시 권위를 보강하는 순환 고리가 있다. 그 고리는 쉬이 끊어지지 않는다. 사람은 자신이 '옳다'는 확신에 갇히면, 그 옳음을 지키기 위해 더 많은 빚을 진다. 더 정확한 개념, 더 강한 표현, 더 거룩한 의식으로 자신을 둘러싼다. 그러나 그 둘레가 두꺼워질수록, 그 중심은 공허해진다. 비유가 넌지는 바늘은 바로 그 두께를 찌른다. 보화를 보화답게 하는 것은 그 가치의 유통이 아니라, 그 가치가 흘러나오는 샘 그 자체임을 잊지 않게 한다.

이 비유는 세 가지 물음을 던진다. 첫째, 나는 이미 가진 보화를 모른 채 살아가고 있지 않은가. 둘째, 내가 발견한 보화를 거래의 논리로 바꾸고 있지 않은가. 셋째, 깨달음이 나를 자유롭게 하는가, 아니면 나를 더 정교한 감옥에 가두는가. 하늘나라는 소유의 증명이 아니라 인식의 전환에서 열린다. 보화는 소유가 아닌 존재다. 존재가 소유의 보물로 변모하는 순간 비즈니스맨이 된다. 모른 채 소유하던 보화가 '알게 되고 단지 있음의 보화'로 바뀌는 그 순간, 사람은 비로소 밭을 팔지 않고도 자유로울 수 있다. 더 빌리지 않아도 풍족할 수 있고, 이자를 계산하지 않아도 서로를 이롭게 할 수 있다. 밭을 가는 손길이 깊어질수록, 보화는 머리의 지식이 아니라 삶의 숨결로 스며든다. 그때 보화는 나를 통해 흐르고, 나는 보화를 통해 비로소 가벼워진다.

이 비유가 생경하게 느껴지는 까닭은, 우리가 기대하는 정답의 도식을 비껴가기 때문이다. '발견 → 소유 → 행복'이라는 단선적 서사를 거부하고, '발견 → 시험 → 분별'의 굴곡을 드러낸다. 보화는 축복이 될 수도 있고, 올무가 될 수도 있다. 축복이 되려면, 보화가 나를 지배하지 못하게 해야 한다. 올무가 되면, 나는 보화를 지키려다 나를 잃는다. 따라서 비유의 초점은 보화 자체가 아니라, 보화를 대하는 태도에 있다. 알지 못한 채 소유하던 무지가 상실을 낳듯, 알았다고 여기는 자만 역시 예속을 낳는다. 교만은 하늘을 찌르고 구름 위에 좌정하여 북극성과 비기려 한다. 깨달음이 주인이 되어 그것에 휘둘린다. 어처구니없는 일은 도상에 너무도 비일비재하다. 어이없게도 보화깨달음로 인해 보화자기 자신을 잃는다. 바빌론 포로 이야기가 출애굽 후 이야기의 막바지에 큰 비중을 차지하듯, 109에 이 비유가 배치되는 것도 그 이유를 짐작할 수 있다. 보화는 소유의 언어 속에 자리잡지 않는다. 소유의 보화는 보화가 아니라 저주다. 자유는 그 사이에서, 조용히 땅을 가는 손길 속에서, 거래의 언어를 내려놓는 속에서 자란다.

왕국^{아버지의 나라}은 갑작스러운 행운의 당첨이 아니라, 보화와 나의 관계를 새롭게 맺는 사건이다. 그 나라는 밭을 파는 노동처럼 꾸준하고, 발견의 환희처럼 선명하며, 거래의 유혹처럼 은근하다. 그러므로 이 비유는 우리를 깨어 있게 한다. 보화가 보화답게 머물도록, 깨달음이 권력이 아니라 자유로 이어지도록, 권위가 사랑으로 해체되도록, 이 모든 것을 삶의 결로 만들어가라고 조용히 그리고 폭풍처럼 권고한다. 그렇게 우리는 밭을 팔지 않고, 빚을 더하지 않고, 이자를 셈하지 않은 채, 이미 우리 안에 있던 것을 알아보는 법을 배운다. 그때 비로소 하늘나라는 멀리 있지 않다. 왕국은 우리가 서 있는 바로 그 밭 한가운데서, 깊고 고요하게 머문다.

말씀 110 세상을 포기하라

예수가 말했다. "세상을ĸOCMOC 발견하고 ϬINE 부를ⲢⲘⲘⲀⲞ 얻은 자는 세상을 포기하라ⲀⲢⲚⲀ, 거부하라"47)

여기에는 어려운 모호성이 있다. 명령형 주절은 모호하지 않지만, 관계절은 (a) '세상있는 그대로의', 즉 시체를 '발견하여' 영적으로 부유해진 사람을 가리킬 수도 있고, (b) '눈에 보이는 세상의 규칙을 발견하여' 세상으로부터 이익을 얻은 사람을 가리킬 수도 있다. 말씀 110과의 유사점에서 말씀 56과 80-81은 참고할만 하다.

말씀 56 예수께서 말했다. "세상을 알게 된 사람은 시체를 발견한 것이다. 그리고 그 시체를 발견한 사람은 세상이 그에게

---

47) ⲠⲈϪⲈ ⲒⲤ ϪⲈ ⲠⲈⲚⲦⲀϨϬⲒⲚⲈ ⲘⲠⲔⲞⲤⲘⲞⲤ ⲚϤⲢ̄ ⲢⲘⲘⲀⲞ ⲘⲀⲢⲈϤⲀⲢⲚⲀ ⲘⲠⲔⲞⲤⲘⲞⲤ

합당하지 않다."

말씀 80. 예수께서 말했다. "세상을 알게 된 사람은 시체를 발견한 것이다. 그러나 육신을 발견한 자에게는 세상이 그에게 합당하지 아니하니라."

말씀 81.1 예수께서 말씀하셨다. "부유해진 자가 다스리게 하라, 81.2 힘(뒤나미스)을 가진 자는 그것을 버리라."

말씀 110은 따라서 말씀 80-81의 축약 버전으로 보이기도 한다. 이 구절은 단순히 들으면 의아할 수 있다. 세상을 발견하고 부를 얻었는데, 왜 이를 포기하라는 것일까? 이 질문에 대한 해답을 찾기 위해서는 이전 말씀인 109번과 유기적으로 연결하여 깊이 있게 들여다볼 필요가 있다.

말씀 109번에서는 "가치를 모르는 보화 이야기와 보화를 찾고도 흑화되는 이야기"가 있었다. 110번의 "세상을 포기하라"는 명령은, 109번에서 발견했던 '것'들이 어쩌면 진정한 '진리'가 아니라 '세상'이라는 이름의 또 다른 굴레일 수 있음을 경고한다. 이는 곧 자신의 깨달음과 성취가 오히려 함정이 될 수 있음을 성찰하게 하는 강력한 메시지다.

세상을 발견하고 부를 얻은 자

여기서 언급하는 '세상'은 우리가 흔히 말하는 물리적인 세계나 단순한 물질적 부를 뜻하지 않는다. 이는 '코스모스 Cosmos'라고 불리는, 지식과 질서로 엮인 거대한 체계를 의미한다. 인간이 이해하고 통제할 수 있다고 여기는 모든 가치관, 시스템, 사회적 구조가 바로 이 코스모스에 속한다. '부' 또한 단순히 돈을 넘어선다. 이는 '그노시스 Gnosis', 즉 지식이나 깨달음을 통해 얻은 권력, 영향력, 그리고 다른 사람들을 지배할 수 있는 정신적, 사회적 위상을 아우른다.

여기에서 부는 자신의 지식과 통찰력을 사용하여 타인을 현혹하고 조종하며, 궁극적으로 자기 왕국을 건설하려는 시도와 연결된다. 이는 고대 지도자들이 자신의 깨달음을 바탕으로 사람들을 지배했던 모습과 닮아있다. 이런 자들은 자신을 세상 임금이나 '아르콘'으로 여기며, 자신의 권위 아래 사람들을 복종시키려 한다.

그러나 이러한 깨달음이 본연의 목적을 잃고 비즈니스 수단으로 전락하는 순간, 진정한 '보화寶貨'는 타락하고 개인은 극심한 내적 갈등에 직면하게 된다. 얻었던 깨달음이 도리어 숨통을 조이는 감옥이 되는 경험, 즉 숨 막히는 상황에 부닥치는 것이다. 이는 마치 스스로 만든 감옥에 갇힌 채 과거의 안식처를 그리워하는 바벨론 포로와 같다. 본래의 고향故土을 떠나 성공과 부를 좇다가, 결국은 그 성공과 부가 자신을 옭아매는 쇠사슬이 되는 역설적인 상황에 봉착하는 것이다. 이러한 자멸의 과정을 깨닫는 순간이 바로 세상을 발견하고 부를 얻은 자가 마주하는 처절한 '현실 자각 타임現打'이 된다.

세상을 포기하라는 미래형 경고

"세상을 포기하라"는 구절은 명령형으로 들리지만, 실은 '미래형' 즉, "세상을 포기하게 되리라"는 깊은 경고를 담고 있다. 콥트어 문장이나 히브리어 어법을 빌려서 설명한다면 '미완료 시제'의 특성을 생각할 때, 이는 언젠가 필연적으로 겪게 될 내적 깨달음의 과정을 예고한다.

누가 자신이 애써 쌓아 올린 세상의 임금 자리를 쉽게 포기하겠는가? 자신의 지식과 카리스마로 수많은 사람을 움직이며 큰 영향력을 행사할 수 있는데 말이다. 그러나 이러한 외적인 힘과 영광이 결국 자신을 옭아매는 굴레임을 온전히 '발견'하게 되는 순간, 그 '세상'은 더 이상 유지될 수 없는 지옥이 된다. 이때 개인은 스스로 그 모든 것을 내려놓을 수밖에 없는 상황에 직면한다. 아직 그 본질을 깨닫지 못한 이들은 여전히 "여기가 천국이다"라며 그 시스템 속에서 안주하려 하지만, 눈을 뜬 자들은 더 이상 그곳에 머무를 수 없다. 이렇듯 '큰 자 놀이'에 대한 욕망은 우리 모두 안에 잠재된 '싹수가 노란 싹'과 같아 남들의 이야기가 아닌 우리 각자의 이야기로 다가온다.

로기온 111로 이어지는 해방의 메시지

말씀 110의 메시지는 111번 "하늘과 땅이 너희 눈앞에 두루마리처럼 말려 사라질 것이다"로 자연스럽게 연결된다. 이 구절은 요한계시록의 심판과 유사해 보이지만, 오히려 해방의 '복음'으로 해석될 수 있다. 우리가 그토록 붙잡았던 '세상 질서코스모스'가 결국은 사라질 허상임을 깨닫는 순간, 새로운 가능성과 자유가 열리는 것이다. 오래된 굴레가 벗겨지고 본질적인 자신을 회복할 수 있는 길이 열리기 때문이다.

　이러한 도마복음의 통찰을 창세기, 요한계시록, 로마서 등 다른 경전들과 함께 엮어 읽을 때, 진리는 더욱 깊이 있고 풍성하게 다가온다. 이는 단순한 지식 습득을 넘어, 마음 깊이 스며들어 삶을 변화시키는 깨달음으로 이어진다. 결국 도마복음 110은 외적인 성공과 권력에 대한 맹목적인 추구가 오히려 자신을 속박할 수 있음을 경고하며, 참된 자유는 그 모든 것을 내려놓고 자기 내면의 진실을 발견하는 과정에서 비롯된다는 시대를 초월한 메시지를 전하고 있다.

말씀 111 두루마리처럼 말리는 하늘들과 땅

111. 예수는 이렇게 말했다. "하늘들ᴨHYE과 땅ᴋAϩ이 너희 눈앞에서 두루마리처럼 말려 사라질 것이다ᴺᴬϬⱲᴧ, 그러나 살아 계신 분에게서 자신의 생명ⲞⲚϨ을 끌어내는 자는 죽음ᴹᴼʸ을 보지 않을 것이다." 또 예수는 말한다. "자신을 발견한 사람ᴨᴱᵀᴬϨᴱ ᴱᴾᴼϤ ᴼʸᴬᴬϤ에 관하여, 세상ᴷᴼⲤᴹᴼⲤ은 그에게 합당하지 않다."48)

이 말씀이 도마복음 111의 핵심이며, 동시에 도마복음 전체의 성격을 선명하게 드러내는 결론과도 같다. 결국 모든 논의는

---

48)111.1 ⲠⲈϪⲈ ⲒⲤ ϪⲈ ⲘⲠⲎⲨⲈ ⲚⲀϬⲰⲖ ⲀⲨⲰ ⲠⲔⲀϨ ⲘⲠⲈⲦⲚⲘⲦⲞ ⲈⲂⲞⲖ 111.2 ⲀⲨⲰ ⲠⲈⲦⲞⲚϨ ⲈⲂⲞⲖ ϨⲚ ⲠⲈⲦⲞⲚϨ ϤⲚⲀⲚⲀⲨ ⲀⲚ ⲈⲘⲞⲨ 111.3 ⲞⲨⲬ ⲀⲨⲰ ⲒⲦⲞⲤ ⲈⲒⲤ ϪⲰ Ⲙ̄ⲘⲞⲤ ϪⲈ ⲠⲈⲦⲀϨⲈ ⲈⲢⲞϤ ⲞⲨⲀⲀϤ ⲠⲔⲞⲤⲘⲞⲤ ⲘⲠϢⲀ Ⲙ̄ⲘⲞϤ ⲀⲚ

"자신을 발견하는 자"에게로 수렴된다. 하늘과 땅이 눈앞에서 사라지는 장면은 외부 세계의 종말을 묘사하려는 것이 아니라, 한 인간의 내적 세계와 가치 체계, 즉 그가 의지하던 하늘과 땅이 통째로 접혀 내려가는 전환을 가리킨다. 그 전환의 핵심에 "자기를 발견함"이 놓여 있다. 이를 크로노스적인 종말론으로 읽으려는 어리석음은 이제 멈춰야 한다. 신약성서의 병행구^{마 24:35; 눅 21:33; 마 5:18; 눅 16:17}도 물리적 우주 종말론으로 읽으려 하고, 111을 도마복음의 우주 종말론으로 읽으려는 시도는 참으로 안타까운 일이다.

유감스럽게도 다수의 도마복음 주석가도 우주 종말론으로 주석하고 해석한다. 종말의 죽음에서 제자들은 제외된다는 선민의식과 배타적 종말론으로 버젓이 주석하고 있다. 하늘과 땅의 붕괴가 제자들과는 무관하다는 식으로, 도마복음을 읽어가는 그들의 신관이 어디에 있는지 선명하게 보여 준다.

정신분석의 틀에서 설명하면 상상계와 상징계에 얽혀 있는 만수산 드렁칡의 세계, 대타자의 하늘과 땅이 마치 두루마리처럼 말려 사라지는 대전환을 의미한다. 상징계의 의미 사슬에 종속된 언어 구사를 끊어 낸다. 상징계의 하늘과 땅이 눈앞에서 두루마리처럼 말려 사라지는 경험이다. 실재계에 진입한 사람은 상징계의 대타자, 초월 신이 더 이상 합당하지 않다. 그는 거짓말쟁이고 살인자며 탈취하는 자며 미워하는 자라는 사실이 명백해진다. 유독 양다리 파가 많다. 초월과 내재를 동시에 아우르려다가 엉거주춤 둘 다 놓친다. 예수는 이 점에서 너무도 분명하고 단호한 태도를 보인다. 유대교의 초월 신은 마귀라고 선언한다. 누이 좋고 매부 좋고를 선택하지 않는다. 양다리 걸치기는 하지 않는다. 타자 자아에서 존재 자아로의 대전환을 의미한다. 인정투쟁의 주인과 노예의 프레임을 떠나 해방과 자유의 실재계에서 자신의 생명을 끌어내는 자는 더는 인정투쟁의 죽음을 맛보는 전쟁이 떠나간다. 땅에서 풀려야 하늘에서도 풀린다. 성전이 청소되어야 바깥도 제대로 보인다. 초월 신을 탄핵해야 성전 안에 있는 신이 복권된다. 신이 복권되어야 만물이 다시 보인다.

이 대목을 더 분명히 보기 위해, 도마복음 109에 나오는 '밭에 감춘 보화'의 비유를 간단히 복기해 본다. 거기서 나라는 자신의 밭에 감추어진 보화를 알지 못한 채 지내는 사람에 비유된다. 그는 죽을 때까지 그 보화의 실재를 모르고, 결국 그 밭을 역시 보화의 가치를 모르는 아들에게 넘긴다. 아들은 그 밭을 또 다른 이에게 판다. 그런데 그 밭을 산 사람이 밭을 갈다가 마침내 보화를 발견한다. 이야기의 겉모습은 단순하다. 그러나 이 비유는 한 인간의 내면사와 영적 여정을 압축해 보여 준다.

먼저 밭은 세계이자 자기 자신이다. 전통적으로 복음서에서 땅은 여러 상태로 나타난다. 길가, 돌밭, 가시떨기, 좋은 땅으로 구분되듯, 우리 내면도 때에 따라 다르게 경작된다. 어떤 시기에는 마음이 굳어 씨앗이 스며들지 못하고, 또 어떤 시기에는 돌 틈의 얕은 흙처럼 일시적 열정만 타오르다 꺼진다. 가시덤불이 무성할 때는 근심과 욕망이 진리를 질식시킨다. 그러나 결국 밭이 갈리고 거듭 경작될 때, 좋은 땅의 상태에 이른다. 이 변화는 한 번에 끝나는 사건이 아니라, 여러 차례의 변형과 개혁을 거치며 더디게 진행되는 과정이다.

이 여정은 고대 이스라엘의 서사와 겹쳐 읽을 수 있다. 애굽에서의 삶은 타자에 의해 지배되는 상태, 곧 노예 의식과 타성, 외부 권위가 내면의 주인 행세를 하는 시기를 가리킨다. 그때 우리 안의 '바로'는 이름만 다를 뿐, 관성·두려움·집착의 얼굴로 군림한다. 출애굽은 이 타자의 지배에서 벗어나 자기 여정으로 발을 옮기는 결단이다. 그러나 홍해를 건넜다고 해서 곧장 자유인이 되는 것은 아니다. 광야는 여전히 애굽의 습성이 잔존하는 과도기다. 겉으로는 옛 주인에게서 해방되었지만, 마음의 깊은 층위에는 과거의 명령과 욕망이 살아남아 흔들어댄다. 이 시기는 "밭이 상속되었으나, 여전히 보화의 가치를 모르는 상태"에 해당한다. 내 안의 주인 자리를 되찾아오는 중이지만, 아직 보화에 눈뜨지 못했다.

요단을 건너 가나안에 들어서면, 이야기는 새로운 국면을 맞는다. 이제 낯선 '나', 즉 본질적 자아가 등장한다. 이전까지는 타자적 자아가 주인 노릇을 했지만, 이제 원래의 주인이 밭을 되찾는다. 그가 밭을 갈기 시작할 때 비로소 보화가 드러난다. 도마복음 109는 바로 이 지점, "본질적 자아가 자신의 밭을 경작하여 보화를 발견하는 순간"을 포착한다. 하지만 여기서 여정이 곧바로 완성되는 것은 아니다. 보화를 찾은 직후의 미묘한 유혹이 뒤따른다. 이제껏 지배받던 자가, 자신이 발견한 진리를 근거로 '지배하는 자'가 되려는 욕망에 사로잡히는 것이다. 영적 통찰과 깨달음이 타인을 누르는 권력으로 변질될 수 있다. 이를테면 지식과 깨달음을 이자처럼 부과하고, 진리를 담보로 영향력과 위계를 쌓아 올리려는 유혹이다. 과거에는 바로가 왕 노릇했지만, 이제는 '깨달은 나'가 또 다른 '바로'가 되려는 함정이 기다리고 있다.

구약의 역사로 비유하면, 가나안 정착 뒤에 펼쳐지는 열왕의 시대와 닮았다. 각자가 왕이 되려는 시대, 권력과 부가 중첩되는 시간, 영적 보화가 세속적 통치의 수단으로 바뀌는 시기다. 솔로몬의 지혜에 줄을 대려는 속성이다. 결국 이 길은 바벨론 포로로 귀결된다. 바벨론은 외적 사건이면서 동시에 내적 상징이다. 진리를 권력화할 때 도달하는 내면의 포로 상태, 곧 두 번째 사망이다. 애굽이 첫 번째 사망, 광야가 그 연속이라면, 가나안에서 보화를 찾은 뒤 권력의 유혹에 빠져 바벨론으로 끌려가는 과정은 두 번째 사망이다. 그러나 역설적으로 이 포로 상태에서 깨어남이 두 번째 부활을 예비한다. 진리를 지배의 수단으로 삼는 순간 진리의 생명은 사라지고, 보화는 다시 잃어버린다. 그 상실의 고통이 커질수록, 진리를 소유나 과시가 아니라 삶의 생명으로 삼아야 한다는 사실이 분명해진다.

이 지점에서 도마복음 110과 111이 잇달아 의미를 드러낸다. 110은 세상과 부를 포기하게 될 전환을 암시한다. 그것은 억지로 강요되는 금욕이 아니라, 포로 상태가 감옥이었음을 스스로 깨닫고 난 뒤 자연스럽게 이루어지는 해탈에 가깝다. 그리고 111은 이러한 전환의 정점을 선포한다. "하늘들과 땅이 너희 눈앞에서 두루마리처럼 말려 사라질 것이다." 이 말은 우주의 물리적 종말을 예고하는 크로노스 시간표가 아니라, 나를 지배하던 가치 체계와 세계관, 곧 바벨론의 하늘과 땅이 접히는 카이로스의 순간을 묘사한다. 그 하늘과 땅이 사라져야 고토로 돌아갈 길이 열린다. 신바빌로니아가 역사 속에서 바람처럼 지나간 것처럼, 내 안의 바벨론—지배와 비교, 우월감과 소유의 신전—도 두루마리처럼 말려 사라진다. 그 자리에 무엇이 남는가. '살아 계신 분에게서 생명을 끌어내는' 현재형의 삶이 남는다.

여기서 '살아 계신 분'은 추상적 교리가 아니라, 지금-여기에서 생명을 공급하는 근원이다. 그에게서 생명을 끌어내는 행위는 과거의 기억이나 타인의 승인에 기대는 신앙이 아니라, 오늘의 호흡과 선택, 만남과 책임 속에서 생명의 근원을 길어 올리는 매순간의 호흡을 뜻한다. 이 호흡은 죽음의 관점을 바꾼다. "죽음을 맛보지 않는다"는 말은 육신의 소멸을 부정한다기보다, 생명의 근원과 접속한 존재가 죽음의 지배허무, 공포, 무의미 아래 놓이지 않는다는 선언이다. 선과 악, 옳고 그름의 시소게임을 더는 하지 않는다는 말이다. 인정투쟁의 주인과 노예의 장에서 벗어났음을 선언하는 것이다. 바벨론의 포로 상태가 해체된 자에게 죽음은 통치권을 잃는다. 안에 드리워진 네부카드네자르의 신상이 손대지 않은 돌에 의해 박살 난다.

이 흐름 속에서 "자신을 발견한 자에 관하여, 세상은 그에게 합당하지 않다"는 결론이 온전히 이해된다. 여기서 세상은 우리가 일상적으로 사는 공간 그 자체라기보다, 지배와 비교, 우월과 소유를 기준으로 움직이는 구조를 가리킨다. 자신을 발견한 사람은 그 구조가 자신에게 맞지 않음을 안다. 그는 자신을 그 구조의 목적으로 삼지 않는다. 지식을 쌓되 지배의 도구로 삼지 않고, 부를 다루되 생명을 해치는 방식으로 축적하지 않으며, 권위를 갖되 타인의 자유를 옥죄는 방향으로 사용하지 않는다. 그에게 세상은 더 이상 거주지가 아니라, 사랑과 책임을 실천하는 현장이다. 그래서 그는 세상 속에 있으나 세상에 속하지 않는다.

이런 맥락에서 도마복음의 어록 배치는 단순한 편집 이상으로 읽힌다. 보화를 발견하는 109, 세상의 것들을 내려놓게 되는 110, 두루마리처럼 접히는 하늘과 땅, 그리고 자기를 발견한 자의 자유를 선포하는 111. 이 연쇄는 고대의 서사-출애굽, 광야, 가나안, 열왕의 시대, 바벨론 포로, 귀환-와 평행을 이루며, 개인의 영적 순례에 그대로 겹친다. 요점은 명확하다. 보화를 발견하는 것은 시작일 뿐, 그 보화를 무엇으로 삼느냐가 결정적이다. 지배의 수단으로 삼는 순간 바벨론이 시작된다. 반대로 그 보화를 생명으로 삼아 근원에게서 끊임없이 길어 올리는 삶으로 전환할 때, 두 번째 사망의 권세는 무너지고, 두 번째 부활의 길이 열린다.

결국 111은 두 가지를 동시에 명령하고 위로한다. 하나, 너의 하늘과 땅이 접히는 일을 두려워하지 말라. 그것은 파괴가 아니라 해방의 전조. 둘, 살아 계신 분에게서 생명을 길어 올려라. 그때 죽음은 너를 붙들 수 없다. 이 두 가지가 이루어질 때, 자기를 발견한 자의 고백은 분명해진다. "세상은 나에게 합당하지 않다." 이는 세상을 경멸하겠다는 말이 아니다. 오히려 세상의 질서가 내 생명의 근원이 아님을 알았다는 선언이며, 세상 속에서 사랑과 진실을 위해 자유롭게 살겠다는 다짐이다. 그렇게 그는 고토를 그리워하고, 마침내 고토로 돌아간다. 그 고토는 지리적 장소가 아니라, 내 안의 본향, 근원과 맞닿은 자리이다. 그곳에서 하늘과 땅은 다시 새로 창조된다. 이전의 하늘과 땅은 두루마리처럼 자신을 접고 물러난다. 남는 것은 생명의 현재, 그리고 그 생명으로부터 솟아나는 조용한 기쁨이다.

요컨대, 도마복음 111은 종말의 공포를 말하는 장이 아니다. 그것은 권세의 종말, 지배의 종말, 바벨론의 종말, 곧 나 아닌 것이 나의 주인 노릇하던 시대의 종말을 선언한다. 상징계의 전복과 함께 실재계 도래의 노래다. 그리고 그 자리에 살아 계신 분에게서 지금, 이 순간 생명을 끌어올리는 사람의 시작을 선포한다. 이 시작을 경험한 사람은 더 이상 세상의 것이 목적이 아니라 도구임을 안다. 그는 자신을 발견했고, 그러므로 세상은 그에게 합당하지 않다. 하지만 바로 그 때문에 그는 세상 속에서 가장 온전히 산다. 그는 바벨론을 떠났고, 고토를 향해 걷고 있으며, 이미 그 고토의 숨결을 들이마시고 있다. 두루마리처럼 말려 사라지는 것은 끝이 아니라, 본향의 문이 열리는 방식이다. 도마복음 111은 그 문턱에서 우리에게 조용히 말한다. "두려워하지 말라. 생명은 지금도 솟아오르고

말씀 112 프쉬케와 싸르크
오성과 육체

예수는 이렇게 말씀했다.
"영혼ⲮⲨⲬⲎ에 의존하는 육체ⲤⲀⲢⳌ는 화가 있다.
육체ⲤⲀⲢⳌ에 의존하는 영혼ⲮⲨⲬⲎ도 화가 있다."49)

말씀 87에서 매우 유사한 구절이 있었다. '육신ⲤⲰⲘⲀ에 의지하는 육신은 비참하고, 이 둘에 의지하는 영혼ⲮⲨⲬⲎ도 비참하다.' 이때 육신은 명백히 '소마'였다. 그리고 '프쉬케'였으니 쏘마와 프쉬케의 관계였다. 87은 몸을 의지하는 몸의 비참함에 대한 경구였다. 이러한 유사성에도 불구하고, 동일하지 않다. 87은 쏘마ⲤⲰⲘⲀ와 쏘마ⲤⲰⲘⲀ의 관계, 쏘마ⲤⲰⲘⲀ와 프쉬케ⲮⲨⲬⲎ의 관계였다.

---

49)112.1 ⲠⲈⲜⲈ ⲒⲤ ϪⲈ ⲞⲨⲞⲈⲒ ⲚⲦⲤⲀⲢⳌ` ⲦⲀⲈⲒ ⲈⲦⲞϢⲈ ⲚⲦⲮⲨⲬⲎ 112.2 ⲞⲨⲞⲈⲒ ⲚⲦⲮⲨⲬⲎ ⲦⲀⲈⲒ ⲈⲦⲞϢⲈ ⲚⲦⲤⲀⲢⳌ

반면 112는 사르크ΣΑΡΞ와 프쉬케ΨΥΧΗ의 관계다. 번역본만으로는 파악하기 어렵다. 콥트어 본문에서는 이것이 분명하게 나뉜다. 개념 정돈이 모호하면 해석도 모호하게 된다. 육체ΣΑΡΞ로 번역된 사르크의 개념이 분명해야 문해도 비로소 가능하다.

사르크ΣΑΡΞ는 쏘마를 반영해서 형성된 정신의 몸이다. 의식의 세계에 형성된 몸꼴을 이루고 있는, 정신의 모양을 싸르크라고 한다. 몸의 모양을 반영하고 있어서 그 또한 흔히 육체라고 번역하나 쏘마와는 구별되어야 한다. 네부카드네자르의 신상이 곧 싸르크다. 신상인데, 사람 몸의 형상을 하고서 유대인의 의식을 점령하고 있다. 의식에 형성된 육체가 싸르크ΣΑΡΞ라는 말이다. 나는 이런 설명을 어디에서 듣거나 읽은 적이 없다. 각종 사전을 살펴보아도 명쾌한 정의를 보지 못했다. 이것은 오랫동안 전승된 성서의 이야기들 속에서 직관을 통해 길어 올린 나의 이해이고 설명이다.사견이라고 비판해도 감수할 수밖에 도리가 없다. 수없이 반복해 그같은 개념으로 글을 쓰고 영상을 통해 의견을 개진한다.

이 짧은 문장은 도마복음의 결말부에 놓인 경계의 말로, 영혼ΨΥΧΗ과 육체ΣΑΡΞ의 잘못된 의존관계가 가져오는 왜곡을 지적한다. 여기서 영혼과 육체는 서로 대립하거나 지배하는 관계가 아니라, 각자의 자리에서 존중되어야 할 두 차원을 가리킨다. 문제는 둘을 섞어 쓰거나 한쪽을 절대화할 때 발생한다.

먼저 "영혼에 의존하는 육체"를 살펴보자. 이는 육체의 요구와 필요를 영혼의 명목으로 억압하거나 학대하는 태도를 뜻한다. 전형적인 예가 종교적 금식이다. 금식 자체가 늘 해로운 것은 아니다. 현대 의학에서 말하는 단식 요법은 몸의 회복과 염증

완화를 목적으로 하며, 오토파지자가포식를 통해 손상된 세포를 정리하는 효과도 보고된다. 이런 단식은 몸을 이롭게 하기 위한 절제이고, 목적과 과정이 비교적 단순하다.

그러나 종교적 동기로 행해지는 금식은 종종 다른 길을 간다. 육체를 희생시켜서라도 영혼이 거룩해지길 기대하는 방식으로, 육체를 영혼에 예속시킨다. 그 결과는 대개 육체의 손상이다. 장기간 무리한 금식 뒤에 시력이나 신체 대사가 교란되거나, 극심한 요요와 비만으로 되돌아오는 일들이 일어난다. 몸은 결핍에 대한 방어로 에너지를 비상 저장하려 하고, 이는 더 큰 불균형을 부른다. 이런 종류의 금식은 육체를 존중하지 않으며, 결국 "영혼에 의존하는 육체는 화가 있다"는 경고의 사례가 된다. 물론 이때 나는 금식하고 있는 몸쏘마를 예로 들어서 설명했다. 본디 싸르크는 쏘마를 반영해서 형성되기에, 이 둘은 쌍둥이와 같다. 서로는 연계되어 있다. 프쉬케에 의존하는 싸르크는 더욱 싸르크를 강화한다. 프쉬케는 오성이다. 인식 체계요, 생각하는 기능이다. 그것은 일차로 육신쏘마의 요구를 따라 오성이 작용한다. 그를 따라 형성되는 싸르크는 네부카드네자르의 신상을 더 멋지게 치장하는 데 집중한다. 화가 있다는 말의 취지다.

다음으로 "육체에 의존하는 영혼"을 보자. 이는 영혼의 안녕과 진실성을 외적 번영이나 성취로 입증하려는 태도다. 신앙이 좋으면 물질과 건강, 사회적 성공이 반드시 따라야 한다는 식의 논리가 여기에 속한다. 네부카드네자르의 신상 이미지를 좇아서 의식이 작동하는 것이다. 이렇게 되면 영혼의 상태는 육체적·세속적 지표에 종속된다. 일이 잘 풀리면 영혼이 건강하다고 여기고, 일이 막히면 신앙이나 내면이 잘못되었다고 단정한다. 그러나 영혼의 성숙은 반드시 외적 번영으로 증명되지 않는다. 영혼을 외적 결과에 기대면, 결과가 흔들릴 때 영혼도 함께 흔들린다. 그래서 "육체에 의존하는 영혼은 화가 있다"는 말이 성립한다. 반야심경은 안이비설신의와 색성향미촉법에 의존해서 발생한 식識은 모두 무無라고 말한다. 거기서 형성된 안계眼界 내지乃至 의식계意識界 모두 무無라는 사실을 명확히 한다. 여기서 발생한 식識은 몸을 의존한 프쉬케의 결과물이다. 모든 문제의 원인이 거기서 시작된다. 몸을 의존한 프쉬케의 활동이 모든 번뇌와 망상과 탐진치를 향하게 된다. 세상을 바라보는 기준이 자신의 몸을 의존한 프쉬케의 결과물인 자기 경험의 앎을 준거로 발생하기 때문이다. 몸을 의존한 식識을 선과 악의 기준으로 삼는 순간부터 갈등과 불만과 불행이 시작된다. 만인은 제각각 만인의 선악을 기준으로 부딪힌다. 그러므로 몸을 의존하는 프쉬케는 비참하다.

성서의 전통은 육과 영을 구분하면서도 어느 한쪽을 부정하지 않는다. "육은 육, 영은 영"이라는 구분은 서로를 배척하라는 명령이 아니라, 섞어 혼동하지 말라는 분별의 요청이다. 영의 생각을 육에 강요하거나, 육의 욕구를 영의 진리 대신 삼는 태도가 문제다. 섞임은 주로 '생각'의 자리에서 일어난다. 육의 필요를 영적 잣대로 단죄하고, 영의 가치를 육의 성공으로 환산하는 순간, 내면은 혼란에 빠진다. 반대로, 영의 생각과 육의 생각을 또렷이 구분해 제자리에 둘 때, 영은 영대로 건강해지고 육은 육대로 균형을 되찾는다. 네부카드네자르의 신상神像이 변해서 하나님의 형상과 모양의 사람이 될 때, 말씀이 육신肉身이 된다. 육체를 의존하는 프쉬케가 아니라, 하나님을 향하여 נְפֶשׁ חַיָּה 네페쉬 하야 living soul 있는 프쉬케가 살아 있는 프쉬케가 된다.

일상의 예를 들어보자. 목이 마르면 물을 마시면 된다. 여기에 영적 판단을 개입시켜 "이게 죄인가 아닌가"를 묻는 것은 불필요한 혼동이다. 배고픔도 마찬가지다. 적절히 먹는 일은 죄의 문제가 아니다. 오히려 무리한 금식이 식탐과 폭식을 부른다. 결핍이 지속되면 몸은 주인을 신뢰하지 못하고 과도한 저장과 이상 행동으로 반응한다. 성의 문제도 비슷하다. 육체의 자연스러운 요구에 종교적 금욕을 무차별적으로 덧씌우면, 억압은 왜곡으로 되돌아온다. 사회적 권력과 종교적 규범이 결탁해 성을 통제할 때, 개인과 공동체는 다양한 심리적·사회적 문제에 직면한다. 반복되는 "하지 마라"는 금지의 언어는 결국 육체를 영혼의 이름으로 억압하며, 두 차원 모두를 비참하게 만든다. 쏘마를 예로 싸르크를 설명하지만, 이 또한 비유이니 독자의 현명한 독법을 희망한다.

그렇다면 우리는 어떻게 살아야 할까. 길은 단순하다. 육체는 영혼을 존중하고, 영혼은 육체를 존중한다. 갈등을 키우는 것은 섞임이지 구분이 아니다. 육체가 목마르다 하면 물을 준다. 배가 고프다 하면 먹인다. 그 과정에서 과유불급을 살피되, 죄책감으로 판단하지 않는다. 사랑을 나눌 때도 마찬가지다. 서로의 존엄과 합의를 바탕으로 육체의 사랑을 품되, 이를 영혼의 이름으로 단죄하거나 왜곡하지 않는다. 균형 잡힌 돌봄이 지속되면 육체는 이상 행동을 멈추고, 영혼은 외적 지표에 매이지 않은 평안을 배운다.

결국 도마복음 112의 핵심은 존중과 분별이다. 영혼의 이름으로 육체를 학대하지 말고, 육체의 이익으로 영혼을 평가하지 말라. 영혼은 영혼대로, 육체는 육체대로 고유한 법칙이 있다. 이 두 차원을 분명히 구분하고 서로를 귀히 여길 때, 내면의 분열은 가라앉고 삶은 하나의 조화를 이룬다. 그때 우리는 불필요한 죄책감과 과장된 열심에서 벗어나, 단순한 선을 회복한다. 목마르면 마시고, 배고프면 먹고, 사랑하면 사랑하되, 자신과 타인의 몸과 마음을 함께 돌보는 일이다. 도마복음의 경고는 결국 삶을 더 인간답게, 더 온전하게 하려는 요청이다. 영혼에 의존하는 육체도, 육체에 의존하는 영혼도 화가 있다. 그러나 서로를 제자리에 두고 존중할 때, 우리는 화에서 벗어나 평안으로 나간다.

덧붙여 번역상의 뉘앙스를 정리하면 다음과 같다. "영혼에 의존하는 육체는 화가 있다"는 표현은 "영혼을 붙들고 육체를 희생시키는 태도는 비참을 부른다"는 뜻으로 이해할 수 있다. 반대로 "육체에 의존하는 영혼은 화가 있다"는 말은 "외적 성취와 번영으로 영혼의 가치를 재려는 시도는 좌절을 낳는다"는 경고다. 어느 한쪽을 없애거나 압도하려는 전략은 결국 자기 파괴로 이어진다. 사람은 몸과 마음의 결합체이며, 둘은 대립이 아니라 상호 돌봄 속에서 성숙한다.

요약하면 이렇다. 첫째, 육체의 필요를 단순하고 정직하게 돌본다. 둘째, 영혼의 가치를 외적 결과로 환산하지 않는다. 셋째, 금욕과 절제는 목적과 맥락이 분명할 때만 의미가 있다. 넷째, 성과 먹고 마심을 포함해 몸의 문제를 죄책감으로 다루지 말고 책임과 존중으로 다룬다. 다섯째, 생각의 자리에서 쉼을 경계하고, 분별을 통해 조화를 배운다.

이 경구는 우리에게 극단을 버리고 균형을 택하라고 말한다. 영혼을 핑계로 몸을 미워하지 말고, 몸을 핑계로 영혼을 홍정하지 말라. 그렇게 할 때 삶은 더 맑아지고, 선택은 더 담대해진다. 도마복음 112는 바로 그 단순하고도 어려운 길을 가리킨다. 우리 안의 영혼과 육체가 서로를 존중할 때, 비로소 하나의 온전한 삶이 시작된다. 둘은 둘이 아니고 분열을 벗어나 도리어 하나의 일체가 된다. 오장육부가 서로 각각의 자리에 있지만 오분육렬이 아니라 하나이듯.

말씀 113 여기도 아니고 저기도 아니다

제자들ᴹᴬⲐⲎⲦⲎⲤ이 예수께 "왕국ᵀᴹⁿᵀᴱᴾᴼ이 언제[ⲁϣ ⁿϨⲟⲟⲩ, what day] 올까요?" 하고 물었다. 〈 예수께서 말했다. 〉 "기다린다고 오지 않는다. 보라! 여기ᴵᴵ 있다!, 보라! 저기ᵀᴴ 있다!라고 말하는 사람이 없을 것이다. 오히려 아버지ᴱᴵⲰᵀ의 나라ᵀᴹⁿᵀᴱᴾᴼ는 땅ᴷᴬᴴ 에 펼쳐져ᴾᴼᴾϣ 있지만, 사람들ᴾⲰᴹᴱ은 그것을 보지 못한다[ⁿᴬᵞ ᴬⁿ ᴱᴾᴼᶜ]."50)

말씀 18, 51과 유사하다[녹 17, 20-21 참조]. 종말론적 미래에 일어날 사건에 관한 질문은 오늘날도 여전하다. "죽은 자들을 위한 안식은 언제 올까요? 그리고 새 세상은 언제 올까요?". 우주 종말론은 꺼지지 않는 불꽃이다. 누구나 육체의 종말을 맞이한

---

50) 113.1 ⲡⲉϫⲁⲩ ⲛⲁϥ ⲛ̄ϭⲓ ⲛⲉϥⲙⲁⲑⲏⲧⲏⲥ ϫⲉ ⲧⲙⲛ̄ⲧⲉⲣⲟ ⲉⲥⲛ̄ⲛⲏⲩ ⲛ̄ⲁϣ ⲛ̄Ϩⲟⲟⲩ 113.2 (ⲡⲉϫⲉ ⲓ̄ⲥ̄ ϫⲉ) ⲉⲥⲛ̄ⲛⲏⲩ ⲁⲛ Ϩⲛ̄ ⲟⲩϭⲱϣⲧ` ⲉⲃⲟⲗ` 113.3 ⲉⲩⲛⲁϫⲟⲟⲥ ⲁⲛ ϫⲉ ⲉⲓⲥϨⲏⲏⲧⲉ ⲙ̄ⲡⲓⲥⲁ ⲏ ⲉⲓⲥϨⲏⲏⲧⲉ ⲧⲏ 113.4 ⲁⲗⲗⲁ ⲧⲙⲛ̄ⲧⲉⲣⲟ ⲙ̄ⲡⲉⲓⲱⲧ` ⲉⲥⲡⲟⲣ ϣ` ⲉⲃⲟⲗ ϨⲓϪⲙ̄ ⲡⲕⲁϨ ⲁⲩⲱ ⲣ̄ⲣⲱⲙⲉ ⲛⲁⲩ ⲁⲛ ⲉⲣⲟⲥ

다. 사후의 관심사에 종교가 만들어낸 가상 세계는 언제나 위로의 명약으로 작용한다. 왕국을 사후 혹은 어느 날 갑자기 공중에서 불현듯 찾아오는 것으로 홍보·선전한 것은 위와 같은 대중의 불안 심리와 그 기저에 부응한 종교의 창작물이다.

도마복음은 이 점에서 매우 단호하다. 처음부터^{말씀 3} 왕국은 하늘이나 바다에 없다고 단언하고 시작한다. 왕국은 네 안에 있고, 네 눈에 있다고 하지 않던가. 그런데 113의 제자들의 질문을 보면 아직도 그 의문이 해소되지 않고 있다. 여기까지 따라오고 있다. 그런데 113은 분명한 차이도 존재한다. 말씀 3은 '공간'이 주제였다면, 113은 왕국이 도래하는 시간, 곧 '언제'냐를 문제 삼는다. 그것은 시간의 문제도 아니라는 것. 기다린다고 오지 않는단다. 하나 더 분명한 것은 113에 이르러서는 "보라! 여기 있다!", "보라! 저기 있다!"라고 말하는 사람이 없을 것이라는 답변이다. 공간의 문제는 극복된 것이다. 왕국은 여기 혹은 저기의 문제가 아니라, '네 안과 네 눈에'요, 너 자신을 아는 것이 곧 아버지의 아들임을 아는 것이라고 단언하지 않았는가.

> 그러면 사람들이 너희에게 말하되 보라 그리스도가 광야에 있다 하여도 나가지 말고 보라 방에 있다 하여도 믿지 말라, 번개가 동편에서 나서 서편까지 번쩍임 같이 인자의 임함도 그러하리라. (마 24:26-27)
> 그때에 사람이 너희에게 말하되 보라 그리스도가 여기 있다 보라 저기 있다 하여도 믿지 말라, 거짓 그리스도들과 거짓 선지자들이 일어나서 이적과 기사를 행하여 할 수만 있으면 택하신 백성을 미혹케 하려 하리라. (막 13:21-22)

바리새인들이 하나님의 나라가 어느 때에 임하나이까 묻거늘 예수께서 대답하여 가라사대 하나님의 나라는 볼 수 있게 임하는 것이 아니요, 또 여기 있다 저기 있다고도 못하리니, 하나님의 나라는 너희 안에 있느니라. 또 제자들에게 이르시되 때가 이르리니 너희가 인자의 날 하루를 보고자 하되 보지 못하리라. 사람이 너희에게 말하되 보라 저기 있다 보라 여기 있다 하리라 그러나 너희는 가지도 말고 좇지도 말라. (눅 17:20-23)

예수께서는 물론이요, 바울도 이를 강력히 주장한다.

너희가 하나님의 성전인 것과 하나님의 성령이 너희 안에 거하시는 것을 알지 못하느뇨. (고전 3:16)

예수께서는 제자들이 묻는 현실이 이미 존재한다고 단언한다 "너희가 찾는 것이 이미 왔지만, 너희는 그것을 모른다." 113에서도 예수는 '언제'라는 질문을 일축하고, 왕국이 항상 그래 왔듯이 지금 당장 접근 가능하다고 말한다. 말씀 3에서처럼, 왕국은 위나 아래에 있는 것이 아니다. 왕국은 순전히 초월적인 것이 아니다. 또한 왕국은 특정 지역에 국한되지 않는다. 113의 마지막 구절의 요점은 왕국이 그 자체로 지상에 있다는 것이 아니라'여기' 또는 '저기'에만 있는 것이 아님에서 분명히 밝히듯이, 특정 장소가 아니라 모든 곳에 '펴져 있다'는 것이다. 여기서 오해해서는 안 되는 일이 있다. 모든 곳을 범재신론으로 환원하려는 반복되는 독법이다. 하늘과 바다에는 없다고 했다. 그러므로 땅에 펼쳐져 있는 아버지의 나라는 '너희 안에'를 일컫는 땅이지 '밖에 있는 어느 곳에나'가 아니다. 그것도 상징적으로는 가나안 땅이지, 상징적 애굽이나 광야나 바빌로니아의 땅에는 왕국이 없다. 사람들은 그것을 보지 못한다. 왕국은 네 눈에 있는 것인데, 아직 그것을 볼 수 있는 눈이 없기 때문이다. 안에 있을 때 밖으로도 드러난다. 이 원리는 뒤에서 덧붙여 풀어본다.

이 구절은 복음서와 사도 바울의 말과 닮은 듯 다르다. 그렇다고 해서 곧바로 도마복음은 틀렸다고 단정할 필요는 없다. 왜 표현이 다른지, 정경 복음서와 무엇이 같고 무엇이 다른지 살피는 일은 성서 읽기를 더 풍성하게 만든다. 누군가는 도마복음을 정경 밖의 문헌이라며 멀리할 수도 있다. 아직은 다수가 그러하다. 반드시 읽어야 할 책은 이미 충분히 많고, 성서만 제대로 읽어도 벅차니 그렇게 선택할 수 있다. 중요한 건 도마복음을 꼭 읽어야 한다는 강박이 아니라, 지금 우리 앞에 펼쳐진 텍스트를 통해 우리 자신을 더 깊이 읽어 내느냐다. 지금 우리 손에 도마복음이 놓여 있으니, 우리는 그것을 읽으며 배움을 얻을 뿐이다.

복음서 안에서도 같은 사건을 다르게 전하는 경우가 있다. 씨 뿌리는 비유만 봐도 마태, 마가, 누가에 공통으로 나오지만 표현과 강조점이 조금씩 다르다. 요한복음에는 그 비유가 직접 등장하지 않지만, 유사한 의미를 지닌 말들을 찾아볼 수 있다. 이를 두고 어느 한 전승만 원본이고 나머지는 변형이라고 단정해 버리면, 오히려 텍스트가 주는 다성多聲의 진실을 놓치게 된다.

하나의 사건을 두고도 관찰 위치가 달라지면 진술은 달라질 수밖에 없다. 교통사고 현장을 생각해 보자. 앞차 운전자, 뒤차 운전자, 경찰 조사 기록, 보험사 보고서, 그리고 각도마다 다른 CCTV 영상까지, 모두가 동일한 사실을 두고 서로 다른 단면을 드러낸다. 이때 어느 하나만 진짜라고 하고 나머지를 배제하면, 전체의 윤곽을 볼 수 없게 된다. 복음서와 도마복음도 마찬가지다. 각자의 자리에서 보고 듣고 느낀 것을 자기 언어로 기록했기에 비슷하면서도 다르다. 그렇다면 독자인 우리는 그 모든 증언을 종합하여 "아, 마태는 이렇게, 마가는 저렇게, 누가는 또 다르게 보았구나" 하고 이해해야 한다. 그럴 때 비로소 내 안에서 믿음의 관점이 형성되고, 나만의 언어가 생겨난다. 이것이 배제가 아닌 수용과 통합의 독법이다.

텍스트 비평의 세계에서는 단어 하나의 차이도 의미 있게 본다. 어떤 대목을 마가는 '단단히 경계하다'다아스텔로마이라는 어휘로, 마태는 '꾸짖다'에피티마오라는 말로 전한다. 왜 그랬을까를 질문하며 비교해 보면 맥락의 결이 풍성해진다. 이런 세심한 독서는 서로 다른 전승을 '줄 세우기'가 아니라, 다층적으로 겹쳐 읽는 일이다.

이제 다시 예수의 말씀으로 돌아가자. '여기 있다, 저기 있다'는 기표를 따라가며 나라를 찾는 방식은 끝내 우리를 왕국으로 데려다주지 못한다. 바울은 '그 날'이 어디 멀리 떨어진 장소가 아니라 우리 안에 있음을 강조한다. 도마복음의 통찰은 여기에 하나를 더한다. 바깥에서 "여기!", "저기!" 하는 소리가 더 이상 우리를 미혹하지 못할 때, 우리는 비로소 '안에 있는 나라'를 알아차린다. 바깥의 현란한 표지판이 귀에 들어와도 더는 마음이 끌려가지 않는 때가 있다. 그때 우리는 누구의 말에 귀를 기울이는가? 타인의 확신이 아니라 자기 안의 고요한 목소리에 귀를 댄다. 도마복음은 바로 그 순간을 가리킨다. 정경 복음서는 '나라가 너희 안에 있다'를 강조하고, 도마복음은 '바깥의 미혹에서 벗어나는 때'를 강조한다. 둘은 충돌하지 않는다. 오히려 서로 보완하며 우리를 중심으로 이끈다.

"아버지의 나라는 땅 위에 널리 퍼져 있으나, 사람들은 그것을 알지 못한다." 이 말은 내면과 외면의 변화를 함께 가리킨다. 그릇의 겉을 아무리 닦아도 속이 더러우면 소용이 없다. 그러나 속이 깨끗해지면 겉은 자연스레 달라진다. 신뢰가 있는 관계에서는 농담 속에도 온기가 스며든다. 마음의 상태가 밖으로 드러나는 것이다. 마찬가지다. 내 안에서 그 나라를 알아차리는 순간, 바깥의 삶에도 그 빛이 새어 나온다. 그때 우리는 어디선가 특별한 표지를 찾으려 애쓰지 않는다. 이미 '땅 위에 널리 퍼져 있는' 그 나라의 흔적을 일상에서 본다. 그런데도 사람들은 여전히 밖에서 답을 구하고, 저 멀리 있는 신비를 좇아간다. 하늘과 땅이 두루마리처럼 말려 사라지는 장면은 바깥에 고정된 기대가 심판받는 순간을 은유한다. 그 껍질이 벗겨지는 때, 안에 있던 나라가 드러난다.

도마가 113에서 제기하는 두 번째 요점은, 왕국에 대한 접근성 외에도 사람들이 왕국에 대해 무지하다는 것이다. 이 주제는 여기와 51 외에도 97과 말씀 109:1-2에서 두드러지게 나타나고 있다. 도마복음의 독자들은 이 점에서 확실했으면 좋겠다. 왕국은 '언제'라는 시점도 아니고 '여기 혹은 저기'라는 공간도 아니다. 왕국은 '네 안에서'이고, 그것은 '언제든'이다.

도마복음을 읽어도 좋고, 누가복음을 읽어도 좋다. 핵심은 텍스트를 통해 내 안의 나라를 깨우는 일이다. "여기 있다, 저기 있다"라는 외침이 더는 우리를 흔들지 못할 때, 우리는 이미 그 나라의 문턱을 넘어선다. 그때 바깥의 삶에서도 작은 변화가 시작된다. 말과 행동의 결이 달라지고, 타인을 향한 시선에 온기가 스민다. 나를 사로잡던 바벨론의 약속이 공허했음을 알아차리고, 거기로 가보아야만 얻을 수 있다고 믿던 구원이 사실은 지금·여기의 깨어남에 달려 있음을 깨닫는다.

말씀 114 여자가 남자가 되다

시몬 베드로ⁿⲉⲧⲣⲟⲥ가 그들에게 말했다. "마리함이 ᴹᴬʳⁱᴴᴬᴹ 우리 가운데로부터 떠나게 하라. 여인들ᶜᴴⁱᴼᴹᴱ은 생명ʷⁿᴴ 에 합당하지 ᴹⁿⱼⱼᴬ 않기 때문이다." 예수가 말했다. "보라, 나는 그녀가 너희 남자ᶻᴼᴼʸᵀ들처럼 산 영혼ⁿⁿᴬ ᴱⁿᴼⁿᴴ, 살아 있는 ⁿᴬ이 될 수 있도록, 그녀를 한 남자ᶻᴼᴼʸᵀ로 만들 수 있을 만큼 그녀를 잡아끌ᶜʷᴷ 것이다. 남자가 되는 모든 여인이 하늘ⁿⁿᴴʸᴱ 나라ᴹⁿᵀᴱʳᴼ에 들어갈 것이기 때문이다."⁵¹⁾

여자가 남자 되는 얘기는 도마복음의 가장 논쟁적 로기온이고 신비적 비의秘義다. 생물학적 여성을 남성으로 만든다는 얘기일까? 요한복음 16장은 생물학적 남성인 제자들을 해산하는 여인으로 비유하는 이야기가 나온다. 정신적으로는 남성이 아니라 여성이라는 얘기이니, 씨알을 내기보다는 씨알을 잉태하는 여성이라는 거다.

씨알의 잉태는 마음의 자궁에서 듣는 것을 통해 이뤄진다.

---

51) 114.1 ⲡⲉϫⲉ ⲥⲓⲙⲱⲛ ⲡⲉⲧⲣⲟⲥ ⲛⲁⲩ ϫⲉ ⲙⲁⲣⲉ ⲙⲁⲣⲓϩⲁⲙ ⲉⲓ ⲉⲃⲟⲗ ⲛ̄ϩⲏⲧⲛ̄ ϫⲉ ⲛ̄ⲥϩ ⲓⲟⲙⲉ ⲙ̄ⲡϣⲁ ̀ ⲛⲁ ̀ ⲙ̄ⲡⲱⲛϩ 114.2 ⲡⲉϫⲉ ⲓⲥ̄ ϫⲉ ⲉⲓⲥϩⲏⲏⲧⲉ ⲁⲛⲟⲕ ̀ ϯⲛⲁⲥⲱⲕ ̀ ⲙ̄ ⲙⲟⲥ ϫⲉⲕⲁⲁⲥ ⲉⲉⲓ- ⲛⲁⲁⲥ ⲛ̄ϩⲟⲟⲩⲧ ̀ ϣⲓⲛⲁ ⲉⲥⲛⲁϣⲱⲡⲉ ϩⲱⲱⲥ ⲛ̄ⲟⲩⲡⲛⲁ ⲉϥⲟⲛϩ ⲉ ϥⲉⲓⲛⲉ ⲙ̄ⲙⲱⲧⲛ̄ ⲛ̄ϩⲟⲟⲩⲧ 114.3 ϫⲉ ⲥϩⲓⲙⲉ ⲛⲓⲙ ̀ ⲉⲥⲛⲁⲁⲥ ⲛ̄ϩⲟⲟⲩⲧ ̀ ⲥⲛⲁⲃⲱⲕ ̀ ⲉ ϩⲟⲩⲛ ⲉⲧⲙⲛ̄ⲧⲉⲣⲟ ⲛ̄ⲙ̄ⲡⲏⲩⲉ

그것은 생물학적 남녀 모두에게 해당하는 말이다. '아들'을 낳게 되면, 비로소 '사람의 아들' 씨알의 사람 남자가 된다는 얘기다. 씨알로고스의 불꽃을 내는 이가 있는가 하면, 짐승의 씨를 뿌려 대며 남자인 척하는 종교인들이 다수다. 들어야 할 여자라는 걸 잊고 있다.

정신분석적으로 말하면 상상계와 상징계는 여성이고, 동시에 씨받이다. 이때는 짐승대타자의 그냥 씨받이일 뿐, 생명의 씨받이도 아니다. 따라서 여자이면서 노예다. 사람의 계수에 포함되지 않는다. 존재 부재의 시기다. 아브람과 이스마엘은 아브라함의 족보에 들지 않는다. 계수에 포함되지 않는다. 다말, 라합, 룻, 밧세바, 마리아가 예수의 족보에 계수된다. 이 여인들은 하와와 사라의 옆구리에 있다. 사라는 비록 족보에 명시적으로 기록되지 않았으나, 다섯 여인을 통해 계수된 셈이다. 에덴 이야기의 하와는 하갈과 사라로 분화되기 전 어미이니, 그 두 속성이 하와에게 있다. 아브라함 서사에서 이 둘은 분화된다. 이스라엘 서사에서 사라는 다섯 여인으로 분화되어 나타난다. 다섯 여인으로 인해 사라는 명시적인 기록이 없다 해도 생명의 계보에 기록된 셈이다. 여자가 족보에 들었으니(?) 남자가 된 것이다. 이런 표현에 발끈하지 마시라. 모두가 비유다.

말씀 113에서 왕국이 외부의 특정한 장소에 국한되는 것이 아님이 밝혀진다면, 114는 그러한 왕국의 원리가 우리의 존재 안에서 어떻게 반전될 수 있는지, 그리고 무엇을 통해 나라에 도달할 수 있는지를 여자 남자 비유를 통해 역설적으로 제시한다.

도마복음 114는 시몬 베드로가 예수의 제자들에게 "마리아로 하여 우리 가운데로부터 떠나게 하라, 여인들은 생명에 합당하지 않기 때문이다"라고 말하는 대목으로 시작된다. 이는 당시 유대 사회의 깊은 단면을 보여 주는 발언이다. 그 시대에는 여성과 종들이 인구 계수에서조차 제외되었을 만큼, 사회적 존재로서의 가치가 현저히 낮게 평가되었다. 베드로의 이러한 말은 그 당시 문화 전반에 뿌리 깊게 박혀 있던 남존여비 사상에 그 역시 찌들어 있었음을 여실히 드러낸다. 그는 여성을 단순히 남성의 재산이나 물건처럼 여기는 '즉자존재'로, 곧 독립된 주체가 아닌 타율적 존재로 간주했던 고대 사회의 만성적인 병폐를 그대로 반영하고 있다. 이러한 계급 사회에서 발생한 지독한 인류의 질병은 동서고금을 막론하고 보편적으로 존재했음을 확인할 수 있다.

그러나 예수는 베드로의 이러한 발언에 대해 전혀 다른 관점을 제시한다. 예수는 "보라, 나는 그녀가 너희 남자들처럼 산 영혼이 될 수 있도록, 그녀를 한 남자로 만들 수 있을 만큼 그녀를 끌어당길 것이다. 남자가 되는 모든 여인이 하늘나라에 들어갈 것이기 때문이다"라고 말한다. 이 말은 단순한 성별의 차별을 넘어선, 혁명적 영적 변혁의 가능성을 암시한다.

예수가 마리아를 '끌어당기겠다'라는 표현은 단순한 물리적 행위를 넘어선다. 이 표현은 그물을 던져 사람을 낚는 어부의 행위와 비교될 수 있다. 곧, 예수는 '사람 낚는 어부'가 되어, 당시 천대받던 '여자'의 상태에 있는 존재를 '남자'의 상태로, 즉 진정한 의미의 '사람'으로 변화시키겠다는 의지를 표명하는 것이다. 이는 곧 그 존재를 영적 진보와 깨달음의 길로 이끌겠다는 의미로 해석할 수 있다. 갈릴리 바다에서 어부로 살던 베드로_{여자}를 이끌었던 것을 기억시킨다. 그러나 그것도 수탉 앞에까지만 이다. 예수는 십자가에 죽는다. 죽음의 충격 후에는 밖의 원리가 단절된다. 타자의 원리가 종말을 고한다. 동정녀 마리아가 거룩한 영으로 씨알을 받아 잉태했듯, 이제는 베드로의 안에 있는 지성소의 씨알에 의해 베드로가 새롭게 태어난다. 남자 없이 잉태하고 다시 태어난다. 제 소리를 씨알로 삼았기에 제소리를 내는 로고스의 사람이 된다. 상징계를 전복하고 실재계의 그림이 시작된다. 경전은 그런 점에서 매우 비의_{秘義}적이다.

"하늘들과 땅이 두루마리가 말리듯이 떠나가고 새 하늘과 새 땅이 도래한다"라는 구절처럼, 이 하늘나라는 어떤 조건이 충족될 때 우리에게 임하게 되는 영적 상태를 의미한다. 도마복음에 의하면 그 조건은 바로 '여자가 남자가 되는 것'이다. "남자가 되는 모든 여인이 하늘나라에 들어갈 것이기 때문이다"라는 예수의 말씀은 이를 명확히 한다.

이러한 맥락에서 예수가 말하는 '여자를 남자로 만드는 것'은 육체적인 성전환, 즉 트랜스젠더와 같은 생물학적 변화를 의미하는 것이 아니다. 이는 영적인 성전환 또는 정신적인 대전환을 비유로 표현한 것이다. 도마복음 114를 육체의 차원으로만 이해하려는 시도는 그 본질을 놓치는 것이다. 모든 구절이 비유이며, 내면의 변화를 통한 깨달음을 강조하는 것이 핵심이다. 씨받이에서 씨냄이로 만들겠다는 것이고, 비로소 얼사람으로 이끌겠다는 말이다.

베드로의 발언과 그의 존재 상태에 대한 깊이 있는 통찰은 흥미롭다. 베드로는 생물학적으로는 남자였지만, 영적으로는 '여자'의 상태에 머물러 있었다고 해석된다. 즉, 그는 자신이 무엇인지, 진정한 '나'가 누구인지 모르고 있었다는 것이다. 요한복음 16장 21절에 나오는 '해산하는 여인'의 비유나, 사도 바울이 자신을 '해산하는 수고를 하는 여인'으로 비유한 것처럼, 성서에서는 남성에게도 영적 의미에서의 여성적 상태를 부여하기도 한다. 우리는 모두 특정한 아들을 낳기 전까지는 영적 의미에서 해산하는 여자와 같다고 볼 수 있다.

여기서 여인으로 비유되는 상태는 외부로부터 끊임없이 공급받아야만 살 수 있는 의존적 존재를 상징한다. 스스로 생산하거나 창조하는 능동적 주체가 아니라, 누군가로부터 말씀을 듣고, 사랑을 받아야만 비로소 생존할 수 있는, 애정 결핍·존재의 결핍에 사로잡힌 상태를 의미하는 것이다. 좋은 말씀을 찾아 헤매고, 굶주린 배를 움켜쥐고 정신적 양식을 구하는 모습은 바로 이러한 의존적인 여자의 상태를 보여 주는 것이다. 구약성서에서 창녀나 다섯 남편을 둔 여인으로 비유되는 것 역시, 누군가로부터 끊임없이 타율적으로 공급받아야만 하는 정신적 상태를 말하는 것이다. 씨앗을 내는 자가 아니라 씨앗을 받아야만 하는 존재, 이것이 바로 여자의 비유적 의미이다. 여자의 비유는 그런 의미만 있는 것이아 니다. 생명을 잉태하여 낳고 키우는 존재는 여자만이 가능하다. 왕국을 이루는데 여자가 없이는 불가능하다. 여자는 차별의 언어가 아니라 생명을 낳고 왕국을 이루는 데 필수적인 언어다.

베드로는 자신을 남자라고 생각했지만, 실제로는 이러한 '여자'의 상태에 있었다는 것이 핵심적인 통찰이다. 그가 스스로를 남자라고 여기는 오만함은 도마복음 112장이나 113장에서 언급되는 바벨론에 잡혀간 상태와도 연결될 수 있다. 그는 자신이 진정으로 누구인지 깨닫지 못하는 무지 속에 있었다. 닭이 울기 전에는 무지를 깨닫지 못한다.

이러한 정신적 성전환의 예로 구약의 아브라함 서사를 들 수 있다. 아브라함은 생물학적으로는 분명 남성이었지만, 그가 백 세가 될 때까지는 정신적으로 여자의 상태에 있었다고 해석된다. 그는 엘리에셀이나 이스마엘과 같은 외부적 대상을 하나님 나라의 상속자일 것이라고 끊임없이 기대하며 의존했다. 그러나 백 세가 되어 더 이상 생물학적 생산 능력이 없다고 여겨지고, 그 어떤 외부 대상에도 희망을 둘 수 없는 절대적 한계에 다다른 순간, 즉 "더 이상 기대할 바가 없고, 나 자신이 죽은 자와 다름없는" 바로 그 순간에 '여자가 남자로 대전환하는 때'가 찾아온다. 이 지점이 바로 영적 성전환이 일어나는 순간이다.

이때 아브라함은 사라를 통해 이삭을 낳는다. 흔히 사라가 이삭을 낳은 것으로 보지만, 이 해석은 '아브라함이 이삭을 낳았다'는 관점을 제시한다. 사라는 여기서 우리의 마음의 밭을 상징한다. 외부의 씨앗이 아닌 내 안에서 비로소 진정한 깨달음과 성장을 이루는 것을 '아브라함이 이삭을 낳는 것'으로 비유하는 것이다. 이는 곧 '내가 나를 낳는 것'을 의미하며, 여자가 남자가 되는 정신적·영적 성전환의 대변혁을 뜻한다. 이러한 내면의 성전환을 통해 비로소 '하늘나라'에 들어갈 수 있다는 것이 도마복음 114의 핵심 가르침이다. 예수가 베드로에게 "내가 너로 사람 낚는 어부가 되게 하리라"고 말한 것은, 결국 "내가 너로 남자가 되게 하리라"는 의미와 일맥상통한다. 이는 요한복음 21장과도 연결되며, 계시록과 말라기서에서 언급되는 '아버지의 마음이 자녀에게로, 자녀의 마음이 아버지에게로 향하여 싱글 원이 되는 것'이 곧 '여자가 남자가 되는 것'임을 암시한다.

유대 신비주의 전통인 카발라의 생명나무로 비유하면, 여자가 남자가 되는 싱글 원의 이야기는 더 명쾌해진다. 야훼의 삼각형에서 여자는 '비나'다. 만물의 어머니인 비나는 코크마의 씨를 받아 발아하고 성숙시켜 아들과 딸을 낳는다. 케세드와 게부라와 티페레트와 네차와 호드를 낳게 된다. 그다음에는 비로소 씨알을 생산하는 예소드생명의 씨를 낳는다. 비로소 말쿠트 왕국을 이루게 된다. 성막은 타버나클이요, 하나님의 신이 머무는 쉐키나다. 여성이다. 성막의 휘장이 찢기며 성소와 지성소가 하나가 되면 싱글 원이 된다. 여자는 비로소 남자가 되고 하나님의 신이 지성소의 은밀함에 갇혀 있는 것이 아니라, 씨알의 남자로 되살아난다. 여자가 남자가 되는 장엄한 서사가 완성된다. 하나님 나라는 역동적으로 메르카바 선차처럼 웅비하며 역동한다. 여자가 남자가 되면서 독수리의 날개가 하늘로 날갯짓하게 된다. 정신은 이렇게 영글어 간다. '여성성 → 남성성 → 살아 있는 영'이 된다.

도마복음은 그 난해함과 수수께끼 같은 내용 때문에 '위경' 또는 '외경'으로 치부되기도 한다. 위경은 거짓 복음을, 외경은 배제된 성경으로 불가타와 70인 역에는 나오나 히브리어 성경에는 없는 경전이다. 도마복음은 성서에서 배제되어 정통적인 경전의 지위를 부여받지 못했다. 그러나 이러한 일반적 평가에 반론을 제기한다. 진정한 '원전'은 우리 각자의 마음속 '심비心碑'에 있다. 우리는 모두 각자만의 '비밀의 경전', 곧 '오리지널리티한 원복음'을 마음 판에 가지고 있으며, 도마복음을 통해 이를 비추어 읽고, 역으로 우리 마음의 경전을 통해 도마복음을 되짚어 읽는다. 그럴 때 비로소 그 진정한 의미를 파악할 수 있다. 이는 '마가복음만이 유일한 원복음이다'라는 배타적인 경전관을 넘어서는 사고이다.

더 나아가, 경전의 의미는 삶의 모든 순간으로 확장된다. '내 안이 깨끗해지면 밖도 깨끗해진다.' 우리 앞에 펼쳐져 있는 모든 것이 곧 텍스트라는 통찰이 전개된다. 술자리, 타인과의 만남, 심지어 서로의 눈빛까지도 나를 읽어 낼 수 있는 텍스트가 된다. 뉴스나 드라마 같은 대중매체, 그리고 우리 앞에 벌어지는 모든 사태들 역시 우리 자신을 비추어 볼 수 있는 텍스트인 것이다. 이러한 관점에서 보면 '무엇만이 경전이다'라는 협애에 갇힐 필요가 없어진다. 불경, 기독교 경전, 시경, 도덕경 등 어떤 경전이든 그것이 진정으로 우리에게 나를 들여다볼 수 있게 하는 그것이라면 그것은 곧 텍스트의 역할을 한다.

이러한 열린 관점은 종교 간의 경계, 학문의 경계마저 허물어뜨린다. 반야심경도 경전이고, 대승기신론을 통해 믿음의 발현 과정을 이해할 수 있으며, 카발라의 '열 개의 세피로트' 역시 우리에게 믿음을 불러일으키는 경서가 될 수 있다. 심지어 손주의 미운 일곱 살과 같은 이해할 수 없는 행동조차도, 우리의 어떤 모습을 읽어 낼 수 있는 귀한 텍스트가 될 수 있다. 이처럼 삶의 모든 현상과 사건들 속에서 경전 아닌 것이 어디 있겠는가? 모든 구분과 경계가 사라지는 지점에서 우리는 진정한 깨달음을 얻게 된다.

도마복음의 114 로기온에 대한 탐색을 마친다. 제시한 해석은 단지 내게 투영된 내 언어로 풀어본 해석일 뿐이다. 이는 함께 읽고 사유하는 과정에서 생긴 인연의 결과일 뿐이며, 개개인의 주체적인 해석을 존중하고 또 기대한다. 미처 담지 못한 내용이나 놓친 부분들은 각자가 자신의 읽기와 해석을 통해 풍성하게 덧붙여야 할 부분으로 남긴다. 1945년 나그함마디에서 발굴된 도마복음은 세상에 빛을 본 지 80년이다. 동서의 많은 연구자의 해석과 해설서가 있지만, 나의 작업을 통해서도 분명 해석의 지평이 넓혀졌으리라 자평하고 싶다. 더욱 지평을 넓히는 징검다리가 되기를 희망한다. 더 활발한 토론과 각자의 해석으로 채워지기를 희망한다. 각자의 '읽기'와 '해석'이 서로의 '생명의 세계'를 넓혀 가는 데 이바지하기를 바라는 마음을 담는다.

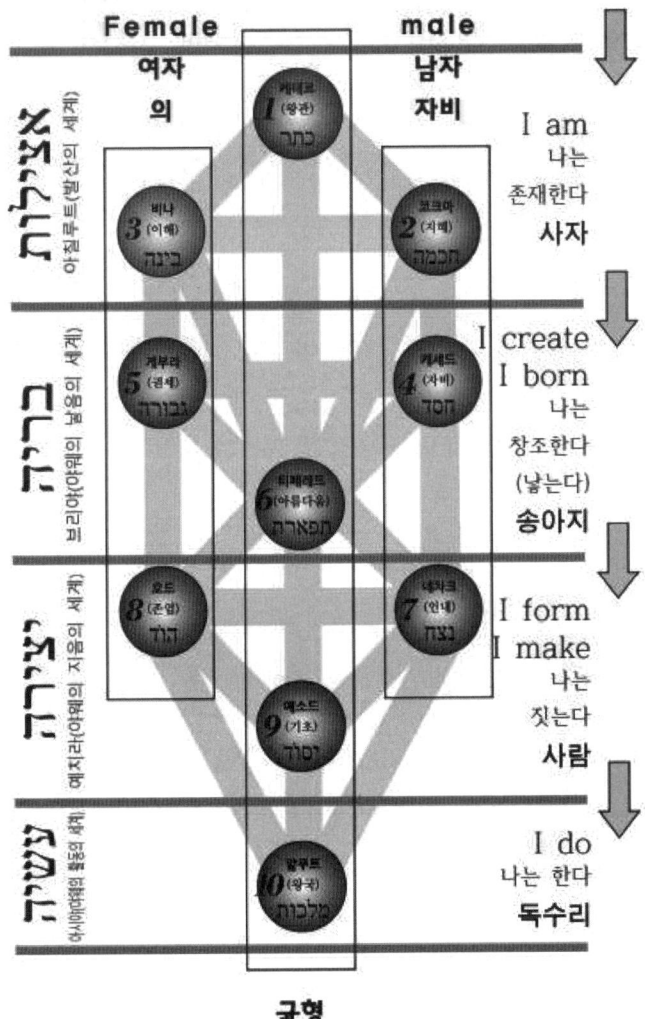

왼쪽 기둥은 의식의 여성성이다. 오른쪽 기둥은 의식의 남성성이다. 비나는 7개의 세피로트를 낳는다. 가운데 기둥은 남성성과 여성성의 균형을 이루는 기둥이다. 처음 3개의 세피로트와 함께 나머지 7개의 세피로트는 비로소 살아있는 의식의 존재를 이루는 왕국이 된다. 여자가 남자가 되고 남자가 비로소 살아 있는 존재가 되는 그림이다.

참고문헌

김창호, 「예수의 믿음」 열린서원. 2018.
--------, 「에덴의 뮈토스와 로고스」 도서출판 예랑. 2021.
--------. 「유대신비주의 카발라와 생명나무」 도서출판 예랑. 2023
--------. 「성서 그리고 도마복음(말씀 1-28)」 도서출판 예랑. 2024
--------. 「성서 그리고 도마복음(말씀 29-70)」 도서출판 예랑. 2025
박형용(헬), 윤영탁(히)「완벽성경성구대전」 히, 헬-한글사전 편,
　　　　아가페출판사, 1988
D. DeConick, The original gospel of thomas in translation-With a Commentary and new english translation of the Complete gospel-T&T Clark International A Continuum imprint. 2006.
Gregory A. Lint; Ralph W. Harris; Thoralf Gilbrant, Greek-English Dictionary, The Complete Biblical Library. Springfield, Missouri, U.S.A.1990
Henry George Liddell. Robert Scott. A Greek-English Lexicon. revised and augmented throughout by. Sir Henry Stuart Jones. with the assistance of. Roderick McKenzie. Oxford. Clarendon Press. 1940.
James Strong, The Strong's Exhaustive Concordance with Hebrew and Greek Lexicons. Baker Book House.1979
Lambdin T.O. - Introduction to Sahidic Coptic, Mercer University press, 1983.
Martijn Linssen, The true words of Thomas, Interactive Coptic-English translation. MA Version 1.9.5. 2020.
Michael W . Grondin. Grondin`s Interlinear Coptic/English Translation of The Gospel of Thomas, Revised November 22, 2002.
S.J. Gathercole, The Gospel of Thomas Introduction and Commentary,(Brill, Leiden)2014
W.E. Crum, 'Coptic Anecdota (II. Severus and the Heretics)', JTS 44 (1943)
TLA lemma no. C5731 (ⲱⲟ), in: Coptic Dictionary Online, ed. by the Koptische/Coptic Electronic Language and Literature International Alliance (KELLIA)
Oxyrhynchus Papri, P.Oxy.
Bible Program / https://biblehub.com/

도마복음 콥트어 원문 직역(로기온 1~114)

* 하나의 로기온 안에서 소절 분류는 하지 않았다. 주석 편의를 위해 본문 해설에서는 S.J. Gathercole 주석서의 소절 분류를 좇아 간간이 적용했다. 해설 편의를 위해 번역 문장의 한글 단어에 콥트어를 병기한 사례가 많아 산만해 보이나 메모처럼 그냥 놔두기로 했다. 처음부터 로기온 번역을 목적하지 않았다. 도마복음 이해를 위해 콥트어 본문과 씨름하면서 번역한 것이니 직역이 많고 다소 거칠다. 타 번역과 비교하면서 참고용으로 삼길 바란다.

서론

이것은 살아 있는 예수가 말했고 쌍둥이 유다 도마가 기록한 숨은 말씀이다.

말씀 1

그가 말했다. "여기서 말한(말하기, to speak) 것들의 해석을 발견하는 자는 죽음을 맛보지 않을 것이다."

말씀 2

예수가 말했다. "찾는 자는 그가 발견할 때까지 중단하지 말라. 그가 발견하게 되면 그는 당혹스러울 것이다. 그가 당혹하게 될 때, 그는 놀랄 것이다. 그러면 그는 모든 것(THP)을 다스릴 것이다."

말씀 3

예수가 말했다. "만일 너희를 인도하는 자들이 너희에게 '보라, 왕국이 하늘에 있다.'라고 말한다면, 하늘의 새들이 너희보다 먼저 갈 것이다. 만일 그들이 너희에게 '그것은 바다에 있다.'라고 말한다면 물고기가 너희보다 먼저 가서 들어갈 것이다. 그러나 왕국은 너희 안에 있다. 그리고 너희의 눈(Bαλ, eye)에 있다. 만일 너희가 너희 자신을 안다면 그들은 너희를 알게 될 것이고, 너희는 너희가 살아 계신 아버지의 아들이라는 것을 깨닫게 될 것이다. 그러나 만일 너희가 너희 자신을 알지 못한다면, 너희는 결핍 속에 있고, 너희 자신이 결핍이다."

말씀 4

예수가 말했다. "그의 날에서 노인이 된 사람(옛사람)은 칠 일된 어린아이에게 생명의 장소에 관하여 묻기를 머뭇거리지 않을 것이다. 그리고 그는 살 것이다. 왜냐하면 처음(사람)이 나중 (사람)이 될 사람이 많을 것이다. 그리고 그들은 단독자(ογα ογωτ, one alone)가 될 것이기 때문이다."

말씀 5

예수가 말했다. "네 앞에 있는(앞선) 것을 알라. 그리하면 네게 감춰 있던 것이 너에게 드러나리라. 왜냐하면 감춘 것은 네게 드러나지 않을 것이 없기 때문이다."

말씀 6

예수의 제자들이 그에게 묻기를, "당신은 우리가 금식하기를 원하십니까? 어떻게 기도해야 합니까? 우리가 자비를 베풀어야 합니까? 음식을 어떻게 가려 먹어야 합니까?" 예수가 말했다. "거짓말하지 말라, 너희가 싫어하는 것을 하지 마라. 모든 것이 하늘 앞에 서는 드러날 것이기 때문이다. 드러나지 않을 비밀도 없고, 나타나지 않을 숨김도 없다."

말씀 7

예수가 말했다. "사람이 먹게 될 사자는 복이 있다. 그리고 그 사자는 사람(ⲠⲢⲰⲘⲈ, become-man, 남자가 된)이 된다. 그리고 사자가 먹게 될 자, 그 사람은 저주가 되었다. 그리고 그 사자는 사람(ⲢⲰⲘⲈ, human)이 될 것이기 때문이다."

말씀 8

그리고 그가 말했다. "그 사람(ⲠⲢⲰⲘⲈ)은 그물을 바다에 던지는 가슴으로 사람이 된(ⲢⲢⲘⲚ̄ϨⲎⲦ˙, become-man of mind, 가슴으로 남자가 된) 한 어부와 같다. 그는 바다에서 물고기가 가득 찬 그물을 끌어 올렸다. 작은 물고기는 아래쪽에 크고 좋은 물고기는 위쪽에 있다(작은 물고기가 가득했고, 크고 좋은 물고기는 마음의 높은 곳 안쪽에, Ⲛ̄ϨⲢⲀⲒ). 사람이 된(ⲢⲢⲘⲚ̄ϨⲎⲦ˙, 가슴으로 남자가 된) 어부는 작은 물고기를 모두 바다로 던졌다. 그는 망설이지 않고 큰 물고기를 선택하였다. 듣고자 하는 귀를 가진 자는 그에게 듣게 하자."

말씀 9

예수가 말했다. "보라, 씨 뿌리는 자가 나갔다. 그는 (씨들을) 그의 손에 가득 채웠고 뿌렸다. 어떤 것들은 길 위에 떨어졌다. 새들이 와서 그것들을 쪼아 먹었다. 어떤 것들은 바위 위에 떨어졌다. 그것들은 땅속에 뿌리를 내릴 수가 없었고, 하늘로 이삭들을 내지 못하였다. 어떤 것들은 가시덤불 가운데 떨어졌다. 가시덤불이 씨들을 질식시켰고, 벌레가 그것들을 먹어 치웠다. 그러나 어떤 것들은 좋은 땅에 떨어졌다. 그것은 하늘을 향해 자라서 좋은 열매를 내었다. 60배, 120배의 열매를 맺었다."

말씀 10

예수가 말했다. "나는 세상에 불을 질렀다. 보라 나는 그것이 불타오르기까지 그것(NTOq, HE, it)을 지키고 있다."

말씀 11

예수가 말했다. "이 하늘은 사라질 것이고 하늘 위에 있는 것도 사라질 것이다. 죽은 자 그들은 생명으로 살지 못하고, 살아 있는 자 그들은 죽음을 맛보지 않을 것이다. 죽은 자 그들은 생명으로 살지 못하고, 살아 있는 자 그들은 죽음을 맛보지 않을 것이다. 그대가 죽은 것을 먹던 날에, 그대는 그것을 산 것(생명)으로 만들었다. 그대가 빛이 되었을 때 그대는 무엇을 할 것인가. 그대가 하나였던 날에, 그대는 둘이 되었다. 그러나 그대가 둘이 되었을 때, 그대는 무엇을 하겠는가?"

말씀 12

제자들이 예수에게 말했다. "당신이 우리를 떠나게 되리라는 것을 알고 있습니다. 누가 우리 위에 큰 자가 되겠습니까?" 예수가 그들에게 말했다. "그대들이 서 있는 그곳에서 그대들은 의로운 야고보스를 향해 가게 될 것이다. 그가 가지고 있는 그 하늘과 땅은 바로 그에게 오는 자들을 위해 존재하기 때문이다."

말씀 13

예수가 그의 제자들에게 말했다. "내가 누구와 같은지 비교하고 내게 말하라." 시몬 베드로가 그에게 말했다. "당신은 거룩한 천사와 같습니다." 마태가 그에게 말했다. "당신은 마음의 사람 철학자와 같습니다." 도마가 그에게 말했다. "선생님(cae), 내 입으로는 전혀 그것을 말할 수 없다는 것을 받아들여요." 예수가 말했다. "나는 너의 선생이 아니다. 너는 마시고 있기 때문이다. 너는 내게 속하고 내가 전한 넘치는 샘에 취해 있다." 그다음 그를 데리고 물러가서 그에게 세 마디를 말하였다. 도마가 그의 동료들에게 돌아왔을 때, 그들이 그에게 물었다. "예수께서 네게 무어라고 말했는가?" 도마가 대답하였다. "만일 내가 너희에게 그가 내게 한 말 중 한 마디를 말한다면, 너희는 돌을 들어 나를 칠 것이다. 그러면 돌들로부터 불이 나와 너희를 태워 버릴 것이다!"

말씀 14

예수께서 그들에게 말했다. "너희가 금식하면, 너희는 너희 자신에게 죄를 지을 것이다. 너희가 기도하면 정죄를 받을 것이다. 너희가 자선을 베풀 때, 너희의 정신을 해칠 것이다. 너희가 어떤 지방에 들어가서 그 시골을 통과할 때, 너희가 받아들여진다면 너희 앞에 놓여 있는 것을 먹어라. 그들 가운데 마음의 병든 자를 치료하라. 입으로 들어가는 것은 아무것도 너희를 더럽히지 아니할 것이요, 네 입에서 나오는 것이 너희를 더럽히기 때문이다."

말씀 15

예수가 말했다. "너희가 여인에게서 태어나지 않은 자를 볼 때, 너희의 얼굴을 숙이고 그를 찬양하라, 그는 너희의 아버지이기 때문이다."

말씀 16

예수가 말했다. "아마도 사람들은 내가 세상에 평화를 주러 왔다고 생각할 것이다. 그들은 내가 땅에 분열을 주러 왔다는 것을 모른다. 불과 칼과 전쟁을 주러 왔다. 한 집에 다섯 사람이 있으면 셋이 둘과, 둘이 셋과 대적할 것이요, 아버지가 아들과, 아들이 아버지와 대적할 것이다. 그러고서야 그들은 홀로(ⲘⲞⲚⲀⲬⲞⲤ, 모나코스) 서 있을 것이다."

말씀 17

예수가 말했다. "눈으로 보지 못한 것, 귀로 듣지 못한 것, 손으로 만지지 못한 것, 사람의 마음에 떠오르지 않은 것을 너희에게 주리라."

말씀 18

제자들이 예수에게 말했다. "우리의 끝이(ϨⲀⲈ, 하에) 무엇과 같을지 말해주십시오." 예수가 말했다. "그러면 너희들이 마지막(ϨⲀⲈ, 하에)을 찾기 위해, 근본(ⲀⲢⲬⲎ, 아르케)이 겉으로(ⲈⲂⲞⲖ) 드러났는가(ⲤⲰⲖⲠ)? 근본 안에 있으면 궁극에 이르게 될 것이다. 근본에 서 있는 자는 복이 있다. 그는 궁극을 알 것이고 죽음을 맛보지 않을 것이기 때문이다."

말씀 19

예수가 말했다. "나기 전에 나신 그이는 복이 있다. 너희가 내 제자가 되어 내 말을 들으면 이 돌들이 너희를 섬기리라. 낙원에는 너희를 위하여 변함없는 나무 다섯 그루가 있다. 여름과 겨울, 그 잎사귀가 떨어지지 않는 것을 아는 사람은 죽음을 맛보지 않을 것이다."

말씀 20

제자들이 예수께 말했다. "천국이 어떤 것인지 말씀해 주십시오." 그가 그들에게 말했다. "겨자씨 한 알 같도다. 모든 씨앗 중에서 가장 작은 것이로되 그것이 흙갈이 된 땅에 떨어지면 큰 가지를 내고 공중 새들의 쉼터가 된다."

말씀 21

마리아가 예수께 물었다. "당신의 제자들은 어떤 사람들인가요?" 예수께서 말했다. "그들은 자기 것이 아닌 밭에 사는 어린아이들과 같다. 밭 주인이 오면 '우리 밭을 돌려 달라'고 할 것이다. 그들은 밭을 돌려주기 위해 그들 앞에서 옷을 벗는다." 그러므로 나는 말한다. "집주인이 도적이 올 줄 알면 그가 올 때까지 지키고, 물건을 빼앗아 가지 않도록 자기 왕국의 집이 뚫리지 않게 할 것이다. 너희는 세상(ΚΟCΜΟC 코스모스)의 시작(ϵ&H 에히)부터 깨어 있어라. 도적이 길을 찾지 못하도록 강한 힘으로 허리를 동여매라. 외모를 중시하게 되면 겉에 빠지게 될 것이다. 네 중심에 이해심의 사람이 오게 하라. 열매가 익었을 때, 그는 손에 낫을 들고 속히 나가서 그것을 수확할 것이다. 속에 있는(within) 그에게 들으려는 귀를 가진 자는 듣게 하라."

말씀 22

예수께서는 작은 자가 젖을 먹는 것을 보셨다. 예수께서 제자들에게 이르시되 "이 젖을 먹는 작은 자가 왕국에 들어가는 자와 같다." 그들이 이르되 "그러면 우리가 작은 자의 존재(being)가 되어 천국에 들어가겠습니까?" 예수께서 그들에게 말했다. "그 둘을 하나로 만들고 안이 바깥과 같고 밖이 안과 같으며 위가 아래와 같게 만들고 그리하여 너희가 남자와 여자를 홀로 하나(ⲘⲠⲒⲞⲨⲀ ⲞⲨⲰⲦ 엠피우아 우오티)로 만들 것이다. 남자가 남자가 아니고, 여자가 여자가 아니기 위함이다. 네가 눈 대신에 눈을, 손 대신에 손을, 발 대신에 발을, 형상 대신에 형상을 만들면 그때 너희가 [왕국]에 들어갈 것이다."

말씀 23

예수가 말했다. "내가 너희를 천에서 하나, 만에서 둘을 택할 것이다. 그리고 그들은 하나(ⲞⲨⲀ ⲞⲨⲰⲦ, 우아 우오티)로 서게 될 것이다."

말씀 24

그의 제자들이 그에게 말했다. "우리는 그분을 찾아야(ⲦⲀⲚⲀⲄⲔⲎ, necessary) 해요. 당신이 계신 곳을 우리에게 보여주소서." 그가 그들에게 말했다. "그에게 들을 수 있는 귀를 가진 자는 그에게서 들을 수 있게 하라! 빛이 있는 그가 빛나는 사람이다. 그가 온 세상을 비추는 빛이 된다. 만일 그가 빛이 되지 않으면, 그는 어두움이다."

말씀 25

예수가 말했다. "네 형제(ⲤⲞⲚ)를 너의 목숨(ⲮⲨⲬⲎ 프쉬케)처럼 사랑하라(ⲘⲈⲢⲈ), 그를 너희 눈동자(ⲈⲖⲞⲨ ⲘⲠⲈⲔⲂⲀⲖ)처럼 지켜라(ⲦⲎⲢⲈⲒ 테레이)."

말씀 26

예수가 말했다. "너는 네 형제 눈에 티가 있는 것을 본다. 그러나 네 눈에 들보가 있는 것을 보지 못한다. 그러나 네가 네 눈의 들보를 빼어버리면 네 형제의 눈에 있는 티를 제거할 수 있도록 밝히 보게 될 것이다(ⲔⲚⲀⲚⲀⲨ 케나나우 you will see clearly, διαβλέπω 디아블레포)."

말씀 27

예수가 말했다. "너희가 세상을 금식하지 아니하면 하나님의 나라를 찾지(만나지) 못하리라. 그리고 만일 안식일을 지키지 못하면 아버지를 보지 못하리라" P.Oxy. 27

[예수가 말했다] "너희가 세상을 금식하지 아니하면 [하나님의] 나라에 들어갈(빠질) 수 없다(ⲦⲈⲦⲚⲀϪⲈ ⲀⲚ ⲈⲦⲘⲚⲦⲈⲢⲞ). 안식일을 지키지 않으면 아버지를 보지 못할 것이다."

말씀 28

예수가 말했다. "내가 세상 가운데 서서 육체로 그들에게 나타났느니라 나는 그들이 모두 취한 것을 보았고, 그들 가운데 목마른 사람은 아무도 없다. 28.3 그리고 사람의 아들들로 인해 내 마음이

아프다. 왜냐하면 그들은 마음의 눈이 멀어 보지 못하기 때문이다…" P.Oxy. 28

예수가 말했다. "나는 세상(ⲔⲞⲤⲘⲞⲤ 코스모스)의 한가운데 서서 육체(ⲤⲀⲢⲜ 사르크)로 볼 수 있게(ⲈⲂⲞⲖ 에볼) 그들에게 나타났다. 나는 그들에게(ⲈⲢⲞⲞⲨ 에로우) 있었고 그들 모두는 취해 있었다. 그들 누구도 목말라하지 않았다(목말라하지 않는 그들에게 나는 빠지지 않았다. 내 마음(ⲮⲨⲬⲎ 프쉬케)이 사람의 아들들로 인해(ⲈⲜⲚ ⲚϢⲎⲢⲈ ⲚⲢⲢⲰⲘⲈ) 아프다(고통을 지불했다). 그들은 마음의 눈이 멀어서 아무도 보지 못한다. 그들은 빈손으로 세상에 왔고 빈손으로 세상에서 나오려고 한다(ϢⲒⲚⲈ 쉬네 seek). 그럼에도 그들은 취해 있다. 만일 그들이 그들의 포도주를 버리게 되면 그때 그들은 돌이키게(ⲘⲈⲦⲀⲚⲞⲈⲒ 메타노에이) 될 것이다."

말씀 *29*

예수가 말했다. "만일 육(ⲤⲀⲢⲜ)이 영(ⲠⲚⲀ) 때문에(ⲈⲦⲂⲈ, because of, concerning) 존재로 들어왔다면(ϢⲰⲠⲈ), 그것은 놀라운(ϢⲠⲎⲢⲈ) 것이다. 그러나 만일 몸(ⲤⲰⲘⲀ)으로 인해 영(ⲠⲚⲀ)이 존재하게 되었다면 나 자신에게는 이보다 더 놀라운 일이 있을 수 있을까. 참으로 경이롭다. 나는 어떻게 빈곤(ϨⲎⲔⲈ, 헤케, poverty)의 사람이 다스리던 곳에 크고 풍요한 사람(ⲢⲘⲘⲀⲞ, 렘마오)의 통치가 찾아왔는지 놀랍기만 하다."

말씀 *30*

예수께서 말했다. "세 신이 있는 곳에서 그들은 신이다. 30:2 둘 혹은 홀로 있으면 나는 그와 함께 있다." [77:2 나무를 쪼개라. 내

가 거기에 있고, 77:3 돌을 들어 올려라. 그러면 내가 거기에 있을 것이다.]

말씀 *31*

예수가 말했다. "예언자는 그 자신의 마을에서 환영받지 못한다. 의사는 그를 알고 있는 자들에게 치료하지 못한다."

말씀 *32*

예수께서 말했다. "높은 산 위에 세워진 성읍은 요새화되어 무너질 수 없고, 숨길 수도 없다."

말씀 *33*

예수가 말했다. "너는 네 귀(Μααχε마아제)로 그에게서(ερoq to him) 들을 것이다. 그리고 네 집 지붕 위에서 다른 귀에(in the other ear-Μααχε) 전파하라." "등불을 켜서 말 아래 두는 자가 없고, 은밀한 곳에 두는 자도 없다. 33.3 오히려 등잔대 위에 두어 들어가고 나가는 자마다 그 빛을 보게 함이니라."

말씀 *34*

예수가 말했다. "만약 눈먼 사람이 눈먼 사람을 인도한다면, 둘 다 구덩이에 빠질 것이다."

말씀 *35*

예수가 말했다. "누구든지 강한 사람의 손을 묶지 않으면 그 강한 사람의 집에 들어가서 강제로 그것을 빼앗을 수 없다. 그의 손을 묶고 나서야 그는, 그의 집을 강탈할 것이다."

말씀 36

예수께서 가라사대, "아침부터 저녁까지, 그리고 저녁부터 아침까지 음식에 관하여서는 무엇을 먹을까, 의복에 관하여서는 무엇을 입을까, 걱정하지 말라, 너희는 길쌈의 수고를 하지 않고도 저렇게 아름다운 백합보다도 더 고귀하니라. 너희가 옷이 없다 한들, 과연 무엇을 너희 스스로 몸에 걸칠 수 있으리오? 누가 과연 너희 세월(키)을 늘 릴 수 있을까? 옷을 줄 사람은 바로 그다."
콥트어 버전:
예수께서 말했다. "아침부터 저녁까지, 저녁부터 아침까지 무엇을 입을지 걱정하지 말라."

말씀 37

그의 제자들이 물었다. "언제 당신이 우리에게 나타나시겠으며, 언제 우리가 당신을 뵙겠습니까?" 예수께서 그들에게 말했다. "너희가 옷을 벗고 부끄러워하지 않고, 옷을 벗어 어린아이들처럼 발아래 두고 밟으면, 그때 살아 계신 분의 아들을 보고 두려워하지 않을 것이다."

말씀 38

예수께서 말했다. "너희는 내가 하는 이 말을 여러 번 듣고 싶어 했다. 너희 외에는 그 말을 들을 사람이 없다. 너희가 나를 찾되 발견하지 못할 날이 오리라."

말씀 39

예수께서 말했다. "바리새인들과 서기관들이 '지식의 열쇠'를 가져갔고 그것들을 숨겨놓았다. 그들은 그들 자신이 들어가지 않았고 들어가기를 원하는 자들이 들어가려 하는 것을 허락하지도 않았다. 그러나 너희는 뱀같이 지혜롭고 비둘기같이 순수하라."

말씀 40

예수께서 말했다. "포도나무가 아버지 밖에 심어졌지만, 아직 굳건히 자리 잡지 못했다. 뿌리에서 뽑혀 없어질 것이다."

말씀 41

41.1 예수께서 말했다. "누구든지 손에 있는(ⲧⲉⲡϨⲟⲥⲓⲭ 테퍼치즈 his hand) 자에게는 주어질 것이요, 41.2 누구든지 없는 자에게는 그가 가진 것 중 작은 것도 빼앗길 것이다."

말씀 42

예수가 말했다. "지나가는 사람이 돼라."

말씀 43

제자들이 그에게 말했다. "우리에게 이런 말하는 당신은 누구십니까?" (예수께서 그들에게 말했다.) "내가 너희에게 말하는 것으로 내가 누구인지 알지 못하는구나. 오히려 너희는 유대인들처럼 되었구나. 그들은 나무는 사랑하지만, 열매는 미워하고 열매는 사랑하지만, 나무는 미워하느니라."

말씀 44

예수께서 말했다. "아버지(ⲉⲓⲱⲧ, πατήρ)를 모독 훼방하는 자는 용서받을 것이다. 아들을 모독 훼방하는 자는 용서받을 것이다. 그러나 성령을 모독하는 자는 땅에서도 하늘에서도 용서받지 못할 것이다."

말씀 45

예수가 말했다. "사람들은 가시나무에서 포도를 따지 않고 낙타의 등(ⲥⲣϭⲁⲙⲟⲩⲗ, thorn of camel) 혹은 엉겅퀴로부터 무화과를 따지 않는다. 이것들은 아무런 열매도 주지 않는다. 좋은 사람은 그의 보물(ⲁϩⲟ, treasur)로부터 좋은 것을 낸다. 그러나 나쁜 사람(ⲕⲁⲕⲟⲥ ⲣ̅ⲣⲱⲙⲉ)은 그의 마음속에 있는 그의 보물로부터(ⲁϩⲟ, treasure) 나쁜 것(ⲡⲟⲛⲏⲣⲟⲛ 포네론)을 꺼낸다. 그는 나쁜 것들을 말한다. 왜냐하면 그의 마음에 크게 차지하는 것으로부터 그는 나쁜 것들을 말한다."

말씀 46

예수가 말했다. "아담에서 시작하여 세례 요한까지, 여인이 낳은 자 중 세례 요한보다 큰 자는 없다. 그래서 그의 눈은 주눅 들지 않을 것이다. 나는 말한다. 그러나 그대 안에 오실 분은 작은 사람이고, 그는 왕국을 알 것이며, 그는 요한보다 높을 것이다."

말씀 47

예수가 말했다. "아담에서 시작하여 세례 요한까지, 여인이 낳은 자 중 세례 요한보다 큰 자는 없다. 그래서 그의 눈은 주눅 들지 않을 것이다. 나는 말한다. 그러나 그대 안에 오실 분은 작은 사람이고, 그는 왕국을 알 것이며, 그는 요한보다 높을 것이다."

말씀 48

예수가 말했다. "아담에서 시작하여 세례 요한까지, 여인이 낳은 자 중 세례 요한보다 큰 자는 없다. 그래서 그의 눈은 주눅 들지 않을 것이다. 나는 말한다. 그러나 그대 안에 오실 분은 작은 사람이고, 그는 왕국을 알 것이며, 그는 요한보다 높을 것이다."

말씀 49

예수가 말했다. "단독자(ⲘⲞⲚⲀⲬⲞⲤ 모나코스)와 선택된(ⲤⲞⲦⲠ 소티프) 자는 복이 있다(ⲘⲀⲔⲀⲢⲒⲞⲤ 마카리오스). 너희는 왕국(ⲘⲚ̄ⲦⲈ-ⲢⲞ)을 발견할 것이기 때문이다. 너희는 거기로부터 나왔기 때문에 거기로 다시 돌아갈 것이다."

말씀 50

예수께서 말했다. "만약 그들이 너희에게 '너는 어디서 왔느냐?'고 묻는다면, 그들에게 '우리는 빛(ⲞⲨⲞⲈⲒⲚ 우오에인)에서 왔고, 빛이 스스로 생겨나 그들의 형상으로 서 있고 나타났다'고 말하여라. 만약 그들이 너희에게 '너냐?'고 묻는다면, '우리는 그 자녀이며 살아계신 아버지의 택함을 받은 자들이다'고 말하여라. 만약 그들이 너희에게 '네 안에 있는 네 아버지의 표징은 무엇이냐?'고 묻는다면, 그들에게 '그것은 움직임이고 멈춤이 아니다(ⲘⲚ̄ ⲀⲚⲀⲠⲀⲨⲤⲒⲤ 엠엔 아나파우시스)'고 말하여라."

말씀 51

그의 제자들이 그에게 물었다. "죽은 자들에게는 어느 날 안식이 올까요? 그리고 새 세상은 어느 날에 올까요?" 그는 그들에게 말했다: "너희가 바라는 그 세상이 왔다. 오히려 여러분 자신은 그것을 모른다."

말씀 52

그의 제자들이 그에게 말했다. "이스라엘에서 스물네 명의 선지자가 말했는데, 그들이 모두 당신에 대해 말했나요?" 그는 그들에게 말했다. "당신들은 당신 앞에 있는 살아있는 사람을 소홀히 하고 죽은 사람에 대해 말합니다."

말씀 53

그의 제자들이 그에게 물었다. "할례는 이로운 일입니까?" 그는 그들에게 말했다. "만일 그것이 이로운 일이라면, 아버지들은 이미 할례받은 어머니에게서 자녀를 낳을 것이다. 오히려 영 안에서 참된 할례는 전적으로 유익하다."

말씀 54

예수께서 말했다. "가난한 자는 복이 있으니, 천국이 너희의 것이니라."

말씀 55

예수께서 말했다. "아버지와 어머니를 미워하지 않는 사람은 내 제자가 될 수 없다. 형제자매를 미워하지 않고 나처럼 십자가를 지고 가지 않는 사람은 나에게 합당하지 않다."

말씀 56

예수께서 말했다. "세상을 알게 된 사람은 시체(ⲡⲧⲱⲙⲁ, πτῶμα)를 발견한 것이다. 그리고 시체를 발견한 사람은 세상이 그에게 합당하지 않다."

말씀 57

예수께서 말했다. "아버지의 나라는 좋은 씨를 가진 사람과 같으니라 그의 원수가 밤에 와서 좋은 씨 위에 가라지를 뿌렸다. 그 사람은 가라지를 뽑는 것을 허락하지 않았다." 그는 그들에게 말했다. "가서 가라지를 뽑고 밀도 함께 뽑을 경우를 대비해서다. 추수 날에 가라지가 드러날 것이다. 그것들은 뽑혀서 불태워질 것이다."

말씀 58

예수께서 말했다. "고난받은 사람은 복이 있으니, 그는 생명을 발견했고 그것에 푹 젖어 있느니라"

말씀 59

예수는 말했다. "너희가 살아있는 동안 살아있는 자를 주목하라. 그러지 않으면 너희가 죽을 것이다. 그때는 산 자를(him) 보려고 해도 볼 수 없을 것이다."

말씀 60

〈예수께서〉 유대로 들어가실 때 어린양을 짊어진 사마리아인을 보셨다. 제자들에게 말했다. "그가 어린양 곁에 있다." 그들이 그에게 말했습니다. "그가 그것을 죽여 먹으려고 합니다." 그가 그들에게 말했다. "살아있는 동안은 먹지 않는다. 그러나 그가 그것을 죽이면 시체가 될 것이다." 그들이 그에게 말했다. "그렇지 않으면 그는 할 수 없을 것이다." 그가 그들에게 말씀했다. "너희는 안식처 안에서 자리를 찾아라. 그러면 너희가 시체가 되어 먹히지 않을 것이다."

말씀 61

예수께서 말했다. "두 사람이 한 침대(ϭλοϭ, bed)에 누워 있을 것이다. 한 사람은 죽고 다른 한 사람은 살 것이다." 살로메가 말했다. "오, 사람이여! 하나에서 나와(ϩⲱⲥ ⲉⲃⲟⲗ ϨⲚ̄ ⲞⲨⲀ) 내 침대에서 일어나고 내 식탁에서 먹는 당신은 누구인가?" 예수께서 그녀에게 말했다. "나는 같은 이에게서 나온 존재하는 그다. 나는 내 아버지께 속한 것을 받았다." 살로메가 말했다. "나는 당신의 제자입니다." 예수께서 말했다. "이런 이유로 나는 말한다. 그가 동등할 때 그는 빛으로 가득 찰 것이다. 그러나 그가 나뉘면 그는 어둠으로 가득 찰 것이다."

말씀 62

예수께서 말했다. "나는 내 은밀(ⲘⲨⲤⲦⲎⲢⲒⲞⲚ 무스테리온)한 것을 그것에 합당한 자들에게 말한다. 오른손이 하는 일을 왼손이 모르게 하라."

말씀 63

예수께서 말했다. "돈(ΧΡΗΜΔ, 크레마이) 많은 부자가 있었다. 그는 '나는 내 돈을 써서 심고, 거두고, 내 창고에 소출을 채워서 부족함이 없게 하겠다.'라고 말했다. 그는 이렇게 생각했지만, 바로 그날 밤 죽었다. 귀 있는 자는 들으라."

말씀 64

예수가 말했다. "어떤 사람이 손님들을 초대하였다. 그가 잔치를 준비하였을 때, 그는, 그의 종을 보내 그런 손님들을 불러오게 하였다. 그는 첫째 사람에게 가서 그에게 말했다. '나의 주인이 당신을 부르십니다.' 그가 대답하였다. '나는 상인들로부터 돈을 받아야 합니다. 그들은 오늘 밤 내게 옵니다. 나는 가서 그들에게 주문서를 주어야 합니다. 제발 나를 그 잔치에서 제외하여 주십시오.' 그 종은 다른 손님에게 가서 말했다. '나의 주인이 당신을 부르십니다.' 그는 종에게 말했다. '나는 집 한 채를 샀는데, 그것을 위해 종일 일해야 합니다. 나는 시간이 없을 것입니다.' 그는 다른 손님에게 가서 그에게 말했다. '나의 주인이 당신을 부릅니다.' 그가 그에게 대답하였다. '나의 친구가 결혼하려고 합니다. 나는 그의 결혼 잔치를 준비해야 합니다. 나는 갈 수 없을 것입니다. 제발 나를 그 잔치에서 제외하여 주십시오.' 그는 다른 사람에게 가서 '주인이 당신을 부르십니다.'라고 말했다. 그가 그에게 말했습니다. '저는 마을을 샀습니다. 소작료를 받으러 갑니다. 갈 수 없을 것 같습니다. 양해해 주십시오.' 그 종은 돌아가서 그의 주인에게 말했다. '당신이 잔치에 초대한 사람들이 제발 제외하여 달라고 말했습니다.' 주인은 그의 종에게 말했다. '거리로 나가서 만나는 사람마다 불러오라, 그들이 정찬을 들 수 있도록. 장사꾼들과 상인들은 내 아버지의 처소에 들어가지 못할 것이다.'"

말씀 65

그가 말했다. "어떤 사람이 포도원을 가지고 있었다. 그는 농부들에게 포도원을 빌려주어 농부들이 경작하게 하고, 농부들이 그에게서 소출을 받도록 했다. 그는 농부들이 포도원 소출을 그에게 주도록 종을 보냈다. 그들은 그의 종을 붙잡아 때려 거의 죽일 뻔했다. 종은 가서 주인에게 말했다. 주인이 말했다. 아마도 〈그들이〉 그를 알아보지 못했을 거야. 그는 다른 종을 보냈다. 농부들은 이 종도 때렸다. 그러자 주인들은 이 아들을 보고 말했다. '아마도 그들이 내 아들은 존중할 거야.' 그 농부들은 그가 포도원의 상속자라는 것을 알고 그를 붙잡아 죽였다. 귀 있는 자는 들으라."

말씀 66

예수께서 말했다. "건축자들이 버린 돌을 내게 보이라, 그것은 모퉁이 돌이다."

말씀 67

예수께서 말했다. "모든 것을 알면서도(cooyn) 한 가지가 부족한 자는 완전히 부족한 자다."

말씀 68

예수께서 말했다. "사람들이 너희를 미워하고 박해할 때는 너희에게 복이 있으니 그러나 그들이 너희를 박해한 곳에서는 너희를 박해할 곳을 찾지 못하리라. 거기에는 어떤 자리도 발견되지 않을 것이다."

말씀 69

예수께서 말했다. "마음(ϨΗΤ᾽ 헤트)에서 박해(ΔΙⲰⲔⲈ 디오케)받는 자들은 복이 있나니(ⲘⲀⲔⲀⲢⲒⲞⲤ 마카리오스), 그들은 아버지를 참으로 아는 자들이다. 원하는 자의 배를 채우려고 주리는 자들은 복이 있나니."

말씀 70

예수가 말했다. "네 안에 있는 것ⲠⲎ을 낳으면(ⲬⲠⲞ, 지포 give birth) 그가 너를 온전하게(ⲦⲞⲨⲬⲞ, 토우조, make whole, make safe) 하리라" "그러나 네 안에 있는 이것(ⲠⲀⲒ, this), 존재의 사람을 낳으면 그가 너를 죽일 것이다."

말씀 71

예수께서 말했다. "내가 이 집을 헐리리니 요동치지 않는 집을 다시 지을 수 있는 사람은 아무도 없다 […]."

말씀 72

어떤 사람이 그에게 이르되, "'내 형제들에게 내 아버지의 재산을 나와 나누라고 말해주시오.' 그가(예수님) 그에게 이르되, '이 사람아, 누가 나를 나누는 자로 만들었느냐?' 그가 제자들에게 돌아서서 이르되, '나는 나누는 사람이 아니다. 그렇지 않으냐?'라고 말했다."

말씀 73

예수께서 말했다. "추수할 것은 많은데 일꾼이 적다. 추수할 일꾼들을 보내 달라고 주께 기도하라."

말씀 74

그가 말했다. "주님, 우물 주변에는 많은 사람들이 있으나 우물 안에는 아무도 없습니다."

말씀 75

예수께서 말했다. "문 앞에 서 있는 사람이 많을 것이다. 그러나 홀로 하나인 자들이 결혼 장소로 들어갈 것이다."

말씀 76

예수가 말씀했다. "아버지 나라는 마치 많은 상품을 가지고 있다가 진주 하나를 발견한 상인과 같다. 그 상인은 슬기로 가득 찬 상품을 팔아 이 진주 하나를 샀다. 너희는 그의 한결같고 영원한 보물을 찾아라. 거기에는 좀도 가까이하지 못하고 벌레도 해치지 못하느니라."

말씀 77

예수께서 말했다. "나 자신은 빛이요, 이 빛은 모든 것 위에 있는 것이다. 나 자신이 모든 것이다. 모든 것이 마음(정신)에서 나왔고, 모든 것은 내게서 나눠진다. 나무를 베어 보라, 거기에 내가 있다. 돌을 들어보라, 거기서 너희는 나를 발견할 것이다."

말씀 78

예수께서 말했다. "너희는 어찌하여 광야에 나왔느냐? 바람에 흔들리는 갈대를 보려고 하느냐? 또 너희 왕들과 귀족들처럼 부드러운 옷을 입은 사람을 보려고 하느냐? 그들은 부드러운 옷을 입고 있으면서도 진리를 알지 못하느니라."

말씀 79

무리 가운데 한 여자가 예수께 말하였다. "당신을 낳은 태와 당신을 먹인 젖이 복이 있나이다." 그가 그녀에게 말했다. "아버지의 말씀을 듣고 진실로 지키는 자들은 복이 있으니, 너희가 '아이를 낳지 아니한 태와 젖을 먹이지 아니한 젖이 복이 있나니' 할 날이 오리라."

말씀 80

예수께서 말했다. "세상을 알게 된 사람은 육신을 발견한 것이다. 그러나 육신을 발견한 사람을 세상은 합당하게 여기지 않는다."

말씀 81

예수께서 말했다. "부유해진 자가 다스리게 하라, 힘(뒤나미스)을 가진 자는 그것을 버리라."

말씀 82

예수께서 말했다. "내게 가까이 있는 자는 불에 가까이 있는 것이요, 내게서 멀리 있는 자는 나라에서 멀리 있는 것이다."

말씀 *83*

예수가 말했다. "그 형상(ⲉⲓⲕⲱⲛ, 히콘)들은 사람 안에(ⲙ̅ⲡⲣⲱⲙⲉ, 엠프로메)서 드러난다(ⲟⲩⲟⲛϩ ⲉⲃⲟⲗ, 우온흐 에볼 are appearing). 그들 마음(ϩⲏⲧ, 헤트 heart 정신)의 빛은 아버지 빛의 형상 안에 숨어 있다. 그는 밖으로 드러날 것이다. 그리고 그의 형상은 그의 빛에 의해 은폐된다."

말씀 *84*

예수께서 말했다. "너희는 너희 모양(ⲉⲓⲛⲉ 에이네)을 보고 기뻐한다! 그러나 너희가 너희보다 먼저 존재했던, 죽지도 않고 드러나지도 않는 너희 형상(ⲉⲓⲕⲱⲛ 히콘)을 볼 때에, 너희는 얼마나 감당하겠느냐!"

말씀 *85*

예수께서 말했다. "아담(ⲁⲇⲁⲙ)은 큰 권세(ⲛ̅ⲇⲩⲛⲁⲙⲓⲥ 엔두나미스)와 큰 부(ⲣⲙ̅ⲙⲁⲟ)로부터 태어났지만, 너와는 합당하지 않았다. 만일 그가 합당했다면 죽음을 맛보지 않았을 것이다."

말씀 *86*

예수께서 말했다. "[여우도 ⲃⲁϣⲟⲣ] 굴이 있고 새(ϩⲁⲗⲁⲧⲉ)도 보금자리가 있으나 인자(ⲡϣⲏⲣⲉ ⲇⲉ ⲙ̅ⲡⲣⲱⲙⲉ)는 머리 둘 곳도 없고 쉴 곳도 없느니라."

말씀 *87*

예수께서 말했다. "몸(ⲥⲱⲙⲁ)에 의존하는 몸(ⲥⲱⲙⲁ)은 비참하고, 이 둘에 의존하는 영혼(ⲮⲨⲬⲎ)도 비참하다."

말씀 88

예수께서 말했다. "사자(ⲀⲄⲄⲈⲖⲞⲤ, 앙겔로스)와 선지자(ⲠⲢⲞⲪⲎⲦⲎⲤ, 프로페테스)들이 너희에게 와서 너희가 가진 것을 줄 것이다. 너희도 너희가 가진 것을 그들에게 주고, '언제 그들이 와서 자기들의 것을 가져갈까?' 하고 스스로에게 말하여라."

말씀 89

예수께서 말했다. "잔(ⲠⲞⲦⲎⲢⲒⲞⲚ)의 겉(ⲚⲂⲞⲖ)만 깨끗이 하느냐? 안(ⲚⲤⲞⲨⲚ)을 만드신(ⲦⲀⲘⲒⲞ) 이가 겉도 만드셨다는 것을 알지 못하느냐?"

말씀 90

예수께서 말했다. "내 멍에(ⲚⲀϨⲂ)는 친절(ⲬⲢⲎⲤⲦⲞⲤ 크레스토스)하고 내 주권(ϪⲞⲈⲒⲤ)은 온유(ⲀⲢⲞϢ, cold, freezing)하니 내게로 오라. 그러면 너희가 안식(ⲀⲚⲀⲨⲠⲀⲤⲒⲤ)을 얻으리라."

말씀 91

그들이 예수께 말했다. "당신이 누구인지 말씀해 주시오. 그러면 우리가 당신을 믿게 될 것입니다." 예수께서 그들에게 말했다. "너희는 천(ⲠⲈ)지(ⲔⲀϨ)의 기상(ϨⲞ, face)은 물으면서 네 앞에(ⲘⲦⲞ) 있는 것과, 지금이 어느 철(ⲔⲀⲒⲢⲞⲤ)인지 알지(ⲤⲞⲞⲨⲚ, 알다, 인식하다) 못한다. 그리고 물으려고도 않는다."

말씀 92

예수님께서 말했다. "찾으라(ϣINE). 그러면 발견 (ϭINE) 할 것이다. 그러나 너희가 묻던 그날(ⲅooy)엔 내가 너희에게 말하지 아니하였다. 너희가 내게 물었던(ⲭNOY question) 것을 지금(ⲧⲉNOY) 내가 말하고자 한다. 그러나 너희는 그것들을 찾지 않는다."

말씀 93

"거룩한 것(oyaaB, be pure, holy)을 개(oyⲅoop, dogs)에게 주지 말라. 그들이 그것을 똥 더미(ⲕoⲡⲣⲓa, hill, mound of manure, dung)에 던질까 두렵다. 진주(ⲙaⲣⲅapⲓⲧ[ⲏⲥ, pearl)를 돼지(ⲉϣay, pigs)에게 던지지 말라. 그들이 그것을 조각낼까(λa[ⲕⲙⲉ], fragment) 두렵다."

말씀 94

예수께서 말했다. "찾는 자는 찾을 것이요, 두드리는 자에게는 열릴 것이다."

말씀 95

[예수께서 말했다.] "돈(ⲅoⲙⲛⲧ, money)이 있거든 이자(ⲙⲏⲥⲉ, offspring (of money), usury, interest)를 받고 빌려주지 말고, 오히려 돌려받지 않을 사람에게 주어라."

말씀 96

예수께서 말했다. "아버지의 나라(ⲧⲙ̄ⲛ̄ⲧⲉⲣo ⲙ̄ⲡⲉⲓⲱⲧ˰)는 여자(cⲍⲓⲙⲉ)와 같다.' 그 여자가 적은 누룩(ⲕoyⲉⲓ ñⲥaⲉⲓⲡ)을 가져다가 반죽(oy ⲙⲱⲧⲉ) 속에 숨겨 큰 빵을 만들었다. 96.3 귀 있는 자는 들으라."

말씀 97

예수께서 말했다. "아버지의 나라(ⲧⲙⲛ̅ⲧⲉⲣⲟ ⲙ̅ⲡⲉ[ⲓⲱⲧ)는 밀가루(ⲛ̅ⲛⲟ ⲉⲓⲧ`)가 가득 든 항아리(ⲟⲩ[ⲙⲉⲉⲓ])를 짊어진 여자(ⲥϩⲓⲙⲉ)와 같다. 그 여자가 먼 길을 떠나는 동안 항아리 손잡이가 부러져 밀가루가 길에서 그녀의 뒤로 쏟아졌다. 그 여자는 그것을 깨닫지 못했다(ⲥⲟⲟⲩⲛ ⲁⲛ). 피곤함도 느끼지 않았다. 그 여자가 집에 도착하여 항아리를 내려놓고 보니 비어(ⲩⲟⲩⲉⲓⲧ) 있었다."

말씀 98

예수께서 말했다. "아버지의 나라는 고관(ⲙⲉⲅⲓⲥⲧⲁⲛⲟⲥ, 귀족)을 죽이려는 사람과 같다. 그는 자기 손이 충분히 강한지 시험해 보려고 집에서 칼을 뽑아 벽에 꽂았다. 그러고 나서 그는 귀족을 죽였다."

말씀 99

제자들이 예수님께 "당신의 형제자매들(ⲥⲛⲏⲩ)과 어머니(ⲙⲁⲁⲩ)께서 밖에(ⲛⲃⲟⲗ) 서(ⲁϩⲉⲣⲁⲧ) 계십니다."라고 말했다. 예수께서 그들에게 말했다. "여기 있는 사람들이 내 아버지의 뜻(ⲟⲩⲱϣ)을 행하는 사람들이며, 이들은 내 형제자매와 어머니입니다. 바로 그들이 내 아버지 나라(ⲉⲧⲙⲛ̅ⲧⲉⲣⲟ ⲙ̅ⲡⲁⲉⲓⲱⲧ`)에 들어갈 것이다(ⲉⲧⲛⲁⲃⲱⲕ` ⲉϩⲟⲩⲛ)."

말씀 100

그들은 예수께 금화(ⲛⲟⲩⲃ) 하나를 보여 주며 "카이사르(ⲕⲁⲓⲥⲁⲣ`)의 사람들이 우리에게 세금(ϣⲱⲙ)을 요구합니다."라고 말했다. 예수께서 그들에게 말했다. "카이사르의 것은 카이사르에게 주고(†), 하나님(ⲚⲞⲨⲦⲈ)의 것은 하나님께 드리고(†), 내(ⲠⲰⲈⲒ) 것은 내게(ⲚⲀⲈⲒϤ) 주시오."

말씀 *101*

[예수께서 말했다], "나와 같이 그의 아버지(ⲈⲒⲰⲦ)와 어머니(ⲘⲀⲀⲨ)를 미워하지 않는 이는, 나의 제자(Ⲙ[ⲀⲐⲎⲦⲎⲤ)가 될 수가 없다. 그리고, 나와 같이 그 아버지와 그 어머니를 사랑하지 않는 이는, 나의 제자가 될 수 없다. 왜냐하면, 나의 어머니는 (⋯), 그러나 나의 진실한(ⲘⲈ, true) 어머니는 나에게 생명(ⲰⲚϨ)을 주었다."

말씀 *102*

예수께서 말했다. "바리새인들(ⲪⲀⲢⲒⲤⲀⲒⲞⲤ)에게 화가(ⲞⲨⲞⲈⲒ) 있다. 그들은 소(ⲈϨⲞⲞⲨ) 여물통(ⲞⲨⲞⲚⲈϤ)에서 자는 개(ⲞⲨϨⲞⲢ)와 같다. 그 개는 먹지도 않고 소가 여물 먹는(ⲞⲨⲰⲘ) 것도 허락([ⲔⲰ)하지 않는다."

말씀 *103*

예수께서 말했다. "도둑들(ⲖⲎⲤⲦⲎⲤ, ληστής)이 어느 시간(ⲘⲈⲢⲞⲤ)에 올 것을 아는 사람(ⲢⲰⲘⲈ)은 복이 있으니(ⲘⲀ[ⲔⲀ]ⲢⲒⲞⲤ), 그가 일어나(ⲦⲰⲞⲨⲚ) 자기 나라를 정돈하고(ⲤⲰⲞⲨϨ) 그들이 들어오기 전에 허리띠(†ⲠⲈ)를 맬 수 있기 때문이다."

말씀 *104*

그들이 [예수]께 말하였다. "오늘 기도하고(ϢⲖⲎⲖ`) 금식(ⲚⲎⲤⲦⲈⲨⲈ)합시다." 예수께서 말했다. "내가 무슨 죄를(ⲚⲞⲂⲈ) 지었는가? 무엇이 부족한가(그들이 승리했는가? 어떻게 패배했습니까)? 그러나 신랑이 신방(ⲚⲨⲘⲪⲰⲚ, νυμφών)에서 나오면 금식하고 기도한다."

말씀 105

예수가 말했다. "아버지와 어머니를 아는 자(ⲚⲈⲚⲦⲀⲄⲤⲞⲨⲰⲚ ⲠⲈⲒⲰⲦ ⲘⲚ̄ ⲦⲘⲀⲀⲨ)는 창기의(Ⲙ̄ⲠⲞⲢⲚⲎ, ἐκ πόρνης) 아들(ⲠϢⲎⲢⲈ)이라 불릴 것이다."

말씀 106

예수가 말했다. "너희가 둘(ⲤⲚⲀⲨ)을 하나(ⲞⲨⲀ)로 만들 때, 너희는 사람(ⲢⲰⲘⲈ)의 아들들(ϢⲎⲢⲈ)이 될 것이다. 그때 너희가 '산아(ⲦⲞⲞⲨ), 밖으로(ⲈⲂⲞⲖ) 움직여라(ⲠⲰⲰⲚⲈ)!'라고 말하면(ϪⲞⲞ), 산이 움직일 것이다."

말씀 107

예수가 말했다. "그 나라(ⲘⲚ̄ⲦⲈⲢⲞ)는 백 마리(ϢⲈ) 양(ⲈⲤⲞⲞⲨ)을 가진 목자(ϢⲰⲤ)와 같다. 그 양 중 가장 소중한(ⲚⲞϬ, great) 한 마리가 길을 잃었다. 목자는 다른 아흔아홉 마리를 남겨두고 그 한 마리를 찾았다. 고생 끝에 그 양을 찾아내자, 목자는 양에게 말했다. 나는 너를 다른 아흔아홉보다(ⲠⲀⲢⲀ ⲠⲤⲦⲈϤϤⲒⲦ) 더 사랑한다. (ⲞⲨⲰϢ, wish, desire, love)"

말씀 108

예수께서 말했다. "내 입(ⲦⲀⲠⲢⲞ)에서 나오는 것을 마시는(ⲦⲀϬⲈ) 자는 나와 같이 될 것이다. 내가 그와 같이 될 것이요(†ⲚⲀϢⲰⲠⲈ ⲈⲚⲦϤ ⲞϤ ⲠⲈ), 숨겨진(ⲎⲠ) 것들이 그에게 드러날(ⲞⲨⲰⲚϨ) 것이다."

말씀 109

예수는 말했다. "왕국은(ⲦⲘ̄ⲚⲦⲈⲢⲞ) 밭에(ⲤⲰϢⲈ) 감추어진(ⲈⲠϨ[ⲎⲠ) 보화(ⲈϨⲞ)를 갖고 있으면서도 그 사실을 알지 못한(ⲀⲦⲤⲞⲞⲨⲚ) 사람과 같다. 그 사람이 죽자, 그는 보화에 대해 아무것도 모르는 아들에게 그 밭을 남겼다. 아들은 그 밭을 상속받았으나, 역시 보화의 존재를 알지 못했기 때문에 그 밭을 팔았다. 그런데 그 밭을 산 사람이 밭을 갈던 중에 감추어진(Ϩ[ⲎⲠ]) 보화를 발견했다. 그러자 그는 자신이 호의적으로 대하던 모든 사람에게 이자(ⲘⲎⲤⲈ)를 주며 돈을(ϨⲞⲘⲦ`) 빌리기 시작했다."

말씀 110

예수가 말했다. "세상을(ⲔⲞⲤⲘⲞⲤ) 발견하고(ϬⲒⲚⲈ) 부를(ⲠⲘ̄ⲘⲀⲞ) 얻은 자는 세상을 포기하라(ⲀⲢⲚⲀ, 거부하라)."

말씀 111

예수는 이렇게 말했다. "하늘들(ⲘⲠⲎⲨⲈ)과 땅(ⲔⲀϨ)이 너희 눈앞에서 두루마리처럼 말려 사라질 것이다(ⲚⲀϬⲰⲖ`). 그러나 살아 계신 분에게서 자신의 생명(ⲞⲚϨ)을 끌어내는 자는 죽음(ⲘⲞⲨ)을 보지 않을 것이다." 또 예수는 말한다. "자신을 발견한 사람(ⲠⲈⲦⲀϨϨⲈ ⲈⲢⲞϤ` ⲞⲨ ⲀⲀϤ)에 관하여, 세상(ⲔⲞⲤⲘⲞⲤ)은 그에게 합당하지 않다."

말씀 112

예수는 이렇게 말씀했다. "영혼(ⲮⲨⲬⲎ)에 의존하는 육체(ⲤⲀⲢⲌ̄)는 화가 있다. 육체(ⲤⲀⲢⲌ̄)에 의존하는 영혼(ⲮⲨⲬⲎ)도 화가 있다."

말씀 113

제자들(ⲘⲀⲐⲎⲦⲎⲤ)이 예수께 "왕국(ⲦⲘ̄ⲚⲦⲈⲢⲞ)이 언제(ā__ⱳ Ñ²ⲞⲞⲨ, what day) 올까요?" 하고 물었다. 〈 예수께서 말했다. 〉 "기다린다고 오지 않는다. 보라! 여기(ⲠⲒ) 있다!, 보라! 저기(ⲦⲎ) 있다!라고 말하는 사람이 없을 것이다. 오히려 아버지(ⲈⲒⲰⲦ)의 나라(ⲦⲘ̄ⲚⲦⲈⲢⲞ)는 땅(ⲔⲀ²)에 펼쳐져(ⲠⲞⲢⳜ) 있지만, 사람들(ⲢⲰⲘⲈ)은 그것을 보지 못한다(ⲚⲀⲨ ⲀⲚ ⲈⲢⲞⲤ)."

말씀 114

시몬 베드로(ⲠⲈⲦⲢⲞⲤ)가 그들에게 말했다. "마리함이(ⲘⲀⲢⲒⳘⲀⲘ) 우리 가운데로부터 떠나게 하라. 여인들(ⲤⳠⲞⲘⲈ)은 생명(ⲰⲚ²)에 합당하지(Ⲙ̄ⲠⳜⲀ) 않기 때문이다." 예수가 말했다. "보라, 나는 그녀가 너희 남자(²ⲞⲞⲨⲦ)들처럼 산 영혼(ⲠⲚⲀ ⲈⳞⲞⲚ², 살아 있는 프나)이 될 수 있도록, 그녀를 한 남자(²ⲞⲞⲨⲦ)로 만들 수 있을 만큼 그녀를 잡아끌(ⲤⲰⲔ) 것이다. 남자가 되는 모든 여인이 하늘(ⲠⲎⲨⲈ) 나라(ⲘⲚ̄ⲦⲈⲢⲞ)에 들어갈 것이기 때문이다."

빛이 있으라

이동녘

저녁이 먼저 오고
그 뒤에야 아침이 온다

빛이 있으라 하셨을 때
그 빛은 세상을 비춘 것이 아니라
내 마음의 첫 창을 열었다

저녁은 사라짐이 아니요
하늘이 잠시 눈을 감는 시간
그 어둠 속에서 씨앗이 숨 쉬고
새벽은 그 숨의 끝에서 태어난다

마음의 땅이 드러나면
그 위로 하늘이 자란다
해와 달과 별은
내 안의 징조가 되어
사랑의 사시(四時)를 기록한다

낮에는 태양이 나를 깨우고
밤에는 달이 나를 위로하며
별들은 잃어버린 방향을 가리킨다

이 마음의 천체가
사랑을 중심으로 공전할 때
나는 나의 세계를 본다

빛만을 구하지 말라
어둠 또한 하나의 계절이다
만월은 하룻밤뿐이고
그다음 날의 이지러짐이
생명의 숨결을 잇는다

그러므로
너의 마음이 겨울이라면
겨울의 징조를 사랑하라
씨를 뿌릴 때가 있고
잠들 때가 있다

창세기는
하늘이 아닌, 마음의 지도다
그 안에서 해와 달과 별은
우리의 의식을 따라 운행하고
그 운행 속에서
하나님은 오늘도 숨을 쉰다

이제 알겠다 –
빛은 위에서 내리는 것이 아니라
안에서 위로 솟는 것이었음을
저녁이 되고 아침이 되는
그 모든 날이
곧 내 안의 창조였다

콥트어에서
직역한 성서 속 도마복음
로기온 114 해설서
"성서 그리고 도마복음"
3권 완간 !!

도서출판 예랑의 모든 도서는
전자책(e-book)으로도
만나보실 수 있습니다.

창세기 1장의
새로운 해석 !
2025년 11월 초판 발행
192쪽
도서출판 예랑
정가 16,000원

유대신비주의 카발라의
생명나무에서 얻는 지혜!

2023년 초판 발행
신국판 320쪽
도서출판 예랑
정가 22,000원

서구신학으로부터
자유로운 성서해석!
2021년 초판 발행
신국판 288쪽
도서출판 예랑
정가 15,000원

예수를 믿는 믿음에서
예수의 믿음으로
2018년 초판 발행
신국판 288쪽
열린서원
정가 15,000원
출판사를 통해 구입 가능